KB041422

철학상담치료와 심리치료, 무엇이 다른가?

Philosophie contra Psychologie?

Zur Verhältnisbestimmung von philosophischer Praxis und Psychotherapie

by

Dagmar Fenner

Copyright © 2005, Narr Francke Attempto Verlag GmbH + Co. KG.

Korean Language Translation Copyright © 2017 by Seokwangsa Publishing Company

This Korean Language edition is published by arrangement
with **Narr Francke Attempto Verlag GmbH + Co. KG., Germany**

철학상담치료와 심리치료, 무엇이 다른가?

다그마르 펜너 지음 | 김성진 옮김

서광사

이 책은 Dagmar Fenner의 *Philosophie contra Psychologie?: Zur Verhältnisbestimmung von philosophischer Praxis und Psychotherapie* (Narr Francke Attempto Verlag GmbH + Co. KG., 2005)을 완역한 것이다.

철학상담치료와 심리치료, 무엇이 다른가?

다그마르 펜너 지음
김성진 옮김

펴낸이 | 김신혁, 이숙
펴낸곳 | 도서출판 서광사
출판등록일 | 1977. 6. 30.
출판등록번호 | 제 406-2006-000010호

(10881) 경기도 파주시 회동길 77-12 (문발동)
대표전화 (031) 955-4331   팩시밀리 (031) 955-4336
E-mail : phil6161@chol.com
http://www.seokwangsa.co.kr | http://www.seokwangsa.kr

제1판 제1쇄 펴낸날 — 2017년 3월 30일

ISBN 978-89-306-0231-0   93180

우리 시대를 가리켜서 흔히 '포스트모던' 시대라고 부른다. 이 명칭
은 그러나 어떤 특정 철학을 적극적으로 주장하기보다는 오히려 해체
와 파괴를 통해서 기존의 지배적 사고방식이나 가치관에서 벗어나려는
움직임의 표현으로 이해된다. 이러한 시대적 특징은 일상적 생활환경
에서도 체험을 통해 확인된다. 21세기로 접어든 이후, 우리 한국인의
생활환경과 생활방식은, 때로는 우리 자신도 분명히 의식하지 못한 채,
엄청난 변화를 겪고 있으며, 변화의 속도는 나날이 가속화되고 있다.
그래서 우리는 묻고 싶다: 우리 사회에서, 그리고 나 개인의 삶의 차원
에서 이러한 변화가 과연 얼마나 바람직한 결과를 가져오고 있는가?
그리고 이러한 변화에 우리 각자는 얼마나 효과적으로 적응하고 있는
가? 흔히 말하는 정보화, 세계화, 디지털화, 개체화, 다양성 가치, 효율
성 추구 등이 우리 사회의 발전은 물론, 나 개인의 욕구 충족과 생활만
족도 향상에도 긍정적으로만 기여할 것이라고 낙관할 수 있을까?

이러한 변화는 각 개인에게 다양한 삶의 현장에서 선택의 폭을 넓혀
줄 수 있다는 기대감을 부풀어 주기도 한다. 그러나 이렇게 확대된 선

택의 자유가 오히려 나에게는 선택 강요로 다가오는 이유는 무엇일까? 나의 개성을 살리면서 사회적으로도 바람직한 방식으로 자기실현의 목표를 실현하고 싶은 것이 나의 소박한 바람이지만, 그러기 위해서 나는 무엇을 더 알아야 하고, 무엇을 해야 하며, 아직 부족한 것은 무엇인가? 우리 사회가 점점 더 '성과 사회'를 지향하면 할수록 동시에 점점 더 '피로 사회'가 되어 간다는 어느 철학자의 지적에 대해서 왜 우리는 그토록 공감할 수밖에 없는가? OECD 회원국 중에서도 우리나라는 높은 경제 성장력을 과시할 수 있었지만, 자살율도 세계 최고 수준을 지속적으로 유지하고 있는 이유는 도대체 무엇일까? 왜 사람들은 도처에서 마음의 불안과 고통을 호소하고, 정신적 치유를 찾아 나서는 것일까? 왜 점점 더 많은 사람이 정신적 고통과 인간관계 문제 때문에 전문 상담사의 도움을 받으려고 하며, 심지어 심리치료사나 정신의학자의 도움을 받으려고 하는 것일까? 또 그들의 도움과 치료를 받기만 하면 나의 문제는 언제든지 해결된다고 확신할 수 있을까?

오늘날의 상황은 여기에서 한 걸음 더 나아가 있다. 우리의 정신 건강 관련해서 전문적 상담과 치료를 원하는 사람은 이제는 심리학자나 정신의학자 또는 정신분석치료사 외에 철학자를 찾아갈 수도 있다. 철학을 전공하고 학위를 취득한 전문가로서, 그러나 학문의 상아탑을 뛰쳐나와 일반인들을 위해 그들의 삶에서 일어나는 여러 가지 문제와 고민, 그리고 그 후유증으로 인해서 병적 상태에 빠져든 사람들에게 철학적 상담과 치료를 제공하려는 철학자들이 활동을 시작한 것은 이미 30년이 훨씬 넘었다. 전 세계 여러 나라의 철학자들은 이제는 학문과 교과목으로서의 철학뿐만 아니라 '실천'을 위한 철학 즉 '철학 실천' (philosophy practice 또는 philosophische Praxis)을 적극 시도한다. 그 구체적 방식은 '철학적 상담과 치료'이며, 이것을 효과적으로 수행하기 위한 인간적 만남과 대화 방법론을 배우고 훈련 실습하는 과정을 체계적으로 이수함으로써 치료사로서의 자격과 능력을 갖춘 후에는 심사를 거쳐서 공인된 자격증을 취득할 수 있다. 이러한 일련의 과정을 관장하고 여러 가지 관련 업무를 수행하는 학회 또는 협회가 이미 여러 나라의 철학자들에 의해 결성되어 있으며, 우리나라도 그중 하나다. '한국철학상담치료학회' 는 2009년에 설립되었고, 철학상담치료사 양성 연수 과정을 정기적으로 제공하며, '철학상담치료사' 공인 자격증을 수여한다.

　여기 우리말로 번역된 스위스의 여류 철학자 다그마르 펜너의 저서는 한편으로는 철학계뿐만 아니라 오늘날 사회 전반에서도 관심의 대상으로 부각된 '철학상담치료' 의 정체성에 대해서, 또 한편으로는 그것이 실제로 치료 효과를 기대할 수 있는 근거가 무엇인지에 대해서도 치밀하게 파고든다. 철학자들이 심리치료나 정신분석학에 대해서 비판적 태도를 취할 수 있음을 그녀는 인정하지만, 심리학과 정신분석학을 전혀 모르거나 전적으로 배척해 버리는 것도 공정한 태도는 아니라고 본다. 결코 적지 않은 심리학자, 정신분석학자, 실존분석치료사, 그리고 의미치료사 등도 철학적 관점들을 그들의 방법론에 적용하고 있으며, 이 점에 주의를 기울이는 것이 철학자들에게도 큰 도움을 줄 것이기 때문이다. 저자 자신은 원래 철학자로서 상담과 치료에 관심을 가지고 접근하지만, 바로 이 관심사 때문에 그녀는 철학적 상담치료와 심리치료 모두에 대해서, 그리고 철학과 심리학의 역사적 발전과 상호 간의 작용영향사, 그리고 치료기법의 적용에서 나타나는 차이점들을 대조하고 평가한다.

　철학자들도 상담과 치료 활동에 나서고 있는 것이 오늘의 현실이다. 1981년에 그 출발점이 되어 준 독일의 아헨바흐는 철학적 상담치료가 심리치료의 대안이 될 것임을 자신감을 가지고 공포하였다. 이제 우리도 이 대안 제시를 행동으로 보여 주어야 하지 않는가? 그리고 이 과업을 성공적으로 수행해 내야 하지 않는가? 그렇다면 우리는 여기 다그마르 펜너의 제안에도 귀를 기울여야 하겠다. 이 책의 원 제목도 이렇다: "철학과 심리학은 상호 대립 관계인가?"(Philosophie contra Psychologie) 여기에 그녀는 부제목을 이렇게 추가한다: "철학적 상담치료와 심리치료의 관계 정립을 위하여"(Zur Verhältnisbestimmung von philosophischer Praxis und Psychotherapie)

    사실 아헨바흐는 철학과 심리학, 그리고 철학상담치료와 심리치료의 비교 연구 자체에 대해서는 크게 관심을 기울이지 않았다. 반면에 펜너 교수는 철학과 심리학의 역사에 등장한 거의 모든 학파와 이론적 변천 과정을 추적하면서 상담과 치료의 주요 주인공들과 방법론적 관점들의 차이점과 공통점들을 세밀히 관찰하는 노력을 기울였고, 그 결과를 이 저서에 담아냈다. 상담과 치료에 대한 수요가 나날이 확산되어 가고 있는 우리 현실에서 철학적 상담치료사로서 활동을 펼치고자 하는 이 땅의 철학도에게 이 저서를 적극 권하고 싶은 마음에서 번역을 시도했다. 내용 전달이 수월하도록, 그리고 가능한 한 정확한 우리말 개념을 찾기 위해서 김인석, 이진오 외 여러 국내 철학상담치료사 분들께 자문을 드릴 수 있었음에 감사를 드리는 바이지만, 번역의 문제점이나 불확실성이 있다면, 그것은 전적으로 번역자의 책임이다. 본 번역서의 출간 제안을 쾌히 수락하시고, 오래 지연된 번역 작업을 끈기 있게 기다려 주신 서광사 여러 담당자 분께 이 자리를 빌려 감사의 뜻을 표한다.

김 성 진
2017년 3월

1

철학과 심리학의
상호 위치 확인

대학의 독립적 학문 영역인 철학과 심리학 사이에는 상호 간 대결 전선
이 경색되어 왔으며, 그들의 관계는 상대에 대한 양측의 무지함에 의해
각인되었다. 주저하면서 내디딘 몇몇 새로운 상호 연계의 노력이, 예를
들어 "인지 과학"(Cognitive Sciences) 영역의 학제적 연구 기획을 통해
시도되었음에도, 심리학이 최후의 독립 학문으로서 철학으로부터 분리
해 나간 이래로 양자 사이에는 거의 "접촉 금지"에 가까운 분위기가 지
배적이다(참조: Schmidt 1995, 9). 바로 여기 독일어권에서도, 한편으
로는 학제 간 구별의 해체 과정이 가장 힘들게 진행되었고, 다른 한편
으로는 심리학도 하나의 독립적 연구 분야로 정착될 수 있었지만, 전문
가들 상호 간의 무관심과 냉담함 외에도 상대에 대한 체계적이지만 불
가피하게 근거는 박약한 평가 절하 전략이 만연하고 있다. 즉 철학자들
의 관점에서는 경험적 관찰이나 설문 조사 결과로 수집되고 평가된 자
료의 홍수 속에서 순수 경험과학으로서의 심리학이 보여 주는 낮은 수

준의 반성적 사고를 고발하는가 하면, 심리학 진영에서 볼 때 철학은 근거가 박약하고 현실과 동떨어진 사변으로서 불신의 대상이다. 궁극 목적과 가치정위를 추구하는 "고전적 방향정위학문"(klassische Orientierungswissenschaft)이라는 칭호를 내세우는 철학자들은 심리학을 단지 "지시와 처방만을 제공하는 학문"으로서, 그리고 추구할 목표 가치에 대한 숙고는 도외시한 채 자신과 타인에 대한 지배 수단의 연구와 조달에만 집중하는 모습으로서 폭로한다(참조: Thurnherr 1998, 365 이하). 이와 같이 상투적으로 반복되는 분과학문에 대한 이탈적 인지도에 흔히 따라다니는 동반 현상은 심리학과 정신분석학을 동일시하는 관점이지만, 이것 또한 지나친 정보 부족의 허점만을 노출할 뿐이다. 통상적으로 대학의 심리학 자체는 정신분석학에 대해서는 고도의 긴장 관계를 유지하고 있으며, 그 결과 정신분석학의 주제들은 대학에서는 극히 주변적으로만 다루어지고 있다.

이와 같은 적대적 관계는 독일에서 게르트 아헨바흐(Gerd Achenbach)가 최초로 "철학상담소"를 개업한 1981년 이후, 이제 새로운 고객을 불러들여야만 하는 철학상담치료사와 이미 오래전부터 확고히 자리 잡은 심리치료사 사이의 경쟁 관계가 형성됨으로써 더더욱 첨예화되었다. 비록 철학상담치료사들의 혁신적인 직업관이 그들 고유의 전문성과 철학적 상담 특유의 긍정적인 성격에 대한 분명하고도 탁월하게 정당화된 개념들만으로도 일반 공중을 설득할 수 있었음에도, 그와 같은 긍정적인 정당화 시도는 특히 그 초기 단계에서 심리치료에 대해서만 유독 강조되어야 했던 부정적 방식의 차별화에 비해서 너무나 부족했다. 오늘날까지도 그 긴장도를 잃지 않고 있는 이 차별화의 욕구는 철학상담치료와 심리치료 사이의 "고객 유사성"에 기인한다고 보는 것이 옳으며, 또한 그에 상응하여 양쪽이 제시하는 상품 공급 사이의 "심각한 중복과 충돌" 현상에도 기인한다(참조: Lahav 1/94, 35). 변증적 옹호론에 기울어진 사람들은 심리치료에 대하여 빈번히 비방적인 풍자화를 그려 냄으로써 이 새로운 철학 활동의 사회적 권리 요구를 증명해보일 수 있으리라는 착각에 빠지기도 한다. 그러나 철학상담치료사들이 새로운 방향정위의 단계에 처해 있는 현대 심리치료의 다양성을 충분히 이해함으로써 함께 공동의 목표 설정과 방법적 토대 요소들의 수용을 승인하는 경우에도, 그들은 자신의 학문을 위해 심리치료와 공유하는 경계 영역의 "재탈환"을 옹호하려 든다. 왜냐하면 그들 고유의 자격과 재량권 영역의 경계선을 심리치료사들이 침범해 넘어온 것이 분명하다고 보기 때문이며(참조: 상게서 33), 그 외에도 궁극적으로 볼때 "고대에서 심리치료는 항상 철학의 한 분과 영역"에 속하였고, 이제 "다시 철학의 분과 영역이 되어야 할 것!"이라고 보기 때문이다(Graefe 1991, 55). 그러나 내가 보기에는 양 진영이 서로 차지하려는 지역을 놓고 전쟁을 벌이기보다는, 이제는 학제 간의 공동작업을 수행하고 양 진영의 교육 과정을 연계시키는 것이 더 의미 있는 해결책이며, 또한 철학상담치료의 미래 발전과 그 공적인 수용과 확산을 위해서도 더 촉진적일 것이다. 실제로 철학상담치료사들 중 일부 예외적 인사들은 심리치료의 가장 중요한 절차와 방법을 변형된 "미래 철학 교육"의 교과 과정에 포함시킬 것을 촉구하고 있으며(참조: 상게서 57), 심리치료사들 중 일부는 심리학적 심리치료사의 선발 시험 요강을 수정할 것을 이렇게 촉구한다: "우리에게 필요한 것은 심리치료사를 위해 제공되는, 기초가 튼튼한 철학 교육이다."(Stavemann 2002, 247)

이 책에 제시된 연구는 상호 간의 접촉 금지로 인해 야기되었으며 상투적으로 반복되는 평가 절하 전략을 통해 굳어져 버린 철학과 심리학 사이의 불화 관계를 극복하고, 특히 응용 분야에서 철학상담치료사와 심리치료사 사이의 학제적 공동작업을 촉진하려는 모든 노력을 강화하고 싶은 의도로 수행되었다. 나 자신이 원래 철학자인 까닭에, 나는 주로 철학자들을 향해서 논변을 폈으며, 여기에 소개되는 심리학의 기본 지식과 그에 대한 관심 유발에 힘입어 그 문제의 대결 전선이 철학의 진영으로부터 완화되리라는 희망을 대변한다. 철학과 심리학 사이의 전반적인 관계 상황을 밝혀내고, 양자 사이의 적대적인 경계선 긋기가 정당하고 필요한 것인지를 검증하기 위해서는 먼저 이 두 학문 각각의 자기이해 방식의 성격을 규명해 보아야 함이 당연하다. 여기에서 우리는 이 두 제도화된 학문에 공통으로 만연해 있는 문제, 즉 방대한 규모 때문에 전체적 개관이 어렵다는 문제에 직면한다: 각 학문 내부의 수없이 많은 학파와 연구 경향을 감안하면서도 어떤 "그 진정한" 철학 또는 "그 진정한" 심리학을 드러내 보임이 가능할까? 두 학문 모두 지속적인 변화 중에 있음이 명백한 이상, 혹시 이것은 긴 안목에서 볼 때 두 학문 사이에 역동적인 균형 관계가 자리 잡게 되리라는 희망을 키워 줄 수도 있을까?

　제1장은 대학에서 진행되고 있는 두 연구 방향을 체계적으로 규명할 뿐만 아니라(1.1장, 1.2장에서), 이 두 방향 사이의 역사적인 분리 과정도(1.3장에서) 다룸으로써 많은 것을 해명해 줄 것이다. 철학상담치료사와 심리치료사 사이의 대립적 관계에 집중하기를 원하기 때문에, 이와 병행하여 제2장에서 우리는 철학상담치료의 기본 성격을(2.1장에서), 그리고 심리치료의 기본 성격을(2.2장에서) 개관한다. 비로소 제3장에서 이들 두 적수는 맞부딪치게 되며, 심리치료사나 정신의학자

를 향해 가장 자주 거론되는 철학자들의 비난을 서술하고, 그것이 얼마나 유효한지를 알아본다(3.1-3.3장에서). 마지막 제4장에서는 철학상 담치료와 심리치료가 그 방법과 내용 모두에서 교차하는 부분들을 드러내 보이고, 이를 통해서 상호 간의 학제적 연구 전망을 규명해 본다(4.1-4.3장에서).

1.1 철학이란 무엇인가?

다른 분과학문들과 달리 철학은 그 탐구 대상이 특정 영역으로 반드시 제한되지 않기 때문에, 그 대상 영역을 제시함으로써 철학이 무엇인지를 정의할 수는 없다. 그래서 우리는 자주 철학 개념의 어원을 통해 설명하는 방식을 택한다: 즉 그리스어의 "philia"(우정, 사랑)와 "sophia"(지혜)의 합성어이므로, "철학"(philosophia)은 "지혜에 대한 사랑"으로 이해될 수 있으며, 고대 그리스어에서 "지혜"는 직접적인 삶의 체험을 넘어서며, 오직 추상화를 통해서만 얻어질 수 있는 보편적이고 근본적인 관계에 대한 지식을 의미했다(참조: Schnädelbach 1991, 40 이하). 그럴 경우 철학은 그 내용에서는 세계와 인간, 그리고 '생각함'(사고 활동) 자체에 대한 방법적이고 변증(논증)적인 숙고로 규정될 수 있으며, 이것은 세계 안에서의 우리의 행동, 인간으로서의 자기에 대한 이해방식, 그리고 우리의 사고방식의 근저에 놓여 있는 기본적인 전제들과 원칙들에 대한 탐구가 될 것이다. 그러나 하나의 학문 분과로서의 철학이 시도하는 자기이해를 그 전체적인 윤곽에서 현 정세에 적합하게 추출해 본다면, 혼란스럽게도 "철학의 종말", "철학의 위기" 또는 "왜 (아직도) 철학이 필요한가?" 등이 오늘날 학술 논쟁에서 연속적으로 제기되는 중심 주제다(참조: Lübbe, 1978). "이미 한 세기 반 전부터 철학의 종말에 대한 이야기들이 학자들의 연구실과 학술 분야 출판계에 유령처럼 떠돌아다니고 있으며, 자의식과 자신감에 찬 사상가라면 누구를 막론하고 모두가 마르크스 이래로 다시금 새롭게 철학을 종식시키려 한다는 인상을 일깨운다!"(Baumgartner/Höffe 2001, 301) "우리 시대의 철학은 위기에 처해 있다는 확신이 오늘날 거의 보편적으로 확산되어 있으며", 그 때문에 의심 많은 관찰자들은 이렇게 수근거린다. "오늘날 철학의 주된 과제는 철학 자체의 불필요함과의 투쟁이다."(Topitsch 2001, 286) 현대 철학상담치료의 창설자인 아헨바흐는 모든 철학자가 처해 있는 타당성 위기를 이렇게 꼬집는다: "누구도 묻지 않고 찾지도 않는 그런 사람은 나중에는 자기 자신마저 의심스러워진다. 이것이 바로 철학자들의 상황이며, 그것도 이미 오래전부터 그래 왔다."(Achenbach 1984, 23)

한때 "학문의 여왕"으로 불리었지만, 근대 초기 이후 연이어서 모든 개별 학문이, 그리고 마지막으로는 심리학마저 철학으로부터 분리되어 나간 이후, 이와 함께 철학의 자기정체성은 상상 이상으로 곤경에 빠진 것으로 보인다. 탐구 대상을 하나씩 하나씩 잃어버림으로써— 예를 들면 수(數)는 수학에게, 자연 생명체들은 생물학에게 양도함으로써— 더 이상 아무것도 고유의 대상으로 남아 있지 않게 되었을 뿐만 아니라, 그와 같은 학문의 세분화는 '철학적 보편지식인'보다는 오히려 더 작은 영역에 대해서 더 많이 알고 있는 분과학문적 전문가를 요구하게 되었다. 그러니까 인정하라: "한때 철학은 모든 것에 대해 판단할 권한을 가졌었다; 그 후 철학은 일부 대상에 대해서만 판단을 내릴 권한을 가졌었다; 드디어 철학은 이제 단 한 가지에 대해서만 권한을 가지고

있다: 즉 아무 권한도 없음을 자백할 권한만을 가지고 있을 뿐이다."
(Marquard 1991, 24) 철학의 이 비극적인 권한 축소의 역사적 변천 과
정에는 철학으로부터 분리되고 자연에 대한 지배와 재량권 확대를 목
적으로 기술과 결합한 제반 경험과학들뿐만 아니라(참조: de Sauvage
2002, 61-67), 효율성의 극대화, 질적 요인의 수량화, 삶의 전 영역에
대한 객관화와 빈틈없는 통제 등과 같은 자연과학적이고 기술주의적인
범주들이 전반적으로 수용되고 적용된 것도 함께 원인으로 작용했다
(참조: 상게서 68-76). 그러므로 현재 진행 중인 철학의 위기는 고도로
기술화되고 합리화된 우리의 산업 사회가 안고 있는 근본적인 방향정
위의 위기 또는 정당화 위기의 한 증세로서 해석될 수 있고, 여기에서
는 공통된 가치관과 전통이 포스트모던적 무관심과 냉담함 속에서 전
체적 생활방식을 무시무시한 가속화와 획일화에 빠트리는 불안정한 사
회적 체계들에 굴복해야 했으며, 도덕과 정치의 문제들이 현저하게 기
술의 문제로 탈바꿈되었다(참조: 상게서 12 이하, 또는 Baumgartner/
Höffe, 301 이하). 현대는 삶과 세계의 의미와 원리에 대한 포괄적인
통찰로서의 "지혜"에 대해서도, 그래서 "지혜 사랑"으로서의 철학에
대해서도 전혀 흥미를 잃은 듯하다: 철학적 반성은 독선주의자의 불필
요한 사변으로, 그리고 개인의 사적인 사치품으로 변질되어 버리며, 전
형적인 철학자 모델은 멸종해 버린다: "현명하고 침착하며 사려 깊은
어르신 대신에 역동적이고 유연하며 변화를 즐기고 민첩하며 사업 추
진에 의욕이 강한 젊은이가 자리를 차지했으니, 즉 그들은 신속하고 단
호히 결단력을 발휘하는 타입, 창의력이 풍부한 젊은이, 똑똑하고 영리
하며 다각도로 적응력을 발휘하는 삶의 거장으로서 다양하고 복잡한
상황을 오래 깊이 숙고하지 않고 오히려 현실 상황들을 있는 그대로 받
아들이면서 그로부터 유리한 이점들을 만들어 내는 그런 유형이다."

(Achenbach 2001, 13) 그렇다면 오늘날에도 오로지 고대에 전성기를 맞았던 그 철학이 무엇이었는지를 정의 내림으로 만족해야 하는가? 아니면 오히려 방향 감각을 상실한 우리 사회의 공적인 관심사에 부응하는 새로운 철학의 본질 규명이 요구되는가?

불행스럽게도 철학자들은 과거에 철학이 누렸던 영광스런 권능의 향수에 빠져 별다른 성과를 내지 못한 채, 그리고 대중 사회로부터 철학에게 제기되는 "무용지물 비판"에 반항하면서, 점점 더 학문의 상아탑 안으로 후퇴해 들어갔으며, 여기에서 그들만의 "내부적 문제 지어내기" 훈련을 반복해 오면서 "동료에서 동료로 이어지는 그들끼리만의 학술적 도서 순환"을 통한 "문서 재생산"에 만족해야 했다(참조: Sauvage 2002, 12 이하): "철학은 자기의 문제를 자기가 만들어 내며(자가생식, autogen), 자기가 자기를 가르치며(독학자, Autodidakt), 자기가 자기와 수정하며(자가수분, autogam), 자기를 자기 안에 가둔다(자폐성, autistisch)."(Achenbach 1983, 45) 철학자들이 문헌학적 글쓰기 훈련으로 자기 모습 가꾸기에 열중하면 할수록 철학은 점점 더 "문헌학의 한 분과"로 전락해 버리고(Nietzsche 1988, 743) 자신의 역사 기록과 동일시되어 버릴 위험에 빠진다. 만약 철학이 앞으로도 사회와 학문, 그리고 인간의 자기이해와 세계이해를 위해 어떤 기능과 의미를 가지기 원한다면, 더 이상 철학은 a) 구체적 성과를 내면서 발전하고 있는 전문 분과학문들과의 접촉을 주저해서는 안 되며, b) 오늘날의 과학기술 문명이 안고 있는 모든 시급한 문제를 외면해서도 안 된다. 철학상담치료사들이 그들의 활동 목표로서, 그리고 우리의 사회적 현실과 연관성 있는 철학적 활동 영역으로서 목표 삼고 있는 것이 무엇인지를 다음 장에서 밝혀 보이기에 앞서, 여기서는 먼저 철학이 안고 있는 과제의 이 두 가지 일반적인 측면에 눈길을 돌려 봄으로써 심각한 위기에 빠진 철학이 어떻게 학문으로서의 새로운 자기이해를 찾아 나가야 할런지 확인해 보자.

a) 서투르게나마 (수학, 자연과학 등) 정밀 과학을 뒤쫓아 온 분석적 과학이론을 제외하고 본다면(참조: de Sauvage 2002, 44 이하), 그리고 철학이 그토록 여타의 다른 분과학문들과 분리된 채 자기만의 길을 걸어온 탓에, 이제 철학은 "학파 내부의 교과서적인 사고 규칙만을 따라 세워진 관념들의 모형 건축물의 협소한 자기만의 세계" 안에 살림을 차린 셈이다(참조: Schwemmer 1990, 20 이하). 그러나 경험과학 안에서는 인간의 사고 활동이 가질 수밖에 없는 원칙적인 한계 때문에 경험과학 자체가 인간의 삶을 위해서 가지는 가치와 의미, 그리고 경험과학의 가치론적 전제 등에 대해서는 아무런 정보도 줄 수 없으며, 따라서 철학은 "분과학문들에 대한 일종의 '초월적 반성'"(Salamun 2001, 355)으로서의 임무를 감당할 수 있을 것이다. 그럴 경우 철학은 비판적 기능도, 또 건설적인 기능도 수행해야 할 것이다: 즉 비판적 의도에서 철학은 학문적 논제의 복합체들이 암묵적으로 전제하고 있는 가치관에 대해서 물음을 던질 것이며, 예를 들어 생물학주의나 심리학주의 등이 주장하는 부적절한 절대화 요구나 배타적 독점 요구에 제한을 가할 수 있을 것이며, 혹 아니면 백으로 가르는 이분법적 단순정위와 같은 정형화된 사고방식의 가면을 벗겨 내기도 할 것이다(참조: 상게서 359-365). 이러한 비판적-규제적인 기능과 병행하여 건설적-발견적 기능도 발휘할 수 있을 것이니, 즉 거시적 가설, 대담한 이념, 사변적 연관성과 전체적 조망틀 등을 제시함으로써 산만하게 분산된 연구 결과들을 고찰하는 데에도 우리의 세계관이나 인간의 자기이해와의

연관성을 묻는 전체적 시각을 잃지 않도록 할 것이다. 소크라테스식의
대화적 탐구와 검증에 유비시켜 본다면, 일반적 차원에서 제기되는 질
문과 포괄적 관점들을 방법적으로 적용함으로써 개별 과학의 연구 작
업들을 학제적 공동작업으로 통합하는 것도 얼마든지 성사될 수 있을
것이다(참조: 상게서 355-359). 환경 생태계나 기술의 발전과 적용의
연쇄 반응 등과 같이 점점 더 복잡해져만 가는 바로 그러한 문제 영역
들이 우리가 원하는 것처럼 그렇게 특정 영역 전문가들만의 문제로서
정의되지 않는다는 사실에 입각해서 볼 때, 서로 다른 다양한 학문의
경계선을 넘어서는 병렬적 전공 연계는 시급히 충족되어야 할 요구 조
건이다. 이러한 건설적 과제의 수행이야말로 "일반성과 보편성의 전문
가"(Spezialist des Allgemeinen)인 철학자에게 예고된 숙명적 사명이
라 생각된다(참조: Lenk 1999, 209 그리고 2001, 313-320).

　b) 따라서 한편으로는 오직 분과학문들의 경계를 넘어서는 공동작업
에 힘입어서만이 점점 더 복잡해지기만 하는 우리 외부 세계의 복합적
인 문제연관성에 대처할 수 있는가 하면, 다른 한편으로는 분리주의적
인 전문 영역들을 통합하고 완전한 결별 사태로부터 보호하기 위한 유
일한 방법은 자연과 기술과 환경의 실질적이고 내용적인 문제를 다루
거나 또는 인간 자체에로 관심을 기울이는 것이다: 학제 간의 공동 연
구를 위한 조건은 이론적이거나 방법론적 전제가 아니라 공동의 실천
적 과제다(참조: de Sauvage 2002, 168 이하). 현대에 긴급히 필요한
인간적 실천을 고려하면서 철학자들이 특히 선호하는 것으로서 넘겨받
아야 할 학제 간의 대화 통로는 의심할 나위 없이 "실천 철학"의 관할
권에 포함되어야 할 것이다. 바로 이 주제와 관련하여 이론 철학(자연
학, 형이상학, 수학)과 실천 철학(경제학, 정치학, 윤리학)의 구별을 처

음 제시한 아리스토텔레스는 그의 『니코마코스 윤리학』에서 이렇게 말했다. "그런데 지금 진행 중인 우리의 고찰은 다른 경우들처럼 순수한 이론적 탐구를 목표로 삼는 것이 아니므로, ─ 왜냐하면 우리는 덕이 무엇인지 알기 위하여 탐구하는 것이 아니라, 우리가 덕스럽게 되기 위해서 탐구하기 때문이며, 그렇지 않을 경우 우리의 탐구는 아무 소용이 없겠기 때문이다. 그러므로 우리는 여러 행위를 어떻게 실천하는 것이 마땅한지 검토해야 한다."(1103b, 26 이하) 한계와 목표에 대한 아무 분명한 규명도 없이 끊임없이 표류하고 있는 개별 과학의 문제 때문에, 그리고 전 지구적으로 확산되고 있는 일부의 긴급한 실천적 문제 때문에 이중으로 압박받으면서, 만프레드 리델(Manfred Riedel)은 『실천 철학의 복권』(*Rehabilitierung der praktischen Philosophie*, 1972)을 발진시켰으며, 이것은 심지어는 철학 밖의 공적 영역에까지도 제한적이나마 영향력을 일깨운 연설문이다. 시대의 위기에 처해서 사람들은 결국 정당한 근거를 가지고 "철학에 내재하는 실천적 의미"를 부각한다(Kuhn 1972, 58). 왜냐하면 그 누구도 인간 사회의 설계와 기획을 자연발생적 변화 과정에 맡길 수도 없고, 또한 인간의 합리성을 단순한 목적합리성으로 축소해 버리는 나이브한 과학이론의 결정이론과 체계이론에 내맡겨 버리려 하지도 않기 때문이다.

현재 시민사회의 시급한 문제들에 관심을 돌리고 있는 실천 철학에게 구체적으로 요구되고 있는 것은, 한편으로는 "인도주의를 지향하면서 또한 합리성과 다원주의 원칙을 따라 실시되는 공적 의사결정의 절차"이며(Baumgartner/Höffe 2001, 306), 또한 판단 기준의 정비와 그에 대한 정당화, 그리고 사회적 절차나 기술적 발명에 대한 규범적 지침과 목표 설정도 마찬가지로 요구되고 있다: "가치다원주의"와 "가치

상실"에 대한 논의가 팽창적으로 증가하고 있음에도, 정치가와 사회기획가(Sozialplaner)와 과학 기술 전문가들도 새로운 가치와 인간다운 삶의 질 실현을 위한 모델을 찾아 나서고 있는 만큼, 이제 철학자들도 중립적인 통합 모델 외에도 세계관적 의미와 방향정위를 위한 이상, 그리고 유토피아적 사회상과 대안적 도덕 개념도 함께 마련함에 박차를 가해야 할 것이다. 오늘날 절대주의적 도덕철학이나 궁극적 존재근거를 합리주의적 방식으로 옹호하기란 철학자에게 결코 쉬운 일이 아니라 할지라도, 특정한 의미에서 철학자는 여전히 "규범적 기준과 근거를 논증적인 방식으로 정립함의 전문가"다(Lenk 2001, 313). 학제적 공동작업의 이론적 완벽성을 갖춘 절대불가침적 토대 위에 실천 철학을 복원시킨다는 것은 동시에 인간성 이념의 복원, 그리고 진정한 인간 존재와 선하고 이성적인 삶의 관념들도 복원시킴을 함께 포괄한다(참조: Baumgartner/Höffe 2001, 308 이하). 강단 중심의 이론적 논쟁으로 쇠락해 버린 현대 철학의 불안정한 위기 상황에 대하여 일반적인 합의가 이루어져 있음에도 철학은 a) 한편으로는 소크라테스식의 학제적 통합 작업의 기능을 수행함으로써, b) 또 한편으로는 실천과 관련되는 규범적 목표 개념들을 투사함으로써 전적으로 자신의 본질적 사명을 수행할 수 있을 것이며, 이것은 학술계와 사회 전체가 철학에게 그 고유의 역할로서 부과하는 과제들이다. 이렇듯 정당하게 학문적이고 사회적 연관성을 가지는 과제들을 철학이 감당해 낸다는 것은, 회페(Höffe)와 바움가르트너(Baumgartner)에 의하면, 이중의 의미에서 포기할 수 없는 철학의 과제로서 인정되는 것이다: "이 과제는, 만약 철학이 유리구슬 놀이가 되지 않고 의미규정적 실재 분석이 되고자 한다면 철학이 포기할 수 없는 과제이며, 그뿐만 아니라 우리의 모든 학문과 사회가 방법과 자유와 인도주의의 세 가지 가치 기준들을 지켜 내려

할 때에도 우리의 학문과 사회는 이 과제를 포기할 수 없다."(참조: 상
게서 310 이하)

1.2 심리학이란 무엇인가?

철학과 달리, 심리학은 다른 모든 개별 학문처럼 그 학문만의 특정 탐
구 대상을 제시함으로써 얼마든지 정의될 수 있다: 즉 'Psychologie'는
'psyche'에 관한 학문으로 정의되며, 'psyche'는 그리스어로서 '영혼'
을 뜻한다. 여기에서 'psyche'(영혼)는 인간의 모든 의식적이고 무의
식적인 체험방식과 행동방식을 가리키는 집합명사로 기능하며, 그래서
심리학은 인간의 모든 의식적이거나 무의식적인 체험, 인간 행동의 형
태와 법칙성에 관한 학문으로서 특정된다. 그래서 심리학의 연구자는,
예를 들면, 먼저 다음과 같은 핵심 질문을 던지면서 활동을 시작한다:
"너는 왜 그런 짓을 했지?" — "그때 넌 무슨 생각을 했지?"— "그때 너
는 어떤 느낌이었지?"(참조: Berryman 1991, 1) 우리는 주위 사람들
의 행동을 이해하기 위해서, 또 심지어 그들의 행동을 장기적으로 예견
하기 위해서, 이와 같은 질문들을 일상생활 속에서도 반복해서 던지며,
또한 다양하고 세분화된 많은 심리학적 지식이 우리의 일반 교양교육
에도 널리 포함되어 있어서, 우리는 이미 아마추어 심리학자 또는 비전
문적 심리학자로 행동하기도 한다(참조: Schönpflug 2000, 26 이하).
반면에 학문으로서의 심리학은 심리 현상의 정확한 서술과 심리학적
지식의 검증을 위한 방법을 개발하고 적용함으로써, 심리에 대한 일상
적 경험의 한계를 넘어선다. 아리스토텔레스가 제시한 이후 여전히 영
향력을 잃지 않고 있는 이론 철학(theoretische Philosophie)과 실천 철

학(praktische Philosophie)의 구별은 심리학에도 적용되며, 따라서 사람들은 그 내용에 따라 '기초과목'과 '응용과목'으로 구별한다. 전자에 포함되는 지각심리학(Wahrnehmungspsychologie), 동기심리학(Motivationspsychologie), 성격심리학(Persönlichkeitspsychologie) 등은 주로 심리 현상들을 서술하고 설명한다. 후자에는 임상심리학(Klinische Psychologie), 조직심리학(Organisazionspsychologie), 교육심리학(Pädagogische Psychologie) 등이 포함되고, 이들은 기초연구에서 얻어진 지식을 인간 삶의 다양한 영역에 실천적으로 적용하는 것을 목표로 삼으며, '응용 심리학'(angewandte Psychologie)으로 불리기도 한다.

"영혼"이 하나의 통일된 심리학의 주제이면서 동시에 고도로 다양하게 여러 측면으로 세분화된 탐구 대상이라는 것 외에도, 심리학의 본질을 규정하는 또 하나의 조건이 있다. 그것은 오늘날의 과학적 심리학의 지배적 경향인 경험적 정량화 방법론이다. 즉 관찰된 정황으로부터 출발하여 이론과 가설이 수립되면, 이것은 실험이나 통제된 조사 과정을 거쳐 경험적으로 검증된 후, 그 결과에 따라 파기되거나 수정되거나 더 발전된다. 그러나 심리학이 다루는 개개의 문제에 대해서마다 서로 다른 복수의 관찰과 해석과 검증 절차가 등장함으로 인해서, 외부에서 보는 회의적 관찰자에게는 역사도 짧은 이 학문이야말로 "가장 규율이 부족한 학문"이 아닌가, 또는 상충하는 방법론과 이론적 주장들의 투기장이 아닌가 하는 인상을 주곤 한다. "그렇다고 해서 심리학이 전적으로 무질서하거나 자기욕심만을 추구하는 사업으로 평가 절하되어서는 안 된다"고 전문가는 방어한다: "상호 모순적이고 배치되는 경험과 해석들이 형형색색으로 난무하는 와중에서도, 제기된 문제에 대한 서술과 해결에서 전혀 손색없이 모범적인 성과들이 도출된다. 여러 방향으로 치닫는 이론과 방법론의 모순 속에서도 새로운 도약의 발판이 발견되며, 이것은 지금까지의 연구 과정에서 정당성이 입증될 뿐만 아니라, 미래를 위한 앞으로의 발전을 약속해 주기도 한다."(Schönpflug 2000, 14) 만약 우리가 토마스 쿤(Thomas S. Kuhn, 1993)에 동조하여 학문의 패러다임(*paradigma*, 본보기, 틀, 표본, 모형)이 연구공동체의 공통된 근본확신과 탐구방법과 서술 방식에 의해 결정된다는 데에서 출발한다면, 서로 병존하면서 동시에 부분적으로는 격렬히 서로 싸우면서 존속하고 있는 20세기 심리학의 세 가지 패러다임을 언급할 수 있다(참조: 상게서 323 이하). 즉 행동주의심리학(*Behaviorismus*: 인간 행동에 대한 이론적 탐구), 심층심리학(*Tiefenpsychologie*: 무의식에 대한 이론적 탐구), 그리고 인지심리학(*Kognitivismus*: 의식 내용에 대한 이론적 탐구)이다. 각 패러다임 옹호자들 사이의 극도로 날카로운 상호 공격들, 그리고 각 패러다임 고유의 고찰 방식들에 대한 이해의 일반화가 불충분하다는 이유 때문에, 학계에 종사하는 심리학자 카를 뷜러(Karl Bühler)는 『심리학의 위기』(*Krise der Psychologie*, 1927)를 확언한 바 있으며, 이 위기는 오직 복합적인 심리 현상에 대하여 제시되는 개별적이고 고립된 다수의 관점을 종합적으로 고찰함을 통해서만 극복될 수 있으리라고 그는 판단한다. 오직 다수의 이론적 개념의 차이를 일목요연하게 보여 줄 수 있는 "개념색인의 총람도표가 만들어질 수 있을 때에만 우리는 미래 발전의 큰 수확을 기대해도 좋을 것이다."(상게서 1) 그러나 화해와 중재를 향한 뷜러의 최후통첩과 같은 호소는 오늘날까지도 거의 아무런 반향을 얻지 못하고 있으며, 따라서 우리도 불가피하게 서로 경쟁적 관계에 있는 심리학의 세 패러다임의 기본 성격들을 따로따로 서술해야만 하는 상황이다.

1.2.1 행동주의심리학

자연과학과 기술의 근래 업적과 성과에 힘입어 발전을 향한 열정과 기대는 지속적으로 고조되어 왔으며, 이에 동반하여 20세기 초 심리학계에서는 *행동주의심리학*의 혁명이 선포되었다. 내성주의 방법론(Methode der Introspektion)을 가지고 당시에 주도권을 가졌던 의식심리학(Bewußtseinspsychologie)에 대항하면서, 외부로부터 관찰 가능한 행동(Verhalten, *behavior*)만이 객관적이고 실험 검증이 가능한 자연과학적 심리학의 유일한 대상으로서 인정받게 된 것이다. 이 철저하고 과격한 운동은 철학적으로는 존 스튜어트 밀(J. S. Mill)의 실증주의적 근본 태도, 그리고 학문적 지식의 현실적 적용 가능성과 유용성 기준을 고집해 온 미국의 프래그머티즘을 통해 예비된 것이었다(참조: Ulich 1993, 86-91). 미국에서 지배적 권위를 누리면서 전 세계적으로 후광을 발산했던 이 심리학은 시간이 흐를수록 처음의 과격성이 완화되어 갔다(참조 Wehner 1990, 26). 그 창립자인 존 왓슨(John B. Watson)의 선언에 의하면 기본적으로 행동은 외적 자극(Reiz = S: *stimulus*)에 대한 유기체의 반응(Reaktion = R: *response*)을, 또는 상황에 대한 유기체의 적응을 의미하며, 여기에는 복수의 자극-반응-연계들이나 반사 작용들을 포함하는 복합적 행동들이 일어난다. 행동주의자들이 공언하는 의도는 물리학자가 자연적 사건들의 변화 과정을 감시하고 조작하는 것과 같은 방식으로 인간 행동을 예측하고 조정하려는 것이다. 그러기 위해서는 자극-반응-연결고리(S-R-Koppelung)의 법칙성을 탐지하고 그에 내재하는 학습기제를 파악함이 필수적이다. 이반 파블로프(Ivan Pawlow)가 개의 행동반응 실험을 통해서 발견한 *"고전적 조건화"*(*klassische Konditionieren*)에서는 개에게 먹이를 주기 직전에 항상 종소리를 들려줌으로써 그 자체로서는 특별한 의미가 없는 (예를 들면 '종소리' 같은) 중립성의 자극이 먹이를 통해 선천적이고 무조건적으로 자연스럽게 일어나는 침 분비 반응과 연결된다. 일련의 반복 훈련이 실시된 후에는 (심지어 먹이가 주어지지 않는 경우에도) 개는 조건화된 자극, 즉 후천적으로 습득된 종소리 자극(CS)에 대해서도 강화된 침 분비의 반응이라는 조건화된 반응(CR)으로 응답하는 학습 효과를 보인다. 그러나 너무 자주 먹이 없이 종소리만 들려줌을 반복하게 되면, 즉 무조건적 자극 없이 조건화된 자극만 반복하게 되면, 조건화된 반응은 다시 사라지며, 소위 말하는 조건자극-조건반응-연결(CS-CR-Verbindung)은 해소되어 버린다.

이와 달리 부루스 스키너(Burrhus F. Skinner)에 의해 확립된 "조작적"(operante) 또는 "도구적"(instrumentelle) 조건화는 각각의 행동이 꼭 먼저 주어진 자극에 뒤따라 그 반응으로서만 일어나지 않는다는 확신에 근거한 것이다. 왜냐하면 생명체들은 새들의 노래 부르기 같은 그런 행동방식도 명백히 보여 주기 때문이다. 그와 같이 자극에 의해 유도되지 않은 채 자행되는 행동이 출현할 확률은 그 행동에 대하여 일어나는 환경의 반응이 긍정적인가 아니면 부정적인가에 영향을 받는다. 다시 말하면 소위 말하는 "강화반응"을 초래하게 되는데, 예를 들면 새가 울고 나서 먹이를 얻을 경우, 배고픈 새는 더 자주 울게 된다. 따라서 조작적 또는 도구적 조건화는 기대하는 행동방식에 대한 반복적인 보상을 통해 형성되며, 이렇게 형성된 행동방식은 또한 처벌을 통해서 다시 해소될 수 있다(참조: Schönpflug 2000, 327-344). 총체적으로 평가하건대, 정신물리학(Psychophysik)과 의식심리학(Be-wusstseinspsychologie)에만 고착되어 지나치게 삶의 현실과 동떨어진

모습의 심리학을 그로부터 해방하고 인간 행동에 대한 탐구 영역을 더
넓혀 주었다는 것이 행동주의심리학자들에게 부여되어야 할 역사적 업
적이다. 프로이트의 정신분석학 또한 심리학이 개인 정신의 내부적 조
건에만 고립시키는 병폐에 빠져든 반면, 행동주의심리학자들은 주변
상황에 의존할 수밖에 없는 인간 존재의 관계성, 그리고 환경과의 관계
속에서 발휘하는 인간의 학습 능력의 의미를 강조해 보여 주었다. 그러
나 반면에 자극-반응-작동 구조의 모델을 따르면서 인간을 그 내부를
파악할 수 없고 학문적 탐구 대상으로서도 무의미한 "암흑 상자"(black
box)로 규정해 버린다면, 그것은 탐구의 광범위한 대상 영역을 부당하
게도 심리학으로부터 파면해 버릴 뿐만 아니라, 반사적으로 일어나거
나 훈련을 통해 습득됨으로써 의식적 통제와 무관하게 일어나는 행동
은 고등 동물의 경우에는 단지 제한적으로만 해당된다. 그와 비슷한 이
중적 경향은 행동주의심리학의 연구 방법론에서도 발견된다: 고도로
정밀하고 세련된 경험과학적 방법론의 긍정적 의미를 아무리 높이 평
가한다 하더라도, 인간의 복잡한 심리 현상의 대부분은 단지 측량 기술
에만 적합한 개념들을 통해서는 파악되기 어려우며, 이것은 자극에 대
한 반응의 물리학적 변화 구조를 예외 없이 적용시키는 경우에도 마찬
가지로 해당되는 지적이다(참조: Ulich 1993, 100 이하). 또한 이와 같
은 조건화 방법은 애초부터, 그리고 특히 심리학 밖의 사람들로부터 임
의적인 권력 구조에 복종하도록 인간을 길들이고 조종함에 본질적으로
환영받아 적용될 수 있다는 의심을 받았다. 왜냐하면 조건화시킴과 직
접 관련되는 사람들의 이해관계나 언제든 일어날 수 있는 원치 않았던
결과에 대해서는 별로 주의를 기울이지 않았기 때문이다.

1.2.2 심층심리학

행동주의심리학자들이 외부로 드러나고 관찰 가능한 행동을 주시하는
반면, *심층심리학자*들은 인간 영혼의 내부로 깊이 파고든다. 심리학의
문외한과 심지어는 전문가들도 심층심리학을 왕왕 프로이트의 정신분
석학과 동일시하거나, 기껏해야 융과 아들러의 정도를 함께 언급하곤
하지만, 심층심리학 자체는 매우 넓은 개념으로서 서로 다른 여러 학파
와 경향을 포함하며, 이들 사이에는 적지 않은 경쟁적 대립 관계도 확
인된다. 어떤 의미에서 이들은 새로운 영역을 개척해 낸 프로이트 학설
을 더 발전시켜 나간 것으로 해석될 수도 있지만, 그와는 전혀 다른 변
화된 정신적 및 사회적 배경에서 그들 자신의 독자성을 요구할 수 있는
충분한 권리도 인정되어야 함이 마땅하다(참조: Dienelt 1973). 심층심
리학의 여러 학파와 경향에게 다음의 근본전제들은 모두 공통적이다:

　1. 인간 내면의 생각과 감정들의 일부 본질적인 부분은 의식에 드러
나지 않거나, 적어도 항상 드러나지 않고 오히려 무의식 상태로 머물기
때문에, 인간에게 전적으로 숨겨져 있다. 의식은 훨씬 더 크고 알려지
지 않은 이 내면 세계에 비교하면 마치 빙산의 일각과 같다.

　2. 인간의 무의식은 그 당사자는 알아채지 못한 채, 그러나 매우 높
은 정도로 그의 의식적 체험과 사고와 행동에 영향을 미친다. 무의식적
과정과 동기들이 이런 방식으로 행동장애(예를 들면 병적인 증오심과
사랑의 감정), 의식의 착각(예를 들면 기억 손실), 그리고 신경증적 인
격장애까지도 일으킬 수 있고, 또한 무의식은 다양한 심리적 고통과 정
신병들의 원천이 된다.

　3. 심층심리학으로 훈련된 전문가는 무의식적인 생각과 감정을 찾아
내어 그 당사자가 의식하도록 이끌어 줌으로써 그를 자신의 정신병으

로부터 해방시킬 수 있다(참조: Schönpflug 2000, 345).

　비록 심리학에 관심 많은 애호가들이나 심리학 초보자들은 심층심리학의 그와 같은 기본 착상들이 심리 탐구의 핵심 과제라고, 심지어는 심리학의 유일하고 진정한 탐구 대상으로 간주함에 반하여, 학계를 대표하는 전문가 진영에서는 심층심리학은 수많은 반대자를 가지고 있으며, 대학의 심리학 강단에서는 극히 주변적인 역할만을 유지하고 있을 뿐이다. 프로이트의 정신분석학은 일반 공중에게는 그 인지도와 영향력에서 행동주의심리학보다 훨씬 더 우세하지만, 대학 등 정규 교육과정에서는 인정받기보다는 격한 적대감의 대상이다(참조: Wehner 1990, 32 이하). 이 뚜렷한 불일치의 일차적 이유는 심층심리학의 탓으로 지적되는 비과학성과 무효력성 비판이다. 그 외에도 학계의 심리학자들은 "심층심리학자들이 인간의 무의식으로부터 찾아내 보여 준다고 주장하는 바 그 내용들의 원시성과 조야함"에 불만을 표시한다(Schönpflug 2000, 347). 심층심리학의 연구자는 대부분 정신병들을 다루지만, 그런 정신병 환자의 개별 사례들에서 관찰된 심리적 특수성으로부터 모든 (건강한) 인간의 심리적 특성을 추론해 냄을 사람들은 거부한다. 심층심리학에 대한 이러한 거부는 과격한 방법론 비판의 방식으로 제기되며, 주로 해석과 공감에 의존하는 처리 방식도 당시 위세를 떨치고 있던 경험과 실험 위주의 방법론과 대조되면서 "사변적이고 직관적이며 암시적이고 주관적"인 것으로 자격 박탈당한다는 것은 우리의 시야를 좁혀 버리는 "객관성과 주관성의 케케묵은 이분법적 태도"에 기인한 것임을 슈미트는 지적한다(Schmidt 195, 34): 객관성이란 오직 탐구 결과에 대한 탐구자 개인의 그 어떤 임의적인 영향력도 배제될 때에만 확보될 수 있으며, 이상적인 경우를 위해서는—자연과

학적 실험의 절차 규정을 모범으로 삼고 전적으로 따르면서 — 인식 과
정 전체를 관찰 장비와 실험 도구에 내맡길 수 있어야 한다는 것이다.
어쨌든 정신분석 치료의 대표적 사례에서 분명히 드러나듯, 심층심리
학의 이론화 작업과 그 비과학성에 대한 비판은 그만큼 서로 "각도가
안 맞은 채 빗겨간 것"이며, 엄격히 표준화된 외부인의 관점이어서, 환
자 자신에게서 작동되어야 하는 심리 역동적 과정을 열어 감에 꼭 필요
한 정신분석적 도구틀(setting)과 환경적 분위기를 정면으로 파괴해 버
리는 것이다(참조: 상게서 36). 영혼의 의식되지 않은 변화와 움직임들
에 대한 심층심리학적 탐색 방법론에 대하여 제기된 "객관성" 요구의
부적절함을 제외하고 본다면, 정신분석학의 치료 효과가 행동주의심리
학의 인식론에 기초하는 행동치료(Verhaltenstherapie)의 효과와 마찬
가지로 크다는 것은 경험적 연구를 통해 입증될 수 있을 것이다(참조:
Ulrich 1993, 85). 프로이트로부터 출발하여 개인심리학(Individual-
psychologie)과 분석심리학(Analytische Psychologie), 그리고 현존재
분석(Daseinsanalyse)을 거쳐 의미치료(Logotherapie)와 교류분석
(Transaktionsanalyse)에 이르는 일련의 발전 과정은 의도적으로 영혼
내적 요인에만 집중하는 프로이트식의 제한을 파기하고 그들의 이론적
체제의 경험주의적 토대를 넓혀 나갔다. 이 내용에 대해서는 이 책의
중심부에서 현실적 적용을 주제로 하여 더 자세히 다룬다.

1.2.3 인지심리학

흔히 말하는 "인지주의적 전환"(kognitive Wende)이 등장한 1960년대
이래로 행동주의심리학의 지배적 영향력은 감소되어 왔으며, 현대 심

리학 이론의 제3의 대표적 계통으로서 *인지심리학*이 위세를 떨치면서
자리 잡게 되었다. 심리학의 성격이 "인지주의적"으로 (또는 "인지중
심적"으로) 전환한다는 것은 한편으로는 심리학의 탐구가 그 관심 대
상을 인간의 인지적 활동 과정으로 옮겨 간다는 것을, 또 한편으로는
심리 현상들이 인지적 변인들(kognitive Variablen)을 통해서 설명된다
는 것을 의미한다(참조: Ulich 1993, 102 이하). 여기서 말하는 "인
지"(Kognition)는 모든 "인식 활동"(Aktivität des Wissens), 즉 지식의
획득, 구성, 그리고 사용 등을 모두 지칭하는 집합 개념이며, "인지주
의적 전환"의 지지자인 울릭 나이서(Ulric Neisser)의 해설에서도 보이
듯이, 그것은 "지각, 기억, 주의 집중, 형태 인식, 문제 해결, 언어 심
리, 인지 발달" 등을 모두 포함하는 개념이다(U. Neisser, 1996, 15).
그러나 심리학은 이미 그 이전에도 인간의 의식 내용과 인식 기능에 대
한 탐구를 항상 자기 고유의 과제로 삼아 오지 않았는가? 그래서 "전
환"을 말하는 것 자체가 전적으로 과장된 것처럼 보이지 않는가? 실제
로 인본주의와 함께 상승세를 탄 심리학은 "인간 정신에 대한 이론"이
라고 정의되었으며, 19세기에는 "인간 의식의 본성에 관한 학문"으로
서 확고하게 분과학문의 지위를 차지할 수 있었다. 그러나 그것의 가장
주된 방법이었던 내성(Introspektion)이 20세기에 와서 점점 더 강하게
불신의 대상으로 전락하고, 성공적으로 그 위상을 높여 가던 행동주의
심리학이 정신(Geist)과 의식(Bewusstsein)으로부터 과학적 탐구 대상
으로서의 자격 자체를 박탈해 버리자, 사람들은 "인지"(cognition) 개
념과 "인지적"(cognitive) 개념을 슬로건으로 내세우면서 의도적으로
그 이전의 연구 성과에 집착해야만 했다. 독일어권에서도 이미 빛바랜
개념이 되어 버린 "인식"(Erkenntnis)과 "정신적"(geistig) 대신에 차용
된 개념인 "인지"(Kognition)와 "인지적"(kognitiv)이 채택되었으며,

"의식심리학"(Bewusstseinspsychologie)은 "인지심리학"(kognitive Psychologie)으로 전환되었지만, 이것도 단지 심리학의 여러 경향 중의 하나로서 병존하면서 자신의 방법론적 패러다임을 방어해 나가야만 했다(참조 Schönpflug 2000, 364 이하).

인지심리학의 패러다임 안에서 탐구 대상이 되는 것은, 이미 언급했듯이, 단지 인지적 능력과 활동만이 아니라 인간의 (정서-정동적) 느낌과 행동에 대해서도 모두 그 저변에서 작용하는 인지 과정에까지 소급해 가면서 해명해 내려 한다. 행동주의자들은 우리 행동을 조건반사 또는 습관이나 훈련을 통해 습득된 반응으로 환원하는 반면에, 인지주의자들은 자극과 반응 사이에 자립적이고 능동적인 주체가 수행하는 의식적인 결정 과정(bewusste Entscheidungsprozesse)의 단계를 개입시키며, 이 주체가 여러 가지 수집된 정보를 근거로 상황을 검사하고 적절한 행동을 계획한다고 본다. "인지주의적 전환" 이후 이제 사람들은

전 지구적으로 확산된 주제였던 '행동'의 자리에 스스로 책임질 수 있고 '자기반성적인 주체'(reflexives Subjekt)를 앉히기 시작했다. 수동적으로 반응하는 유기체의 모델은 점차 개체 개념에 자리를 내주었으며, 여기서 개체란 스스로 활동하면서 정보를 수집하고 가공하며 행위를 계획하고 실행하고 평가할 수 있는 주체를 의미한다. 물론 인지 과정으로의 전향이 모든 경우에서 동시에 지향적 주체(intentionales Subjekt)를, 즉 이 과정의 담지자로서의 인격 개념까지 끌어들이는 것은 아니다. 연구자들이 다양한 정보처리 과정에 대해서 받아들이고 있는 것은 분명히 의식된 의도나 주체에 의한 지속적인 관리나 통제 없이 단지 준자동적으로 특정 규칙성에 따라 수행된다는 것이다.(Ulich 1993, 113)

자기반성적 주체의 지향적 행위가 매 순간마다 독창적이고 의식적인 결정을 따라 수행되는 것은 아니므로, 대부분의 인지심리학자는 이전의 경험들로부터 형성된 "인지 도식"(kognitive Schemata) 개념을 받아들이며, 이 도식들이 준자동적으로 인간의 감정과 행동을 결정한다고 본다(참조: Beck 1999, 33). 비록 우리 (서구의) 문화권에서도 감정은 인지와 합리성의 반대 극으로 간주되지만, 단호한 인지주의자들의 견해에 의하면 이 "도식들"은 우리 각자의 개인적인 "안정된 인지적 행동모형"으로서(상게서 43) 우리의 행위를 인도할 뿐만 아니라 우리의 감정과 정서 활동도 결정한다. 따라서 감정은 "평가하는 의식상태" (bewertender Bewusstseinszustand)로서 정의되며, 그 평가의 긍정적 또는 부정적 색조는 그때그때의 세계-대-자기 관계 형성이 긍정적으로 아니면 부정적으로 판단되는가에 따라 결정된다. 예를 든다면, 특정 상황에서 내려진 "저 개는 위험하다"라는 판단은 부정적 색조로 입혀진 불안 감정을 동반한다(참조: Scheele 1990, 97). 심리적 장애가 자주 잘못된 판단이나 비논리적 사고 때문에 일어난다는 인지심리학의 논지는 일찍이 고대 헬레니즘 철학자들이 선취한 바 있으며, 더 나아가서 이제 임상심리학에서도 그 정당성을 인정받게 되었으므로, 본서의 다음 장에서도 그 지위를 충분히 인정받게 될 것이다.

1.3 분리의 역사 : 설명 – 이해 – 논쟁

상호 간의 접촉 금지, 그리고 철학과 심리학 사이의 적대감의 유래를 추적해 보기 위해서 우리는 이 두 학문 각각의 분과학문적 현실에 대한 자기이해를 서술했으며, 뒤이어서 이제 적잖이 까다로운 주제로서 그들이 분리되어 온 과정의 역사를 고찰해야 하겠다. 의심의 여지없이 철학은 "심리학의 어머니 학문"이라는 타이틀로 불리어 마땅하다. 19세기 중반까지도 심리학은 "인간 의식의 본성에 관한 학문"으로 정의되면서 대학 철학부 정관 규정에 포함되었고, 독일어권의 대학에서 철학의 한 분과 영역으로 가르쳐졌으며, 동일한 교수진이 철학과 함께 심리학 강좌도 제공하였다(참조: Wehner 1990, 39; Schönpflug 2000, 279). 오랜 세월 동안 지속된 철학으로부터 심리학의 독립화 과정은 그보다 더 근본적인 또 하나의 이원화 과정과 연계되어 일어났으니, 그것은 전통적으로 보편 학문인 철학의 탐구 영역이 두 개의 큰 그룹의 개별 학부로 분리되는 과정이다: 즉 자연과학(Naturwissenschaft)과 정신과학(Geisteswissenschaft)으로의 분리다. 이 근본적인 분리는 심리학 진영의 연구에서는 자연과학적 방법론의 방향으로 기울어진 "설명하는"(erklärend) 심리학과 정신과학적 방향으로 기울어진 "이해하는"(verstehend) 심리학 사이의 논쟁과 대립에도 반사되어 나타났다. 심리학이 "어머니 학문"으로부터 독립된 학문으로서 자리 잡을 수 있게 된 것이 오직 변질된 형태의 "이해하는" 심리학에 대항하여 "설명하는" 심리학이 거둔 — 일시적인 — 승리에 힘입어서만이 가능했다는 것은, 비슷한 방식으로 비과학적이고 사변적인 학문으로서 배척당한 철학에 대한 심리학의 입장으로서도 지적될 수 있다. 그러나 동시에 철학 쪽에서도 자연과학적 방법으로 점점 더 기울어져 가는 심리학에 대하여 거리를 두었으며, 또한 모든 형태의 과학주의(Szientismus)를 (특히 심리학주의(Psychologismus)를) 격렬히 반대했다는 점을 고려한다면, 결국 철학과 심리학의 분리 과정은 전적으로 양쪽 모두에서 일어났음을 보여 준다. 통상적인 과학사의 해방논제(Emanzipationsthese)에 따르면, 심리학 스스로가 자연과학 쪽으로의 개혁적 변화를 택함으로써 철학으로부터 독립할 수 있었다고 하지만, 이것은 여기서 우리가 개괄하려는 그 복잡한 분리 과정에 비하면 단지 일방적이고 불완전한 그림에 불과하다(참조: Schmidt 1995, 61).

이제 우리는 과학이론(Wissenschaftstheorie)에서는 오히려 소홀히 다루어진 철학의 입장에서 출발해 보자: 19세기의 인식론(Erkenntnis-theorie)은 넓은 의미의 "논리학" 영역에 포함되었으며, 철학의 핵심 주제로서 가장 *각광받는* 지위를 누렸다(참조: 상게서 61). 당시에 이미 성공적으로 확장세를 과시하던 심리학주의의 명분에 힘입어서, 점차로 인간의 판단과 논리적 추론에서 일어나는 관념들의 연계와 같은 모든 정신적 상태와 활동 방식을 오직 심리적 사건으로서만 관심의 대상으로 삼은 것은, 이것이야말로 실증주의적 시대정신을 향해서 과학주의가 보여 준 단호하고 철저한 새로운 방향 설정의 가장 모범적인 증거 사례로 해석될 수 있다. 비록 심리학주의적 사고방식이 미학과 윤리학 등 철학의 다른 모든 분과 영역에서도 지지 기반을 얻었지만, 우리는 인식론에 집중적으로 관심을 두고자 한다. 그러나 이것은 인식론의 높은 지위나 위상 때문만이 아니고, 오히려 에드문트 후설이 심리학주의에 대해서 펼친 강력한 공격에서 그가 유독 논리학과 심리학 사이의 관계를 세밀히 검토하였기 때문이다. 당시에 활짝 꽃피우던 신칸트학파의 반과학주의적 입장에 동조하며, 그리고 추상적인 논리-개념적 대상의 타당성 기준을 사실-경험적 대상에 대한 타당성 기준과 엄격히 구별할 것을 고집하면서, 후설은 심리학주의자들에게서 범주적 오류를 충분히 설득력 있게 입증해 내었고, 이로써 "철학사적 견지에서 심리학주의를 더 이상 문제 삼을 필요가 없도록" 마무리지었다(Held 1990, 19): "심리학은 사고 활동을 (작동하고) 있는 그대로(wie es ist) 고찰하지만, 논리학은 사고 활동이 어떻게 올바르게 수행되어야 하는지를 (wie es sein soll) 고찰한다. 전자는 자연법칙과 관련되며, 후자는 사고 활동의 규범법칙을 다룬다."(Husserl 1990, 55) 심리학의 경험 명제들은 언제나 단지 개연적일 뿐이어서 미래 언젠가는 반증될 수 있음에 반해, 논리학의 명제에 대해서는 필연적 자명성의 진리 조건이 요구된다: 후설에 의해 새롭게 확립된 "순수 논리학"(reine Logik)은 인간의 사고와 인식 활동의 본질적인 법칙들이 선험적인 조건일 뿐, 물리학이나 생리학의 생성 조건과는 무관함을 추적해 냈으며, 칸트에 의해 도입된 비판주의(Kritizismus)는 인간적 인식 활동의 심리학적 제약에도 불구하고, 그에 내재하는 인식의 선험적 조건(Erkenntnisbedingungen a priori)들을 확인시켜 주었다. 논쟁의 여지없이 분명한 그들의 공통된 동기는 진취적으로 전진해 오는 경험주의적 탐구에 대응하여 철학을 정당한 자격을 갖춘 학문으로서 입증해 보이려는 것이며, 가능하다면 경험에서는(in der Empirie) 결코 찾아질 수 없는 모든 학문의 공통된 토대를 의심의 여지없이 확실한 선험적 조건으로 입증되도록 함으로써 근본학문(Fundamentalwissenschaft)의 자격마저도 철학에게 복권시키려는 것이다(참조: Schneider 1998, 67). 19세기 80년대의 철학은 이러한 심리학주의로부터의 일탈, 그리고 순수 논리학과 비판주의적 인식론 또는 가치론으로의 전향을 통해서 뚜렷한 약진세를 일으켰으며, 이것을 가리켜 흔히 "관념주의적 전회", 또는 심지어 "철학적 사고의 부활"이라 이름 붙였다(참조: Schmidt 1995, 78 이하). 후설이 공포한 "엄격한 학문"(strenge Wissenschaft)으로서의 철학에 대항하여 순수한 내성과 사고 활동에 기초를 두는 이 새로운 철학적 연구 경향은 관념적 대상들로 채워진 의식내적 세계를 구상하며, 이것은 생활세계(Lebenswelt)와 여타의 다른 학문들에 대해서 관계독립성(Bezugslosigkeit)

과 가치중립성(Wertlosigkeit)을 통해서 빛을 발한다. 후설은 그가 이름 붙인 현상학적 판단중지(phänomenologische *Epoché*, "포기")에서

모든 경험적인 것을 배제시키고, 스스로 구성해서 수립한 개념들의 상상세계로 들어선 채, 오직 상관적인 '의식내적 대상'들(die korrelativen Noemata)만을 바라보며, 그들의 오직 형식적인 의미규정으로 인해서 어떻게 실체적으로 고정될 수 있는지는 결코 분명해질 수 없으므로, 이 추상으로부터 다른 학문들로의 아무런 이행도 가능하지 않다.(Schneider 1998, 69)

결국 한편에서 철학은 학문적 정당성을 갖춘 근본학문이 되려는 욕망을 보이면서 심리학을 절대적 확실성을 갖추지 못한 경험과학으로서 평가 절하하지만, 다른 한편에서는 새롭게 제도화된 "설명하는 심리학"은 선험주의적이고 이상주의적인 관념학(apriorische Idealwissenschaft)이나 또는 현상학적 본질직관(phänomenologische Wesensschau)과는 그 어떤 관계도 원치 않는다. 1879년에 라이프치히에서 최초로 실험심리학 연구소를 설립한 빌헬름 분트(Wilhelm Wundt)는 그래서 설명하는 또는 실험하는 심리학의 창설자요 아버지로 명성을 얻었지만, 이 "분트-창설자 신화"(Wundt-Gründungsmythos)는 정확히 말하면, 분트에 대한 일방적인 해석과 수용에만 의존한 것이다. 분트 본인은 자신의 '이해하는 민족심리학'(verstehende Völkerpsychologie)을 자기의 실험심리학(experimentelle Psychologie)보다 더 높이 평가하였으며, 더 나아가서 평생 동안 철학으로부터 심리학을 분리함에 저항했다(참조: Schmidt 1995, 74 이하). 철학으로부터 독립해 나간 "설명하는 심리학"은 근대가 이상으로 삼았던 자연과학적 지식의

이상적 모델을 엄격히 따르면서 관찰과 실험을 방법적 도구로 사용하여 자연을 수량적-수학적으로 독해함을 목표로 추구하였으며, 여기에서 생리학은 자연과학의 다른 분과들에 대해서 "언니 역할"을 담당했다(참조: Wehner 1990, 5). 방법적 실천 목표는 엄격히 과학적인 방식으로, 즉 형이상학과 이론에 얽매임 없이 소위 말하는 중립성의 "지적 사실들"(mentale Fakten)을 파악하고 처리하는 것이며, 여기에 그 어떤 개념적 반성이나 사변도 사전에 개입시키지 않음으로써 귀납적-실험적 수행 절차가 변조됨을 막는 것이다. 실험은 연구자가 조사하려는 현상의 발생과 변화 과정에 임의로 개입하고 영향을 끼쳐서 일어나는 결과들을 관찰하는 활동임에 반하여, 좁은 의미에서의 관찰은 그와 같은 개입은 포함하지 않는 행위다. 양자 모두에게 요구되는 것은 학문 탐구자의 "객관화시키는 태도"이며, 이것은 ― 오래전의 내성법(Intros-pektionsmethode)이 수행한 주관화시키는 태도와 반성적 고찰 방법에 대조되며 ― 연구 주체와 연구 대상 사이의 공간적 분리 때문에 외견상 타자에 의한 관찰을 가능하게 만들며, 따라서 관찰에 대한 간주관적 통제가 보장된다: "실제로 수행되고 실험적으로 야기된 의식 체험, 예를 들면 특정 시점 t에 가졌던 어떤 표상 'x'를 서술하기 위해서는 참여하는 피실험자들 스스로 실험에 유용하도록 평가가 가능한 자기관찰 방식을 연습하고 익혀야만 그 관찰은 어느 정도 실험실의 측정 계기에 유사한 정도로 실험 규정 안에서 인정받을 수 있을 것이다!"(Schmidt 1995, 71) 공동으로 수행하는 수량적-실험적 연구방법 외에도 설명하는 심리학의 기본적 과제로 인식된 것은 우리의 의식 내용을 그 원소들로 분석하는 것이니, 예를 들면 "감각 또는 감정"들(Empfindungen)을 그보다 더 복합적인 "관념 또는 표상"들(Vorstellungen)의 구성 요소로서 이해하는 것이다(참조: 상게서 66 이하).

실험적-귀납적 방법을 적용하는 '설명하는 심리학'은 분트의 노력과 업적을 통해 제도권의 교육 과정에 자리 잡았고, 뒤이어서 전문 학술지 발간 기구가 설립되었으며(1883), 실험심리학 주제의 첫 학술대회가 기센에서 드디어 개최되는 등(1904) 일련의 과정을 거치면서 독립된 학문 패러다임을 만들어 낼 수 있었지만, '설명하는 심리학'은 여전히 그와 전혀 다른 종류의 연구 방법론을 지향하는 심리학 학파들과의 대결을 피할 수는 없었다. 특히 "설명하는" 방법론에 대한 비판적 반작용으로서 나타난 "이해하는 심리학"은 여러 가지 다양한 이해 개념을 정식화함으로써 "설명하는" 심리학의 방법론적 독점을 깨트리려는 시도를 집요하게 벌여 나갔다. 한때 제기된 몰락의 논변들도 넘어서면서 오늘날까지도 존속해 온 이 대항 세력은 주로 빌헬름 딜타이(Wilhelm Dilthey)의 정신과학 개념에 그 출처를 두고 있으며, 그 때문에 "정신과학적 심리학"이라고도 불린다(Spranger). 딜타이는 기억력 연구자이며 실험심리학의 모범적 대표자였던 헤르만 에빙하우스(Hermann Ebbinghaus)와 펼친 논쟁에서 "설명하기-이해하기-논쟁"(die Erklären-Verstehen-Debatte)에 불을 붙인 것에 그치지 않고, 더 나아가서 정신과학의 역사적이고 체계적인 토대를 세우는 데에 노력을 기울임으로써 지속적인 명성을 얻었다. 철학과 심리학을 과학화하거나 자연과학화하는 것에 저항하기 위해서 그는 "확실한 징표를 제시함으로써 정신과학과 자연과학 사이의 경계를 사전에 확정"시키는 작업에 착수하였다(Dilthey 1981, 89). "정신과학" 개념 자체가 19세기 중반에 와서야 비로소 형성된 것이기에, 그 역사적 기원에서 보더라도 경험-분석적 방법론의 정밀성을 추구하는 "자연과학"에 대한 대항 학문의 등장으로 이해될 필요가 있으며, 과학적으로 합리화되고 모든 신비의 마력을 상실한 현실 세계 한가운데에서도 인간다운 삶의 옹호자 역할을 유지시키려는 시도로 이해되어야 하겠다. 딜타이에 의하면, 자연과학은 자체의 대상 영역에 있어서도, 그리고 자기 고유의 방법에 의해서도 정신과학과 구별된다: 자연과학이 외부 자연의 가공되지 않은 사실에 관심을 기울이는 반면에, 정신과학은 인간 정신이 만들어 낸 산물이나 또는 행동하는 구체적 인간에 관심을 집중시킨다: "이것은 항상 동일한 사실에 관계한다; 즉 인류 또는 인간적-사회적-역사적 세계에 대한 관심이다."(상게서 91) 정신과학적 방법에 관해 말하자면 제대로 작동하는 측량 도구에 고착된 연구자의 "객관화시키는 태도" 또는 전혀 핏기 없는 칸트식의 선험적 주관 대신에, 구체적-역사적인 온전한 인간이 의지하고 느끼며 사고하는 존재로서 자리를 잡는다; 즉 "설명하는 학문 주체"와 구별되는 "이해하는 학문 주체"다. 항상 역사적 연관성이나 복합적 인격성 등과 같은 전체적인 형상을 고찰하기 원하는 "이해하기"는 자신의 해석학적 임무를 "추체험"(Nacherleben) 또는 "자기이입"(Sichhineinversetzen)의 방식으로 수행하며, 이것은 학문 이전 단계의 일상언어적 선이해(Vorverständnis)를 토대로 실현된다:

자기의 고찰 대상에 대하여 더 높은 차원의 이해를 추구하는 그 지위는 주어진 여건 안에서 삶의 연관성을 찾아내려 하는 자기의 그 과제를 통해 규정된다. 이것은 오직 자기 자신의 체험 안에 실재하며 여러 차례 수없이 반복하여 경험된 연관성이 그 안에 내재하는 가능성들과 함께 항상 현존하고 준비되어 있을 때에만 가능하다. 이해함의 과제 안에 함께 주어져 있는 이 마음 상태를, 그것이 한 인간에 대해서건 또는 어느 작품에 대해서건 불문하고, 우리는 자기이입이라고 부른다.(상게서, 263)

내용과 방법론 모두에 있어서 객관적 정밀성을 추구하는 자연과학에 대해서 경계를 긋고 자신의 위치를 정립한 정신과학, 그리고 여기에 동조하는 입장을 밝힌 "이해하는" 심리학은 이제 새로 확립된 설명하는 심리학과 철학 사이로 끼어들어가 하나의 집합체로서 자리 잡았으며, 이로 인해서 학문 간의 분리 과정은 상당히 복잡해졌다. 설명하는 심리학과 철학 사이의 적대 관계에 유사하게, 그리고 자연과학과 정신과학의 분열이 심리학 영역 내부를 횡적으로 가르며 지나가게 되자, 설명하는 심리학과 이해하는 심리학 사이의 논쟁은 촉진되었고 상대 심리학의 학문적 적격성 여부가 주된 논제로 지속적으로 제기되었다. 학문적 적격성 논증을 끌어들임은 그것을 노골적으로 통상적 투쟁 수단으로 사용하려는 의도를 내비치는 것이며, 한편으로는 "'이해하기' 자체를 합리성 결여와 동일시하지만, 반면에 '이해하기 옹호자'는 이에 대한 반격으로서 '설명하기' 방법론을 과학주의와, 그리고 방법론적 오류와 연관시켰다."(Schmidt 1995, 150) 새롭게 확립된 심리학을 본격적인 "자연과학"의 지위로 격상시키기 위해서 사람들은 자기이입을 통한 '이해하기' 같은 모든 "나약한 경향들"(weiche Orientierungen)에게 비합리주의라는 혐의를 씌웠으며, 학문적합성 요구 기준을 위기에 빠트린다는 이유에서 거절했다. 그런가 하면 "신심리학의 창설자" 딜타이도(상게서 38) 이미 "객관적 이해"(objektives Verstehen)를 위해 노력을 기울였으며, 이것은 생활세계적 의미에서 탐구 주체의 주관적 체험과 재결합됨에도 불구하고 그에 대한 정교한 해석학적 처리 방식을 통해 정당성은 보장된다고 본 것이다. 그러던 중 에두아르트 슈프랑거 (Eduard Spranger)의 획기적인 저서 『삶의 형식들』(Lebensformen, 1914)에서 모범적으로 개진된 합리화 전략들에 힘입어서 비로소 '이해하기'(das Verstehen)가 객관적이고 과학적인 방법으로서 그 적법성이 입증되었으며, '설명하기'의 방법론은 심리학에서 격퇴되었다. 비록 정신과학적인 탐구 대상들이 시간적으로 조건 지워진 것이며 어느 특정의 역사-문화적 맥락 안에 매어 있기 마련이지만, 그들의 정신적 내용과 그들의 규칙적이거나 합법적 구조는 그럼에도 무시간적(또는 초시간적)이라는 것이다. "법칙정립적"(nomothetisch)이며 보편 법칙의 수립을 목표로 활동하는 자연과학과 "개체서술적"(idiographisch)이며 개별-특수자와 일회적 존재를 다룸에 종사하는 정신과학을 구별하는 신칸트학파의 이분법과 달리(참조: Rickert 1986), 슈프랑거에 따르면, 정신과학적 이해는 "환원된 선험주의"(reduzierter Apriorismus)의 정신을 따라 법칙에 대한 인식과 개체에 대한 상세한 분석을 종합해야 한다(참조: Schmidt 1995, 130 이하). "이해의 가장 높은 단계는 보편자와 개체의 결합에서 실현된다는 것이다: 개별자에게서 보편자를 인지하면서 동시에 보편자의 인식 안에서 그것의 개별적 현상들에 대한 체험도 함께 현존하는 경우다."(Schönpflug 2000, 2287) 심리학의 실험주의-과학주의적 문제가 인간의 정신적 생활이 행위들에 의해서가 아니고 개개의 감정들에 따라 영위된다고 보는 근본적 오류에 기인하고 있음에 반해서, 정신과학적 심리학이 시도하는 것은, 결국에는 오직 밖으로 표현된 내용을 통해서만 파악될 수 있는 영적 활동들을(die seelischen Tätigkeiten) 개인의 심리적 삶(individuelles psychisches Leben)과 역사적-우연적 조건 아래에서 간주관적으로 일어나는 한 문화권의 정신적 객관화(intersubjektive geistige Objektivationen) 사이에서 발생하는 상호 침투 작용으로서 이해하는 것이다. 슈프랑거에 의해서 탐지된 여섯 가지의 초역사적이며 특정 문화를 통해서 한 개인에게 "객관화된 정신"(objektivierter Geist)으로서 제시된 인간의 생활형식의 "이상형"(또는 이념형, Idealtypus)들은 사회 안에서 영위될 개인적 삶의 복합성에 대한 세밀한 고찰에 도움을 준다.

　여기서 한 가지씩 차례로 서술된 바 서로 방향을 달리하는 자연과학적-설명하는 심리학과 정신과학적-이해하는 심리학을 통해 제기된 "학문적 정체성 문제"는 분과학문으로서의 심리학이 오늘날까지도 겪고 있는 장기적 위기의 원인으로 간주될 수 있다(참조: Schmidt 1995, 150). 논쟁의 여지가 있는 "설명하기"와 "이해하기"의 두 사고방식 대신에 오늘날의 대학과 학계에서 우리가 만나는 구별 방식은 "수량적" 또는 요소분석적(faktorenanalytisch) 처리 방식이 하나요, 다른 하나는 "질적" 또는 감정이입적(empathisch) 방법이며, 이것은 대상을 그 본질과는 무관하게 수학화시키는 방식을 거부하고 개인과 직접 만남이 제공하는 진단 효과를 신뢰하는 것이다. 그러나 여기에서도 단지 방법론적 차이만이 드러나는 경우는 드물며, 오히려 대부분의 경우 상당 정도로 그 대상성이 변질되니, 때로는 행동주의적 반사학(反射學, Reflexologie)의 방향으로, 때로는 "객관적 정신"이나 역사-문화적 환경 안에 처해 있는 개인에 대한 사회비판적 조사의 방향으로 일어난다. 계속 부풀려지던 이 논쟁은 그 자체로서 20세기 70년대의 실증주의 논쟁(Positivismusstreit) 또는 가치판단 논쟁(Werturteilsstreit)에서 정점에 도달했으며, 이것은 베를린 자유대학의 클라우스 홀츠캄프(Klaus Holzkamp)가 그의 요란스러운 대회장 연설에서 실험심리학 연구의 "주류세력"에게 전쟁을 선포한 후의 일이다. 독일 사회학에서 비판적 합리주의자 포퍼(Popper)와 알베르트(Albert)가 객관적-가치중립적 사회학 연구의 이상을 추구하면서 이상적이고 정의로운 사회 실현을 목표로 삼았던 비판 이론(die Kritische Theorie)의 대표자들인 아도르노와 하버마스를 상대로 대치했듯이, 홀츠캄프는 대학 심리학계의 "방법물

신주의"에 직면하여 자신의 요구를 이렇게 내세웠다:

1. 학문적 연구는 사회적 연관성을 가져야 하며, 특히 상대적으로 불리한 이익 단체들의 이익을 옹호해야 한다.

2. 피실험자들은 마치 반응하는 도구 같은 표본-피실험자의 일차원성으로 축소되어서는 안 되고, 도리어 그들의 주관적 복합성과 역사적으로 형성된 인격적 개성이 주목받아야 한다.

홀츠캄프에 의해 제창된 "비판적 심리학"은 가치중립적-관찰하기 대신에 비판적-참여하기의 방법론을 실천하고, 다음의 2.2.2장에서 자세히 다루게 될 "인본주의 심리학"(humanistische Psychologie)도 그와 비슷하게 '이해하기' 방법론의 부활에 동참하며, 여기에서도 "공감적 감정이입"(emphatische Einfühlung)이 치료 영역의 방법으로서 활용된다. 에이브러햄 매슬로우(Abraham Maslow)에 의해 학술지『인본주의 심리학』(Journal of Humanistic Psychology, 1961)이 출간되고 "미국인본주의심리학회"(American Association of Humanistic Psychology, 1962)가 창설된 후, 이해하기 방법론의 저항 운동을 위한 또 하나의 이정표로 기능하게 된 것은 "신심리학회"(Neue Gesellschaft für Psychologie, Berlin 1990)의 화려한 즉위, 그리고 이 학회가 내건 "측량하지 말고 이해하기"(nicht messen sondern verstehen)라는 선언이었다(참조: Schmidt 1995, 154). 경험-실험적 방법론의 독점적 지위와 도처에서 확산되고 있는 환원주의 때문에 사람들은 "인문과학은 아직도 본래의 인간 본성에 전혀 다가오지 못하고 있다"고 사람들은 경고한다:

그들은 인조물을 다루며 기술 제품을 다룬다. 그들의 토대와 출발점은 실재하는 인간의 모습, 즉 인간학(Anthropologie)이 아니라 단자론(Monadologie), 즉 하나의 닫힌 체계로서의 인간의 모습이다. 인간이 한 개체적 대상으로 내세워지며, 단지 외부 자극에 반응하는 존재로서(행동주의적 모델) 또는 단지 본능적 욕구들을 충족시키는 존재로서(정신역학적 모델) 고찰된다.(Frankl 1997, 37)

기본적으로 인본주의 심리학자들의 활동에 의해 심리학계에 도입된 "인지주의적 전환"의 결과로서 정신과학에 대한 심리학자와 심리치료사들의 신념적 동조는 지속적으로 증가했다(참조: 본서 2.2.3장).

우리가 1.2장에서 방향정위가 불안한 시대에 인간성의 유형들을 구체화하기, 그리고 이와 관련되는 공적 토론 절차를 개진시키기 등을 진정한 미래 발전을 약속할 철학의 과제로서 설명했으므로, 그와 같은 인본주의적 성향의 "이해하는 심리학"과 철학 사이의 협력은 충분히 예측될 수도 있었을 것이다. 그러나 이해하는 심리학 또는 정신과학적 심리학과 철학 사이의 모든 명백한 교차적 접근에도 불구하고, 이와 같은 예측이나 기대는 해당 학문들의 현실 상황에서 볼 때 실망스러울 뿐이다: 이 책의 본론 부분에서 다시 다루는 바와 같이, 많은 인본주의적 또는 '이해하는' 심리학자들이 철학적 사상과 개념에 긍정적으로 자극받은 반면, 철학자들의 진영에서는 시종일관 심리학 배척을 일삼았다. 심지어 실천 철학의 영역 안에서조차도 전체 심리학의 지식을 모두 포기해도 괜찮다는 식으로 받아들였으며, 이로 인해서 사람들은 욕구, 감정 또는 자기동일성 등과 같은 심리학적 개념들에 대해서 터무니없는 사변 수준에 머물렀다. 이에 대해서 슈미트(Schmidt)는 분명한 어조로 선언한다(1995, 169): "철저히 과학화된 현대 문화와 생활세계의 조건 하에서는 반성 활동에만 철저히 의존하는 철학이라 할지라도 과학적 연구 성과를 고려 대상에 포함시키지 않는 그런 철학은 받아들여질 수도 또 실현될 수도 없다." 인본주의 심리학자들이 광범위한 임상과 다양한 치료 경험을 토대로 발전시킨 현존재분석 또는 실존분석(Das-eins- oder Existenzanalyse)마저도 철학상담치료사들에게 "선호할 만한 철학적 관심의 대상"이 되지 않았다는 것은(Achenbach 1984, 83) 그것을 받아들일 의도가 부족했음을 의심케 한다. 현대 심리학의 바로 그와 같은 인본주의적-비판적 구상이야말로 철학상담치료사들이 일괄적으로 제기하는 비판의 주된 대상으로 지목되었는데, 즉 심리학은 내용과 목표에 대한 정확한 통찰 없이 단지 처리기법만을 준수하는 학문의 모양새를 보인다는 것이다. 정신과학자들에게서 나타나는 이러한 특이한 접촉기피증과는 대조적으로, 20세기 70년대 이래로 강화되었고 경험주의적 근본 입장을 따르면서 대부분 자연과학적 인식론의 이상을 신봉하는 분석철학 안에서는 수시로 자연주의적 경향을 따르는 '설명하는 심리학'의 추종자들을 만나게 된다. 정확한 학문적 개념성 확립을 목표로 추구하는 "심리 철학"(philosophy of mind)의 추종자들은 "인식론적 행동주의"(erkenntnistheoretischen Behaviorismus)의 표제 아래 "치료적 탈정신화 프로그램"(therapeutisches Dementalisierungs-program)을 전파하고 있으며, 여기에서는 인간의 인식 활동의 기초에 대한 전통적 탐구 방식과는 과감히 작별하고, 인간의 마음 또는 정신의 총체적 활동과 능력에 대한 고찰로 "압축"된다(참조: Rorty 1987, 194-214). 근대 데카르트식의 심신이원론 이래로 유령처럼 떠돌아다닌 "기계 속의 유령", 즉 오직 내성적 관찰을 통해서만 접근이 가능한 정신적 변화 과정들이 철학적 인식론에서 추방된 후(참조: Ryle 1969, 7 이하), 일체의 의식 현상들은 행동주의적 고찰 방식을 따라서 여러 가지 기질성향(Verhaltensdispositionen)으로 환원된다(참조: 상게서

54-62). 결국 한편으로 분석철학은 "심리학이 인간의 정신적 능력, 성향, 활동 등을 경험주의적 관점에서 탐구하는 유일한 학문"이라는 잘못된 견해에 과감히 도전하고 있는 반면(상게서 449), 상담과 치료에 임하는 철학자 대부분은 그와 같은 행동과학의 설명하는 심리학으로부터 넘겨받은 환원주의에 대해서뿐만 아니라 모든 정신과학적-심리학적 시도들 일체에 대해서 폐쇄적 태도를 보인다. 그러나 과학-기술적 서구 문명이 지배하는 우리의 사회와 생활세계에서는 인간들 각자의 인문주의적 자기형성을 위한 새로운 모델과 지침을 찾는 목소리가 점점 더 높아지고 있으므로, 본 연구의 다음 부분에서는 '이해하기'의 '정신과학'적 연구 현장에서 나타나는 철학과 심리학의 불균형 상황과 그에 내재하는 실천-치료적 전망을 서술함에 중점을 두겠다.

2

철학상담치료와
심리치료의 기본 성격

이제 우리가 관심을 가지고 주의를 기울일 중점적 대상이자 또한 철학
상담치료사들의 개혁주의적 관심사와도 대조적 위치를 점하는 응용 심
리학적 연구 주제들 역시 때로는 뜨거운 열기 속에서 진행되었으며 오
늘날까지도 활발히 진행되고 있는 '설명하기–이해하기' 논쟁과 무관
하지 않다. 철학상담치료사들이 그들과 동업자 관계인 심리학자들에
대해서 품고 있는 근본적인 회의의 우선적인 이유는 아마도 정신장애
의 진단과 치료가 오랫동안 자연과학적 방법에 기초하는 '설명하는'
의학의 한 영역이었으며, 더 정확히 말해서 19세기 초에 와서야 비로소
하나의 독립된 전문 영역으로 자리 잡은 정신의학에서 다루어졌다는
사실에 기인할 것이다. 18세기까지는 광기나 강박적 행동 등과 같이 뚜
렷한 증세의 정신질환들은 악마나 마귀 같은 악한 세력의 탓으로 돌려
졌으며, 따라서 인간을 사로잡고 괴롭히는 이런 세력은 악마구축술이
나 마녀화형을 통해 퇴치되어야 했지만, 계몽주의 시대에 와서 그와

같은 미신적 방법이 폐지된 후에는 그런 정신질환들은 치료 불가능한 것으로 간주되었다. 그 결과 가족의 보호나 후원을 받지 못한 정신질환자들은 마치 야생동물처럼 공공의 정신병원에 감금되기 시작했다(참조: Schönpflug 2000, 180). 그러나 초창기의 이와 같은 병원들은 계몽주의와 함께 대두된 성년자의 신분자격 인정, 그리고 인간 보편의 이성적 자기결정권 보장 등의 가치관과 점점 더 큰 갈등 관계에 빠져들었다: 비판자들은 환자들을 고통을 느끼는 인간 존재로서 인정해 줄 것과 그들에게 인간다운 대접을 받을 권리를 인정해 줄 것을 점점 더 강하게 요구했다. 의사였던 필립 피넬(Philippe Pinel)은 혁명 중이었던 1973년에 정신병자, 추방자, 거지, 범죄자 등의 수용소로 이용되던 파리의 "살페트리에르 병원"(Salpêtrière)에서 일부 환자들을 상징적으로 퇴원시켜 주었다. 그는 인간 정신병의 다양한 종류와 발생 원인에 대한 체계적 분류에 근거하여 포괄적인 정신의학의 개념을 기획하였으며, 각 종류마다 그에 적절한 치료 방안들을 제시하였다(참조: 상게서 181). 그것의 형성 기원과 대학 의학부 소속의 전공 분야로 편입되기 위한 자격 조건 등의 관점에서 볼 때, 심각한 정신장애를 책임지고 다루어야 할 정신병학에게는 '설명하는' 자연과학과의 밀접한 연관성이 의무적으로 부과되며, 따라서 인과적 분석과 조건반응 분석이 적용되어야 했다. 다시 말하면 실제로 나타나거나 또는 사라진 정신병적 "증세"들(정신병리적 특이성)에 입각하여 이 증세들을 일으켰을 심리적 활동 기관의 기능장애 또는 방해를 일으키는 외부로부터의 침해 요인을 찾아 나선다. 그와 같이 냉정하게 거리를 유지하며 동시에 병적 증세에 집중하는 정신치료사의 "객관화시키는 태도"의 목표는 인간의 정신적 삶을 설명할 수 있고 통제할 수 있으며 조작할 수 있는 방식으로 다루기 위함이다(참조: Blankenburg 1992, 326).

19세기에는 의사 외에 정신과학자(또는 인문학자)들이 심리적 변종 현상들을 다루는 사례가 점차 증가했으며, 그들 중 일부는, 철학자며 심리학자인 프리드리히 베네케(Friedrich E. Beneke)처럼, 그런 현상들 모두를 신체적 원인의 결과로서만 받아들임에 격렬하게 이의를 제기했다(Schönpflug 2000, 262). 그런 과정을 거치는 동안에 정신의학적 원인 탐구는 오늘날까지도 지속적으로 상충하는 여러 방향으로 분열되었다: "심령론자"(Psychiker)들은 모든 증세가 마음 자체의 병 때문이며, 과도한 감정 또는 과도한 욕구와 현실적 한계 사이의 부조화, 그리고 수용 불가능한 충동과 양심적 죄의식 사이의 불균형과 부조화 때문에 촉발된 결과로 해석한 반면(참조: Schmitt 2002, 69), "신체론자"(Somatiker)들은 신체적 변화들과 여러 가지 뇌질환이 그 원인이라는 주장을 폈다. 의학 교수로서 1811년에 "정신의학"의 명칭을 처음 도입하였고 정신의학의 인간화 프로그램을 촉진한 요한 릴(Johann Chr. Riel)은 한편으로는 정신적 고통을 유발하는 신체적 근거 조건들을 인정하였으며, 또 한편으로는 관념이나 표상 또는 충동이나 욕구 등과 같은 심적 원인들의 중요성을 지적하였고, 의사는 환자에 대한 언어적 지도와 환경의 변화 같은 수단을 통해 치료적으로 개입할 수 있음을 보여줌으로써 위의 두 진영에 대한 중재자의 입장을 택하였다(참조: 상게서 263). "신체론자"들과 "심령론자"들, 그리고 정신의학과 치료학 사이의 화해를 위한 릴의 이론적 시도에도 불구하고 "심령론자"들이 개발한 정신요법(Psychotherapie)의 치료 방법들은 그 초기에서부터 신체론적-자연과학적 경향이 지배적이었던 정신의학 측의 집요한 저항에 부딪쳤다(참조: Condrau 1989, 70). 왜냐하면 환자가 병으로서 체험하는 정신적 장애의 완치 또는 완화를 목적으로 주어지는 일체의 구조화된 치료 절차를 지칭하는 상위개념으로서의 정신요법은 명시적으

로 "심인성"(또는 "정신인성", psychogen)의 정신병리학적 현상들만을
치료 대상으로 받아들이지만, 이것들은 마음의 위기 상태 또는 병적으
로 변질된 심적 구조 등이 원인이 되어 일어나는 것들로서 '자연과학
적-설명하는' 연구의 적용 범위를 벗어나기 때문이다. 대학의 현행 학
업 규정에 의하면 정신의학 전문의는 일반 의학 과정을 마친 후 추가로
4년 동안의 전문의 과정을 이수해야 하며, 외과의적 시술과 약리학적
처방 외에 정신요법(심리치료)의 치료법들도 적용하는데, 예를 들면
행동치료나 오이겐 블로일러(Eugen Bleuler)가 정신요법에 도입시킨
정신분석 등이다. 자연과학적 표준형의 요구와 정신요법 사이에서, 그
리고 설명하기와 이해하기의 방법론적 원칙들 사이에 처해 있는 어려
운 문제 상황 때문에 정신의학적 진단학은 정신과학적 사상가(geistes-
wissenschaftliche Denker)들로부터 줄곧 의학 쪽으로만 일방적으로
경도된 처리 기법으로서 환자의 삶의 현실보다는 오히려 증세 분류법
에 의존하는 원칙을 따르며 '치료사-환자-관계'의 치료적 의미와 효
과를 소홀히 한다는 비난을 받아 왔다. 주로 신경생물학적 이론에 기초
하여 본업을 수행하는 정신의학자는 오늘날에도 자주 중증 환자들을
다루어야 하며, 그들에게는 소위 말하는 "대화하는 정신의학"(sprech-
ende Psychiatrie)은 더 이상 도움을 주지 못한다(참조: Koppel 1994,
29).

심리학 전반에 걸쳐 일어난 그 기세로 그 이외의 영역으로까지 확산
된 '설명하기-이해하기-논쟁'은 하나의 근본적인 통찰을 널리 주지시
켰으니, 즉 "환자에 대한 자연과학적 접근만으로는 충분하지 못하며,
질병을 제대로 이해함에도 만족스럽지 못할 뿐 아니라 치료를 위해서
도 결정적인 도움이 되지 못한다"는 것이다(Condrau 1989, 186). 정신

병 환자에 대한 일방적인 물리학-기계론적 고찰 방식을 완화함에서
중요한 선구자 역할을 수행한 것은 장 샤르코(Jean M. Charcot)와 피
에르 자네(Pierre Janet), 그리고 그들이 히스테리 환자의 최면치료에
관해서 세인의 주목을 집중시킨 경험주의적 연구 업적이었지만, 그들
자신도 히스테리의 유기체적 기관의존성에 대한 그들의 자연과학적 믿
음을 근거로 해서는 그 치료 효과를 "설명"할 수는 없었다. 그에 뒤이
어서 세계적으로 확산된 운동으로서 또는 심지어 "세계관"으로서 등장
한 프로이트의 정신분석학에 이르러서야 비로소 전통적인 정신의학
적-신경학적 모델은 붕괴될 수 있었으며, 그 당시까지는 소홀히 취급
되었던 의사-환자-관계가 치료의 중심에 자리 잡게 되었다(참조: 상
게서 117 이하). 본인 자신이 의사이며 신경의학자였던 프로이트는 꿈
으로부터 시작해서 신경증적 장애에 이르기까지의 모든 심적 징후에서
엄격한 법칙성을 따라 기계적으로 작동하는 심리적 장치를 발견하고
난 후, 이제는 과학의 발달에 힘입어 마음 현상들의 원인을 신체적 기
관이나 조직의 변화 과정으로 환원할 수 있기를 희망했는데, 그렇게 함
으로써 "심리학도 다른 모든 자연과학과 비슷한 토대 위에 세우기 위
해서"였다(Freud 1994, 92). 그러나 지금 뒤돌아보건대 이보다 훨씬
더 획기적인 것은 프로이트가 그보다 앞서 발견한 것으로서, 당시에 지
배적이었던 "신체론적" 정신의학(somatische Psychiatrie)이 받아들인
가설과는 반대로, 신경증 또는 신체 마비 등과 같이 겉보기에는 신체적
장애인 것이 실제로는 심적 원인에서 비롯된다는 것이었다. 그 결과를
합리적으로 받아들이면서 프로이트는 시종일관 소위 말하는 "비전문
가 분석"을 옹호하였는데, 그 이유는 의학 교육이 그에게는 정신분석
치료를 위해서 필요한 전제조건이기보다는 오히려 장애물로 생각되었
기 때문이다. 그가 내린 결론은 이렇다.

의사가 의과대학에서 받은 교육은 대체로 정신분석을 위한 준비로서 필요
한 것과는 반대되는 것이다. 그가 주의를 기울이도록 요구받는 대상은 객
관적으로 확인 가능한 해부학적, 물리학적, 화학적 사실들의 총체이며, 이
들에 대한 올바른 이해와 적절한 개입과 활용 능력이 성공적인 의료행위
의 조건이다.(상게서 244)

거기에 덧붙여 정신분석적 치료에서 영향력이 큰 두 지주 개념인 "저
항"과 "전이"는 모두 그 어떤 자연과학적 설명 기준도 벗어나며, 그래
서 프로이트는 치료 현장에서 결코 인간을 어떤 결함 있는 심리적 기관
또는 단지 자극에 반응하는 욕구집합체로 축소하지 않았으므로, 그에
상응하는 비난과 그 대상도 그의 시대 자체가 빠져 있던 실증주의-기
술주의적 도취감의 영향을 받은 왜곡된 인간상에 국한시킴이 정당할
것이다(참조: Condrau 1989, 166 이하). 따라서 프로이트는 정신분석
학이 그토록 강하게 자연과학적 사고에 뿌리를 두었기 때문에 새로운
철학적 검토는 필요 없다고 믿었다는 점에서 볼 때, 이론적으로는 착
각에 빠져 있었지만, 결국 그는 실제 치료 현장에서는 환자를 단지 특
정 정신병의 담지자로서만 보지 않고 하나의 전체적 인간과의 만남을
실천하려 했다는 점에서 그는 전혀 새로운 '정신과학적-이해하기' 방
법론에 기초하는 인간이해와 질병이해로의 접근로를 열어 주었다. 치
료사와 환자 사이의 만남이 친밀한가 아니면 소원한가가 치료 과정에
서 갑자기 큰 의미를 가지기 시작했으며, 치료 과정은 오랜 기간 동안
치료사와 환자가 함께 수행하는 "대화치료"의 방식으로 구성되며, 환
자의 과거 삶에 대한 해석학적 재구성을 목표로 진행된다(참조: 본서
2.2장).

프로이트는 충분한 반성적 검토는 하지 않은 채, 그의 정신분석학 이론에서는 '자연과학적—설명하는' 사고방식을 취한 반면, 실제 치료 행위에서는 '정신과학적—이해하는' 실천 방법론을 따르는 등 혼합된 입장을 보인 것과는 달리, 정신의학자이며 철학자인 카를 야스퍼스(Karl Jaspers)는 그의『정신병리학 총론』(*Allgemeine Psychopathologie*)에서, 특히 '실천적—치료적' 목표 실현에 주목하면서, 설명하는 정신의학과 이해하는 정신의학 사이의 경계를 분명히 밝힐 것을 요구한다:

> 인과론적 인식의 의미와 한계는 *치료학적* 가능성에 비추어 볼 때 아마도 가장 인상 깊게 드러나 보일 것이다. 어떤 이해 불가능한 것을 그것의 원인으로부터 필연적으로 도출되는 것으로 파악하는 인과론적 인식은 이 사건에 어떤 조처를 취함으로써 영향을 끼칠 수 있으나, 도움을 받아야 할 대상인 그 영혼의 활동은 이 조처들에 아무런 관여도 할 필요가 없다. 혈청학, 내분비선, 호르몬 등에 대한 연구에 의해서 장차 어떤 가능성이 실현될 것인지는 예측 불가능하다. 주사를 통한 주입식 치료는 의사나 환자의 인간적 개입 없이도 효과적인 치료를 수행할 것이며, 매 경우마다 동일한 치료를 반복하며 집단 효과를 초래할 수도 있다. 이와는 정반대의 치료가 있으니, 그것은 의사 자신이 몸소 직접 개입하는 상황에서 환자 자신의 인간적인 행동에 변화를 유도하면서 환경형성과 생활형성을 통해 내면적 전환과 결단을 위한 공간을 열어 주게 되며, 이들 내면적 전환과 결단이 치료의 원천이 된다.(1946, 24)

"설명하는 정신의학"과 달리, "이해하는 정신의학"은 병리적 특이 사항들을 인간이 환경과 사회적 관계 안에서 전인격적 행위 주체로서 수행하는 변증법적 자기개발 과정 또는 자기파괴 과정 안으로 끌어들여 그 연관성 안에서 고찰하며, 여기에서는 인과분석적 탐구 방법 대신에 해석학적 이해 과정으로 대체된다. '이해하는 정신(심리)치료사'는 자기의 환자 또는 의뢰인을 '냉정히-거리 두면서' 만나는 대신에, 오히려 '개입하고-공감하면서' 접근하며, 외부로 나타나며 조작이 가능한 병의 증세 조건들보다는 도리어 환자의 가치추구 또는 의미부여 행위 같은 내면적이며 관계중심적 요인들에 관심을 집중한다. 정규 의학과 '설명하기' 방법론을 지향하는 치료가 본래의 타율지향적이고 질병중심적이기 때문에 점점 더 불신의 대상으로 떨어지게 되자, '이해하기' 위주의 치료는 그 방법론을 자율지향적이며 인간중심적 치료로서 정의 내리고 이 점을 강조했다(참조: Blankenburg 1992, 326). 세기의 전환기에 즈음하여 객관적이며 공인된 진단 편람(요강 수첩)을 따라서 치료할 환자에 대한 분류가 가능한 징후학으로부터 자율적이며 온전한 전체성의 존재인 인격에게로 관심의 지향목표가 바뀜에 직면하여 아를트/제네카(Arlt/Zeneka) 연구팀은 "주관주의적 전환"을 언급하면서 정신의학과 심리치료 영역에서 지식 위주의 자연주의와 객관주의에 대항하여 "주관과 인격의 심리학"이 관철될 수 있었다고 평가했다(1992, 260). 이 명칭은 그러나 내가 보기에 비판적 심리학자들이 '경험-실험' 위주의 "객관심리학"과 구별하면서 자신들의 특징적 성격으로서 즐겨 사용하는 개념인 "주관심리학"처럼 큰 오해를 불러일으킨다. 왜냐하면 이해하는 심리학과 심리치료에서 말하는 주관은 고립된 모나드로서가 아니라 그가 처해 있는 전체적 생활 상황과의 관련성 안에서 고찰되기 때문이다. 따라서 본 연구에서는 주로 '설명하기' 방법론에 의존하던 심리학, 정신의학, 그리고 심리치료(정신요법)가 어떤 과정을 거쳐서 '이해하기' 방법론으로 전환되었는지를 다룰 것이다. 그러나 이러한 방법론의 두 입장들이 결코 전적으로 서로 배타적이기만 했음을 주장하는 것이 아니라, 도리어 상호 간 분명히 구별되면서 동시에 상호 보완적일 수 있음을 보여 주려는 것이다.

　"이해하는 병리학"을 "설명하는 병리학"에 대비시킴으로써 이제 정신의학은 자연과학과 함께 정신과학에도 이론적 근거를 두게 되었지만, 반면에 단일 학문적 기초를 상실했다는 이유에서 정신의학은 좁은 의미의 학문성에 대한 자격을 잃어버렸다(참조: Condrau 1989, 40 이하). 정신의학은 오직 프로이트에 의해 지연된 새로운 철학적 숙고에 힘입어서만이, 즉 하나의 포괄적인 인류학적 기초를 가지게 됨으로써 이 딜레마에서 자유로워질 수 있었다. 새로운 그리고 비환원주의적 인간상을 찾으려 애쓰던 많은 정신의학자가 그랬듯이, 야스퍼스 또한 여러 철학 사조 중 특히 현상학과 실존주의 철학의 영향하에 현대 정신요법(심리치료)의 기초가 되는 인간학적 인식을 확보하게 되었다. 수 세기 동안 유지되었던 정신의학의 독점적 지위를 기억에 되살린다면, 그리고 심리치료야말로 심리학의 핵심 영역이고 또한 대부분의 심리치료 방법 역시 실제로 심리학자들에 의해 개발되었음에도, 왜 대학의 심리학자들이 수십 년 동안 심리치료 영역에서 제외되었으며 그들이 다룬 환자들에 대한 치료비 인수를 위해 힘든 투쟁을 벌여야 했는지도 이해할 수 있을 것이다(참조: Coppel 1994, 29 이하). 이런 상황과 관련하여 이미 프로이트는 개업의로 활동할 ('이해하는') 심리치료사를 위해 제공되는 의학-자연과학적 교육과정의 위험성을 지적했다. 그리고 이 지적은 심리치료를 시작하기 전에 치료되어야 할 그 고통이 아무런 신체적 원인을 가지고 있지 않으며, 따라서 정신과 의사에게 맡겨져야 함이 사전에 다른 의사에 의해 먼저 확인되어야 한다는 전제에도 불구하고 나온 것이다. 어쨌든 이해할 수 없는 채로 남는 것은, 그들 자신이 실제 치료에서 효과를 입증하기 원하는 철학자들은 왜 그토록 철저하게 '설명하기' 방법론으로부터 '이해하기' 방법론으로 전환한 심리학과 심리치료 자체의 노력을 *전혀* 알아주려 하지 않고, 도리어 정신의학 또는 심리치료 전체를 두고 던지는 그들의 비난에서 '이해하기' 방법론의 이론가들이 '자연과학적–객관화시키기' 위주의 학문관을 상대로 벌인 투쟁에서 제기했던 그 반론과 동일한 반론을 재생산한다는 것이다. 다음 장에서 우리는 먼저 아직 오래되지는 않은 철학상담치료 운동과 현대 심리치료 각각의 자기이해 방식들을 다루겠으며(2.1장, 그리고 2.2장), 본서 제3장에서는 철학상담치료사들이 전 지구적 차원에서 심리치료사들을 상대로 제기하는, 부분적으로는 근시안적이기도 한 비난들을 하나하나 차례로 점검해 보겠다.

2.1 철학상담치료란 무엇인가?

철학을 두고 사회로부터 제기되는 무용지물 비난이 고조되면서, 그리고 대학 내 교육과 연구의 본거지에서 "철학의 위기" 또는 심지어 "철학의 종말"을 성토하는 토론회가 유행을 타면서(참조: 1.1장), 전 유럽과 북미 대륙의 철학자들은 "학자들의 수용소"에 갇혀 있는 철학을 해방하여 일반 공중에게 내보내 줌으로써 철학을 실천하고 철학의 현실적 연관성과 의미를 증명해 보이려는 시도를 감행했다. 이로써 "철학상담치료는— 이미 토론을 거친, 논쟁거리가 많은, 그리고 효과도 많은—현대 철학의 중요한 모습으로 발전하였고, 전통 철학도 이에 호응하여 보조를 맞추어야 할 것"이라고 마르크바르드(Marquard)는 진단하였으며(1989, 1308), 그뿐만 아니라 루쉬만(Ruschmann)에 의하면, 앞

으로 다가올 대학 내 철학의 변화에도 철학 실천은 결정적 역할을 할
수 있을 것이라고 전망하였다(참조: 1999, 8). 일각에서는 이것을 소위
말하는 대학 내 철학의 결손으로 인해 야기된 철학의 공백을 철학 실천
을 통해 메꾸려는 시도로 평가함에 반하여, 다수의 실천가는 대학 내
철학에 대해서 과감한 단절 또는 심지어는 관계 청산으로 나아가는 경
향을 보이면서 대중 철학 또는 "철학 카페" 방식의 철학과 접촉을 시도
한다. 이런 범주의 인사들에게서 문제의식과 자기반성적 숙고가 항상
만족할 만한 수준이 아닌 경우들이 자주 있는가 하면, 실천에 충분할
만큼 포괄적인 이론적 기초를 갖추는 데에 소홀하다는 이유로(예외:
Ruschmann 1999) 대학의 철학계는 철학상담치료 현상에 대해 아직까
지 별 주의를 기울이지 않았다. 아직은 주저하고 동요하면서 "철학상
담치료"에 대한 납득할 만한 개념 정립과 새로운 직업 요람을 찾아 고
심하는 단계임에도, 동업자들의 내부 상황은 심한 분열에 빠져듦으로
써 1982년에 아헨바흐가 "철학실천협회"(Gesellschaft für Philoso-
phische Praxis, GPP)를 창립하자, 이에 맞대응하여 1989년에 "철학
실천과 학제적 연구를 위한 열린 포럼"(Offenes Forum für Philoso-
phische Praxis und interdisziplinäre Forschung)이 설립되었고, 현재
까지도 실천가들 사이의 싸움은 계속되고 있다(참조: Zdrenka 1997,
102-109). 독일철학대회(Deutscher Kongress für Philosophie, 1987)
에서는 철학 실천가 양성 교육에 대한 반자유주의적 독점권 요구 및 소
통 거부적 태도의 문제점이 철학상담치료 창시자의 책임으로 지목되었
으며, 이것은 사회로부터의 공적 수용을 위해 기울인 철학자들의 노력
에 정반대의 효과를 초래했다(참조: Witzany 1991, 8). 이미 상담치료
활동을 개시한 모든 철학자도 근본적으로는 철학 활동의 새로운 영역
을 그 어떤 "오염과 오용"에 대해서도 지켜 내고 싶었음에도, 그들은

아렌바흐가 반포한 정관과 양성 교육 과정을 위한 규정들, 그리고 그에
상응하는 제도화 작업들을 그들 자신의 교육 과정에 대한 간섭으로 받
아들였으며(참조: Berg 1992, 28), "종파주의와 개인숭배"를 지향한다
는 의구심을 가지고 바라보았다(Graefe 1991, 58 이하). 한 개인이 설
립한 기관 대신에 공공의 기구가 관리하도록 연관시킴이, 특히나 대학
이 실시하는 철학 교육의 적절한 변형을 통한 해결책이 바람직할 것이
니, 예를 들면 전통적인 언어학과 문헌 비판을 활용하는 철학사 기초과
목 외에 전공과목으로서 기초 교수법 훈련, 일반 상담치료기법, 그리고
샤마니즘의 무당으로부터 현대 심리치료에 이르기까지의 실제 치료 방
법론을 총괄하는 학업 과정이 권장할 만하다(참조: 상게서 55 이하).
오늘날 대부분 단지 부업으로서만 상담 활동을 실천하는 철학자들에게
경각심을 불러일으킬 만한 사태를 꼽는다면, 실천가 상호 간의 경험 사
례 공유와 교환 등 공식적 협력 관계가 부족하고 제도화되지 않았다는
것 외에도, 철학상담치료의 기획 자체가 대학의 연구와 교육의 공적 체
제에 (재)편입되지 못하고 있다는 것이며, 이것은 대학을 통한 협력과
지원의 결핍, 그리고 실천가를 위한 양성 교육과 심화 교육을 담당할
공인된 교육 기관이 없다는 것이다(참조: Ruschmann 1999, 368).

아직까지는 철학 실천의 본질에 대한 공통된 신념과 실행 절차가 확
립되어 있지 못하며, 일반적으로 인정받고 존중되는 담당 기구나 적절
한 구조의 연구공동체를 위한 연구소도 존재하지 않는다는 점에서 볼
때, 철학 실천의 기획은 여전히 개척 단계에 놓여 있으며, 그 성격과 효
과는 현장에서 활동하는 철학자 개개인의 인격과 개성에 크게 좌우된
다. 유감스럽게도 각자 자신의 활동의 성격을 규명함에서 *부정적 본질
규정 방식*(*ex-negativo*-Definition)을 택하며, 그 이유는 철학 실천이

야말로 대학의 학문적 철학이 아니고, 기독교의 사제직도 아니며, 심리
치료는 더더욱 아니라고 강조하기 때문이다(참조: Zdrenka 1997, 29):
"철학상담치료는 '심리학과 비슷한 그런 어떤 것'이 아니다. 오히려 철
학상담치료는 (동시에 그리고 바로 심리학자 자신들에게) 심리학이 무
엇인지를 이해하도록 도움을 준다!"(Weismüller 1991, 8) 그럼에도 일
반적 성격의 긍정적 정의를 제시하려는 경우라면 "철학상담치료"는
"응용 윤리학"(angewandte Ethik)의 한 분야로서 기본적으로 철학적
사고와 이론들을 구체적이며 역사적인 삶의 현실에 적용하는 것이라고
설명한다(참조: Teischel 1991, 107); 또는 이성의 이론적 사고력과 광
범위하게 축적된 철학적 지식을 삶의 세계에서 제기되는 문제들의 현
황 좌표와 연계시키고 상호 적용하는 것으로 설명하기도 한다(참조:
Wittzany 1991, 7). 외부와 격리된 조용한 곳이나 전문가들만이 모인
폐쇄적인 세미나 논쟁에서 진행되는 이론적 연구 활동과 달리, 철학상
담치료사는 "이해를 돕는 적절한 사례들을 통해 이론적 지식을 예시하
고 예증할 수 있어야 하기 때문에, 그에게는 이론적 철학의 내용이 실
천이성에게 복종하도록 만들거나 또는 일상적 생활세계 영역에서 도출
된 문맥의 연관성 안으로 엮어 넣음으로써 일반적으로 널리 이해 가능
하도록 서술하고 해석해야 한다는 어려운 과제가 부과된다."(Wittzany
1991, 7) 투른헤르(Thurnherr)의 말을 따르면, 철학상담치료는 그 형
식적 측면에서는 "조언을 위한 반성적 상담대화"를 통해 수행되며, 여
기에서 철학 실천가는 조언을 구하는 대화 상대에게 마치 "타자에게
외부로부터 영향력을 행사하는 방식의 충고하기"에서처럼 자신의 전
문가 자격이 부여하는 최선의 지식과 확고한 양심에 따라 당면 문제에
대한 해결책을 자기주도하에 제시해 보이는 것이 아니라, 오히려 상대
와 함께 보조를 맞추며 진행되는 대화 속에서 일반 이론으로부터 출발

하여 구체적 현실의 요구와 개인적 필요에 맞추어 가는 전혀 새로운 방식의 실천을 수행한다(참조: 상게서 1998, 368). 이 견해에 따르면 철학 실천의 수혜자는 엄격히 말해서 철학자로부터 "충고 받아오기"가 아니라 철학자인 그 "상대와 함께 숙고하기"를 실천한다.

그와 같은 철학적 상담 또는 '숙고하기' 활동은 꼭 다수의 실천가가 선호하는 바와 같이 개인 면담 방식에만 제한될 필요는 없고, 철학 카페나 공개적인 대화 포럼 또는 특정 위원회 같은 제도적 체제가 운영하는 연속적 대화 모임의 방식으로도 시행될 수 있으며, 그럴 경우 이것 역시 "철학적 잠재 능력의 사회적 현실 참여"라 하겠다(Graefe 1991, 53). 따라서 마르크바르드는 '철학사 대사전'(Historisches Wörterbuch der Philosophie, 1989, 1308)에 게재한 그의 "철학 실천" 항목에서 아헨바흐가 창립하였으며 철학자가 설립한 상담소에서 전문가적 역량에 의해 운영되는 방식의 "철학적 인생상담"(philosophische Lebensberatung) 외에도 하나의 "보완책"으로서, 예를 들면 하인텔(Heintel)과 슈바르츠(Schwarz)가 함께 기업체들을 위해 설립한 "철학적 기관상담"(philosophische Organisationsberatung)을 언급한다. 그와 같은 공적인 사회 진출에 즈음하여 이제 "철학 실천"은 명백히 "응용 윤리학" 중에서도 생태윤리 또는 의료윤리 등과 같이 특정 전문가들을 위해 특화된 세부전공으로서가 아니라, 오히려 "응용 윤리학의 기초전공"으로서 이해되어야 하겠다(Turnherr 1998, 361). 자기 자신을 경제윤리 또는 법윤리의 전문가로 부름으로써 공적인 의사결정권자, 연구자, 기업 운영자, 정치가 등으로부터 그들이 져야 할 책임을 넘겨받는 대신에, 철학 실천가들은 그와 같은 관련자들 모두가 동등한 자격을 가지고 '함께 숙고하기'에 참여하도록 끌어들이며, 여기에서 결국은 우리 행위의 모든 윤리적 지침도 그 정당성 여부가 분명히 밝혀져야 할 것이다. 그러나 여기서 말하는 바 1981년 이래 비로소 자리 잡게 된 자칭 "철학상담치료"와 구별되어야 하는 또 하나의, 그리고 훨씬 더 넓은 의미의 "철학 실천" 개념이 있으니, 즉 오래된 철학 전통의 뿌리에 근거하며 기원전 5세기의 아테네 광장에서 소크라테스의 대화와 함께 시작된 것이다 (참조: Zdrenka 1997, 9). 그 외에도 이 신조어 "철학 실천" 개념에서 문제가 되는 것은 그 의미의 공공연한 이중성이 아닌가 생각된다. 즉 한편으로 그것은 의사나 심리학자의 개업 현장에 유비적으로, 조언을 찾는 개인을 맞이하기 위한 격리된 작업 공간을 가리키며, 또 한편으로 그보다 더 넓은 의미에서 철학 실천은 철학적 지식의 현실에 대한 모든 적용을 다 포괄한다. 이들 중 첫 번째의 개념 적용이 아마도 철학실천 협회(GPP)의 창설자인 아헨바흐에게서도 지배적이었을 것이고, 바로 이 개념 적용만이 응용 심리학에 대한 반대 입장을 내포하며, 반면에 둘째로 언급된 더 넓고 본래적 의미의 개념 적용에서는 간학문적 (또는 다학문적) 협력과 연계도 전적으로 포함된 의미이고, 이것은 두 번째로 설립된 "열린" 협회라는 명칭도 같은 신호를 보내 주었다(참조: 장 위). 이러한 문맥들이 철학 실천가의 활동 장소를 반드시 협소하게 잡아야 한다는 의도를 분명히 표현하고 있지는 않으므로, 앞으로의 서술에서 나는 넓은 의미의 "철학상담치료"를 다루겠으며, 그에 대한 심리학 쪽의 대칭 짝은 "심리학 실천"이 아니라 "심리치료"가 될 것이다.

학술대회나 토론회에서, 그리고 산발적으로 등장하는 이론적 기획과 구상들에서는 개인적 실천 활동을 구체화함에 있어서 아직도 큰 불확실성이 표출되는 반면에, 인터넷 주소 *www.google-philosophische Praxis*에서는 수많은 홈페이지가 마음을 끄는 상호 교환적 프로그램들을 소개하고 있으며, "생각 정리하기", "목표 찾기", "의미 키우기", "능동적으로 미래 개척하기" 등의 표제를 달고 공개적으로 명시된 상담 기회들을 제공한다(*www.dialogpraxis.de*). 이와 관련되는 인기 높은 최근의 출판물들은 "PEACE" 또는 "HORIZONT" 같은 우아한 약자 축약 문구에 희망을 걸면서, 우리 삶의 많은 문제를 다섯 단계 또는 여덟 단계를 거치면서 모두 해결할 수 있다는 약속을 제시한다. 그러나 이 첫 글자 모음 표어들에 대한 해설은 너무나 일반적이어서 저자들의 자신에 찬 확언에도 불구하고 "철학상담치료를 다른 형태의 대화치료와"(Marinoff 2002, 51) 또는 단지 다른 "일상적 상담"과 구별하기에도 별로 도움이 되지 않는다. 예를 들어 "PEACE"는 다음의 첫 문자들의 모음이니, 즉 1. 문제(**Problem**)가 무엇인지 먼저 규명되어야 한다. 2. 관련되는 감정들(**Emotionen**)이 무엇인지 분명히 의식할 필요가 있다. 3. 활용 가능한 해결 방안들을 분석(**Analyse**)한다. 4. 마음을 가라앉히고 상황 전체를 관조(**Contemplation**)한다. 5. 앞의 네 단계들을 성공적으로 수행했을 때 자연스럽게 도달하게 되는 마음의 평정(**Equilibrium**) 등의 다섯 단계이다(참조: 상게서 52 이하). 이와 달리 호프만(Hoffman)이 약속하는 상담의 단계적 구상인 "HORIZONT"는 내담자에게 먼저 지평 확대를 약속함으로써, 문제 해결은 단지 그 확대의 "즐거운 부산물"로 체험되도록 돕는 것이다(참조: 2003, 185): 1. 제일 먼저 삶은 도전(**Herausforderung**), 또는 해결해야 할 과제로서 고찰되어야 하며, 2. 어떤 가능한 선택지(**Optionen**)들이 있는지 물어보며, 3. 그중 어느 것이 실현 가능한지를 검토한다(**Realitätsprüfung**). 4. 마음의 직관(**Intuition**)을 통해서 지금까지의 사고 과정 전체를 관조하면서, 5. 의미 있는 목표를 설정하고(**Zielsetzung**), 6. 새로운 목표 실현에 적합하도록 일과 생활의 진로를 새롭게 구성(**Organisation**)함으로써,

7. 자신의 삶의 의미 찾기와 동시에 항상 타인의 이익(Nutzen)에도 기여할 수 있어야 한다. 8. "이 모든 단계는 춤추기(Tanz)의 행보와 비교"되니, 자신의 잠재적 창의력에서 출발하여 "나와 세계 사이의 상호 협력적인 합주"를 실현하려 한다는 점에서 그렇다(상게서 202).

이와 같이 우아하게 단순화된 약자 축약의 구호를 내걸고 고객층 불러 모으기를 원치 않는 경우로서, 그리고 정신분석학에 대해서도 명시적으로 거리를 두면서, 그러나 놀랍게도 많은 철학 실천가가 반성적 사고를 적용하는 그들 자신의 철학상담에서는 문제를 해결하는 것도, 또는 조언이나 충고를 베풀어 주는 것도 실제 목표가 아니고, 오히려 상담에서 비로소 문제를 찾아내거나 심지어는 문제를 만들어 내는 것임을 강조한다(참조: Blasche 1991, 16; Achenbach 2001, 46 이하). 철학(Philosophie) 개념의 한 가지 의미는 특정의 철학 이론을 가리키며, 이것은 결코 어떤 대화 과정에서 반박될 위험에 노출될 것이 아니기 때문에 "위대"하고 "진리"처럼 보이는 반면에, 아직 그 어떤 완성된 체계에 고착됨이 허락되지 않는 철학하기(Philosophieren)에서는 누구든지 비판적 공격에 끊임없이 노출되며, 그 어떤 보편적 구속력을 가진 이론적 진리나 실천적 명령도 부과될 수 없다는 것이다(참조: Dill 1990, 36). 이미 일찍부터 본질적으로 논증적 대화를 통해서 상호 간의 설명과 이해를 목표로 전개되는 것이 '철학하기'라고 본다면, 근본적으로 적용될 철학 실천의 원칙은 이것이 아닐까: 그러므로 이런 의미에서 볼 때, 철학하기는 최종적 해답을 가르치는 교과목이 아니다. 철학하기는 한 번도 그런 것이 아니었으며, 도리어 본래부터 그것은 지속적으로 질문하고 탐구하는 문화를 실천하기(ein Kultivieren des ständigen Fragens und Suchens)였다(Lenk 1999, 15). 그러므로 또한 철학 실천은

"근본적으로 물음의 과정이지 해답을 찾는 과정이 아니다."(Prins-Bakker 1995, 135) "그중에서도 세계의 근원과 의미에 대한 물음, 존재자의 존재에 대한 물음, 그리고 우리가 확신하는 것들의 근거에 대한 물음, 우리의 삶의 방식과 우리의 언어 사용의 규칙에 대한 근본적 물음 등은―매우 인공적인, 일부러 지어낸 듯한 걱정들로서―아무 다른 할 일 없는 사람들이 던지는 물음"이라고 블라쉐(Blasche)는 지적한다: "그러므로 사람들이 그들 자신의 삶에서 부딪치는 구체적인 문제를 가지고 철학자를 찾아간다는 것은 아마도 전적으로 잘못된 진단일 것이다. 오히려 삶에 대한 일반적인 태도와 마음가짐의 문제들이 철학자들의 사역 대상일 것이다."(1991, 16) 그래도 여전히 철학적인 "상담"을 주제로 삼으며, 또 만약 "오직 자기의 세계내적 문제들은 근본적으로 이미 해결되었다고 보아야 할 그런 사람에게만 '철학하기'가 필요하다면", 그것은 결국 공급과잉 사회의 여가 시간 담소 수준으로 타락해 버린 "허구-상담"(Schein-Beratung)일 것이며, 철학의 사회적 기여도는 그것이 베푸는 즐거움의 정도에 따라서만 평가되어야 하지 않을까? 최종적 해답이나 분명한 구체적 실천 방안의 요구를 거절해도 그것이 결손 사항이 아니고 오히려 원래의 프로그램으로 기획된 것이라면, 그런 성격의 철학 실천은 도대체 어떤 수혜자에게 매력적일 수 있을까? 정말로 철학 실천가는 스스로 자신에게 부과한 불리한 약속을 시종일관 지키기 위해서 자신의 견고한 철학 이론이나 세계관을 내세우지 않고 오직 질문과 탐구에만 줄곧 몰두할 것인가? 문제들이 정말로 내담자와 함께하는 철학적 상담 과정 속에서 비로소 발생되는가? 아니면 오히려 문제들이 비철학자로 하여금 철학자에게 자문을 구하도록 자극하는가?

비록 철학하는 사람은 의심의 여지없이 올바른 삶의 원리적인 질문과 삶의 의미에 우선적으로 관심을 기울이겠지만, 그러한 철학적 근본에 대한 반성적 숙고로 인도하는 직접적 동기는 통상 극단적 갈등에 빠져든 삶의 현실로서, 우리의 평온한 일상적 삶을 통째로 파괴시킬 위기 상황이다. 이것은 실로 요란법석을 떨 만한 사건이 아니라, 까뮈(Camus)의 현상학적 스케치가 묘사한 '30세 되기'에서처럼, 우리에게 철학하기의 욕구를 일깨우고 원칙적인 물음으로 우리를 내몬다:

> 그리고 나서 무대는 무너져 내린다. 아침에 일어나고, 전차 타고, 4시간 동안 사무실이나 공장에서 일하고, 식사하고, 전차 타고, 4시간 일하고, 먹고, 자고, 월요일도, 화요일도, 수요일도, 목요일도, 금요일도, 토요일도, 항상 똑같은 리듬에 맞춰서 ― 아주 오래된 평탄한 길. 그러나 어느 날 다가온 '왜'라는 물음, 그리고 이 권태감과 함께 … 모든 것이 시작된다.(Camus 1959, 16)

그 객체, 또는 철학적 상담대화의 그 주제나 대상이 한 특정인의 위기로부터 인간의 보편적 문제 또는 사회적 문제로 확장됨으로써 추상적이고 일반적인 숙고의 차원에서 논구되는 경우라 할지라도, 그와 같은 문제들 역시 철학상담치료사 자신의 진술을 따라 실제 경험사회와 복지사회에서 소피스트식으로 비로소 찾아지거나 불필요하게도 임의로 조작되어서는 안 된다. 왜냐하면 더더구나 일대일의 개인상담에서 그 출발점은 항상

> 실재하는 것이며, 당사자가 겪은 일이며, 그에게 짐이 되며, 그를 괴롭히며, 그를 혼란에 빠트리며, 그가 쉬지도 못하고 결단 내리지도 못하게 하

며, 그를 짓누르거나 자신을 포기하게 만들며, 그를 유혹에 빠트리며, 소
원이 무시당하고 희망을 좌절시키며, 기대심을 꺾어 버리며, 안전망을 무
너트리며, 실망을 안겨 주며, 당연한 것들을 무력화하며, 의심스러운 것들
을 불확실한 개연성으로 대체시키고, 매혹시키고, 놀래키고, 두렵게 하거
나 겁먹게 하며, 실망하거나, 모욕당하거나, 짓눌리거나, 권리를 박탈당하
거나, 당황하거나, 궤도에서 이탈시키는 것들이기 때문이다.(Achenbach
1984, 65; 참조: Berg 1992, 119)

기원전 5세기에 소크라테스가 모든 자명한 것에 대해서 그 근거와
이유를 캐물으며 대화 상대의 확신을 동요시키고, 의심하지 않던 것들
에 대해서도 새롭게 의심을 일깨운 반면에, 현대인은 생활세계에서 겪
는 불안과 방향상실의 어려움에 빠진 상황에서 오히려 삶을 위한 구체
적 도움과 새로운 차원의 안정감을 찾으려는 듯하다. 개인으로부터 시
작해서 정당과 기업체, 직업 단체들에 이르기까지 모든 공적 행위자에
게 필요한 방향정위와 정당화의 요구가 날로 고조되는 바로 이러한 상
황 때문에 철학 실천과 상담에 대한 수요는 최근에 현저히 높아졌다는
것이 또한 뤼베(Lübbe)의 진단이다. 이런 상황은 오늘날 외과의사들이
나 경제계 대표들의 중요한 대회장에 자주 "철학자가 등단하여 대회
취지 선언 또는 종결부 입장 정리"를 맡는 데에서도 반영된다(ZPP
2/94, 4). 그러므로 뤼베에 의하면 철학은 명백히 "위기탐구 학문"으로
서 고찰되어야 한다: "철학은 위기에 응답한다. 행복한 시대는, … 철
학의 도움이 필요 없는 때다. 이것은 개인의 삶에도 적용된다. 거기에
서 제기되는 질문 중에서도 철학적 성격의 질문은 오직 삶의 문제 상황
에서만 제기된다."(상게서) 아헨바흐 역시 서독일 방송 TV의 녹화 대
담에서 상대 출연자에게 전적으로 동의하며, 자신의 철학적 개인상담

경험을 배경으로 까뮈의 정신을 정확히 설명한다:

> 사고의 필요성이 비로소 명실상부하게 제기되는 것은 숙련된 경험과 관행
> 이 문제가 될 때, 의심이 들 때, 새로운 방침이 필요해질 때이며, 그때 비
> 로소 철학자에게 자문을 구하게 된다. 평소처럼 한가롭게 살아갈 수 있는
> 한, 특별한 비극적 운명이나 돌발 사건에 방해받지 않고, 심사숙고를 해야
> 만 하는 상황 때문에 괴롭힘받지 않는 한, 그럭저럭 사람들은 특별한 생각
> 없이 구습에 따라 무난히 살아갈 수 있다. 위기에 봉착해서야 비로소, 숙
> 련된 경험에 갑자기 '더 이상 어찌할 바를 모르는' 사태가 일어난 그런 순
> 간에 임해서 비로소 생각하기의 필요성이 제기된다.(상게서)

자기의 대화 상대를 자주 본인의 의지에 반해서 고집스럽게 질문을 던
짐으로써 대화 속으로 끌어들였던 소크라테스와는 반대로, 우리 시대
의 철학 실천은 직접적으로 문제 또는 위기를 통해서 그 성격이 정의되
는 듯하며, 동일한 그 이유 때문에 공적인 의사결정권자들이 철학자를
대회장으로 초빙하거나, 또는 사적인 고객들이 자문을 구하기 위해 철
학상담치료사를 찾아오게 만든다. "철학상담치료사는 철학자로서 내
담자를 맞이하며 그와 함께 그의 개인적인 문제나 그가 처한 곤경에 대
해서 의논한다"라고 라하브(Lahav)는 썼으며, 이로써 철학 실천의 영
역은 다시금 분명히 개인 상대의 인생상담으로 축소된다(1995, IX).
여기서 '숙고하기' 또는 '함께 협의하기'의 주제와 대상은 내담자의
문제를 통해서 주어지기 때문에, 아헨바흐는 결국 철학 실천의 "기본
규칙"을 "철학 자체로부터 출발하지 않고 오히려 철학에게 찾아온 것
이나 철학에게 부과된 것에서 출발한다"로 정했다(1992, 355).

이제 결론을 내려 보자: 적지 않은 수의 철학 실천가가 문제를 해결하기보다는 도리어 문제를 만들어 낸다고 선전하는 역설적 상황에도 불구하고, 그들의 상담소를 찾아오는 사람들은 "'사건에 말려들어' 그로부터 헤어나지 못하는 사람들, 또는 '더 이상 앞으로 나아갈 수 없는' 그런 지점에 도달한 사람들"임이 명백하다(상게서). 그리고 이것은 현실이 그렇다는 것 말고도, 또한 현실은 마땅히 그래야 한다. 즉 오늘날 개인적 차원에서 그리고 전 지구적 차원에서도 감당할 만한 수준을 넘어서는 다량의 긴급한 문제가 산적해 있으며, 그래서 철학자들도 그들 전공의 공적 연관성을 증명해 보이려 나선 상황임을 감안한다면 더더욱 그렇다. 아헨바흐의 내담자들이 일반적으로 철학의 문제가 아니라 자신의 문제를 가지고 그를 찾아오는 반면(참조: Berg 1992, 51), 잘츠부르크에 자리 잡은 귄터 비짜니(Günter Witzany)의 상담소를 찾는 전체 내담자의 25% 정도는 어쨌든 자연철학 또는 인류학의 고전적 주제들에 관한 철학적 호기심을 채우려는 고객들로 분류되어야 했다(참조: Witzany 1991, 115 이하). 철학 실천의 활동 권역을 개인상담에만 국한시키지 않고 철학상담치료사들이 제공하는 활발한 강연 활동과 다양한 학습 과정도 함께 고찰 대상으로 잡는다면, 세계내적 문제들은 반성적–상담숙고적 철학 실천에서 근본적으로 해결될 것이라고 보는 블라쉐의 가정은 여기에서도 입증되지 않는다: 유행하는 시대적 현상들도 개별 사례로서 세밀히 검토되지 않으면 그것은 대부분의 경우 현재의 집단 전체의 문제로 남는 바, 예를 들면 근본적으로 성차에 따라 달리 부과되는 역할 관념, 불안정한 인간–자연 관계 또는 유전자 조작 기술의 윤리적 핵심 문제 등이 토론 대상으로 제기된다(참조: Berg 1992, 19 이하). 그런 문제들에 대해서 관심을 갖는 것이나 일깨워질 수 있는 것은 (굶주림, 수면 등과 같은) 인간의 가장 기본적인 욕구가 충족되고 자유로운 행동의 여지가 주어져 있어야만 가능하다는 주장은 옳기는 하지만, 어떤 의미에서는 진부하다. 위기적 사건으로 갑자기 붕괴된 무대 또는 만연하는 사회적 불안감이 한 개인에게 심도 있는 철학적 반성을 유발하기 위해서는 의심의 여지없이 최소한의 교양이, 즉 사회화 과정 동안에 획득된 독립적 판단력과 깨어 있는 비판 정신과 책임감 있는 일상 의식이 추가로 전제되어야 하겠다. 왜냐하면 자신과 세계에 대해서 냉담하고 무관심한 태도를 취하며, 또한 갈등 상황에서도 변론이나 논증적 방식으로 다른 사람들과 함께 공동의 해결책 찾기에 나설 아무런 자격도 권능도 보여 주지 않는 사람은 생활세계 안에서 예기치 못하게 들이닥친 고난에 대해서도 키에르케고어가 보여 준 절망하는 인간의 모습을 본보기로 삼아 원인도 모르게 집 안에 나타난 메스꺼운 연기가 다시 사라져 버릴 때까지 기다리기만 할 것이다(참조: Kierkegaard 1991, 54).

그러나 이제 자율적이고 책임 의식을 실천하는 개인적 또는 공동체적 삶을 형성하는 것에 관심 있는 사람이 긴급한 재난에 휩쓸리거나 갑작스러운 '더-이상-나아갈 수-없는' 사태에 직면해서 철학상담치료사에게 자문을 구한다면, 분명히 그는 정당하게도 자기의 물음이 원칙적으로 대답 불가능하다거나 또는 결코 확정적으로 해결될 수 없는 물음이라는 식의 응답보다는 좀 더 존중될 것을 기대할 것이다. 이에 반하여 아헨바흐는 자신의 상담 경험으로부터 그의 말대로 본보기 사례를 이렇게 보고한다: "그는 자기의 질문들에 대해서 아무 대답도 기대하지 않았다 … 그에게 (대답들은) 오래전부터 참을 수 없었으며 모두 의심스러워졌다 —. 그는 그러나 철학상담에서 그의 질문들을 터놓고 말해 보고 싶었으며, 깊이 생각해 보고, 진지하게 받아들이는 기회를

누리고 싶었다."(Achenbach 1984, 91) 철학상담치료가 삶의 세계의
구체적 문제들에서 출발점을 잡은 경우라 할지라도, 그러나 그 목적이
"문제를 제거하는 것이 아니다. 오히려 그것은 문제의 논리적 위치정
합성을 확인함으로써 철학적으로 문제의 생산성을 높이려 한다. 그와
같은 요구에 임해서는 아무런 일반화된 대화법 규칙이나 상담 규칙도
있을 수 없으며, 거쳐야 할 어떤 특정의 수련 과정이 제시될 수도 없음
은 자명해 보인다."(Weismüller 1991, 41) 여기서의 의도는 인간을 모
든 최종적이고 교조적인 이론과 해답으로부터 해방하려는 것이고, "신
념과 가치관과 태도에 대한 지속적인 재해석의 이상"에 친숙해지도록
도우려는 것이며(Norman 1995, 53), 그래서 결국 우리 자신과 우리의
삶과 이 세계는 "객관적"이고 합리적인 판단의 가능성 없이 무한히 재
해석이 가능하다는 생각을 지지한다. 의사나 심리치료사와 달리 철학
상담치료사는 결코 이미 완성된 이론이나 문제 해결 전략을 미리 배경
에 놓고서 "당면한 필요와 문제를 해결하기보다는, 오히려 비판적 반
성을 수행함으로써 내담자의 이해력이 세련되고 삶이 풍부해지도록 도
우려 한다"라는 말로 라하브는 이론화와 방법주의에 대한 철학 실천가
들 특유의 거부 입장을 요약한다: "철학자는 토론의 친구이지 의사가
아니며, 어떤 특별한 이론이나 기법을 약속하거나 그것에 의존하지도
않는다."(1/94, 32) "도대체 어떤 확고한 조직과 규정으로 통제되는 기
구를 만드는 것이 철학 실천 노력의 결과로서 과연 바람직한 것일까?
이것은 매우 의심스럽다"라고 바이스뮐러(Weismüller)는 염려한다:
"철학자들에게 공적 신용을 보장해 줄 제도화된 기구가 만들어짐과 동
시에, 오히려 사고의 침체가 나타나고 사고의 봉쇄가 도래할 것이지만,
바로 이 봉쇄를 허물어뜨리는 것이 철학 실천의 관심사이고 임무다."
(Weismüller 1991, 39) 그래서 철학적 지혜를 위해서는 우리 각자가

처음부터 다시 시작해야 하는데, 왜냐하면 인생관과 세계관에 대해서
는 어떠한 보편적 진술도 대답도 있을 수 없기 때문이다. "철학하기는
우리에게 해답을 찾는 능력을 부여해 주지만, 그 찾아진 해답이 모두를
위해 순환되고 복제될 수 있는 것은 아니다 … 이것이 바로 통찰과 지
혜의 비극이다: 기술적 지식들과 달리, 그것들을 미래에 적용하기 위
해서 모아 둘 수는 없다. 지혜를 키우기 위해서는 새로 태어난 아이들
각자가 같은 경험 과정을 스스로 겪어야 한다."(Boele 1995, 42 이하)
일부의 철학 실천가들은 "충고하기 방식의 상담"(transitive Beratung)
에서는 상담사가 자신의 전문 지식에 힘입어서 내담자보다 지적으로
더 우월하며, 따라서 내담자에게 구체적 조언을 전수해 줄 수 있다는
이유 하나만으로도 내담자의 성인 자격과 인격적 자율성이 침해받을
것을 염려하나, 이것은 잘못된 염려다(참조: Thurnherr 1998, 368).
"지식은 권력이다"라는 푸코(Foucault)의 요술 주문에 의지하면서 사
람들은 모든 '아는 체험'을 개인적 협박으로 폭로하려 하지만, 모든 형
태의 지식 전달과 모든 형태의 권력이 모두 억압적이고 위험한 것은 아
니다. "충고하는 겸손함과 함께 질문은 폐기되고 질문자는 소유권을
상실한다"라고 아헨바흐는 지적한다(1984, 91). 왜냐하면 직업적인 전
문 (충고하기 방식의) 치료사는 속임수로 위장된 좋은 의도의 협동 관
계로 자신의 "지적 교만"을 가지고 환자 자신의 통찰력의 토대를 제거
하기 때문이다.

대부분 동의하는 바와 같이 철학적 지혜가 가르치고 배울 수 있는 명
제적 문장형 지식이 아니라 오랜 경험과 반복된 실천을 통해서 얻어지
는 기질적-성품적 삶의 지식을 의미하기는 하지만(참조: 아래 d), 이
과정에서 포기될 수 없는 요소는, 한편으로는 일상적 실천 경험의 상호

교환이며, 또 한편으로는 지식의 집단적 공유이자 동시에 학문-방법적 조정을 통해서 형성된 지식 획득이다. 마찬가지로 부정될 수 없는 사실은 삶의 문제는 원칙적으로 오직 개인의 구체적 삶의 상황에 근거해서만 대답이 가능하다는 것이며, '소크라테스-산파술'적 방법으로 촉발된 '스스로 생각함'에 의해 '자기-자신으로부터-발생'된 개인적 해답에 자리를 양보하여 모든 이론적 시도와 해결 모형들을 거부함이 불가피하다는 결론도 허용될 수 없다. 오직 견고한 이론적 확신과 치밀하고 세련된 상담기법만이 철학상담치료사에게 갖추어져 있을 뿐, 내담자 개인의 복잡하고 예민한 상황적 맥락을 섬세하게 들여다보고 배려하지 않을 때는 별 효과가 있지 못할 것이라는 이유에서 너무 조급하게 모든 이론과 방법론을 버려서는 안 된다. 비판적인 철학 실천가 라하브가 옳게 지적했듯이, 모든 전문 직업적 활동가는 그 어떤 방법이든 자기의 작업을 비로소 가능하게 만드는 도구의 의미로서 끌어들여야 한다. "모든 방법을 한꺼번에 통째로 거부할 수 있다고 믿는 것은 모든 방법과 전제 그 어떤 것도 필요 없는 그런 관점에 설 수 있다고 가장하는 것이다. 그것은 누군가가 자신을 모든 종류의 구조화된 생각으로부터 탈출시켜 온전히 중립적인 관점에서 숙고할 수 있다고 생각하는 것이다. 그러나 그런 '관점'이란 존재하지 않는다."(1/94, 35) 뒤에 본서 3.3장에서도 철학자와 심리학자 사이의 대결 상황을 다루겠지만, 상담사는 줄곧 다양한 이론적 대응 방안과 문제 해결 모델을 구비하고 있으면서, 상황의 필요에 따라 이들을 온전히 비판적-객관적인 입장에서 열린 마음과 유연성을 발휘하면서 자유자재로 활용해야 할 것이다. 방법 위주의 상담 태도는 내담자에 대한 상담사의 지배력을 강화한다는 이유에서, 루츠 폰 베르더(Lutz von Werder)는 상담의 진정한 의미를 살리는 방법적 행동방식을 옹호하며, 그것은 항상 "구조화 요구의 경직성과 열린 대화 분위기의 개방성 사이의 긴장 영역" 안에서 움직이지만, 궁극적으로는 오직 "스스로 생각하기 방법"에만 제한됨을 목표로 수행되는 것이라고 본다(참조: 2000, 40 이하). 이론과 방법론 자체를 버려야 한다는 것이 아니라, 단 하나의 이론이나 방법을 골라잡아 충분한 숙고 없이 완고하게 적용함이 문제이며, 지시적 충고 자체가 무조건 허용될 수 없다거나 그것이 꼭 상대를 미성년자로 취급하는 것도 아니라, 오직 권위적으로 또는 암암리에 명령-조작적으로 제시되는 것이 문제라는 것이다. 보다 앞선 지식에 근거한 충고, 또는 불안정한 상황에 빠진 내담자에게 제시된 해답이 충분한 근거에 기초하며 분명히 이해되도록 설명된다면, 그것은 불손한 독단도 아니고 성인 고객 본인의 비판적인 판단력을 저지함도 아니며, 오히려 그의 판단력이 비로소 일깨워지고 충분히 정보가 제공된 상태에서 발휘될 수 있게 만들 것이다(참조: 본서 3.1장).

철학상담치료 실제 현장의 대화 주제가 무엇인지 알아내기와 관련해서 일부 실천가들의 진술에 의하면, 그것은 내담자와 함께 숙고하는 과정에서 비로소 찾아져야 한다는 것이며, 상담 활동의 이론적-방법론적 전제가 무엇인가의 물음에 대해서는 그런 전제는 전혀 존재하지 않는다는 대답이 주어져 있는 상황에서, 이제 그러한 상담대화의 *지향의도*(Intention)가 무엇인지를 물을 때, 우리는 때때로 특이한 정보에 접한다: 즉 철학 실천은 업무수행(Dienstleistung)이 아니라는 것이다. "왜냐하면 대화를 시작할 때에는 수행되어야 할 임무가 무엇인지 아직 전혀 확인되지 않았기 때문이다"(Dill 1990, 36): 철학상담치료는 아무런 수요 충족을 약속하지 않고, 오히려 그 수요 또는 욕구 자체의 근거와 배경 출처를 파고들기 때문에, 철학상담치료는 그 어떤 시장 경제학적

메커니즘에도 예속되지 않으며(참조: Berg 1992, 49), 대화의 진행 과
정 자체도 전혀 미리 부과된 (외부) 목표를 지향하는 것이 아니라 단지
대화 자체로부터 (내적 지향성을 따라) 얻어지는 결과로 나아가기 때
문이다(참조: 상게서 62). 철학상담치료의 이와 같은 목표 설정과 그에
상응하는 구조화 방식은 시종일관 자신의 활동에 대해서 정의 내림을
거부한다: "왜냐하면 철학상담치료의 일의적이고 명확한 기본구조를
설정함은 그것을 특정 형태로 고정해 버릴 것이며, 이것은 실재를 향한
사고의 자유롭고 활기찬 생각하기 움직임에 침묵의 제재를 가할 것이
기 때문이다."(Weismüller 1991, 39) 여기 이토록 다시금 표현되고 각
인된 개방성과 '고정되지-않음'에 대한 욕구는 그러나 일차적으로는
경험 현장에서 모순을 일으킨다: 즉 한편으로는 대부분의 내담자는 어
떤 특정의 기대를 가지고 찾아오기 때문이며, 또 한편으로 모든 상담사
에게는 적어도 형식적으로나마 정의된 목표가 입증될 수 있기 때문이
다(참조: Berg 1992, 62; Dill 37). 이차적으로 그것은 원칙적이고 체
계적인 한계에 부딪친다. 왜냐하면 "실천 개념 안에 이미 '실천에 대한
생각'이 포함되어 있어야 하기 때문이다: 목표 관념 없이는 … 그 어떤
실천도 가능하지 않다. 따라서 생각 없는 행동은 실천이 아니다."
(Graefe 1991, 48) 모든 다른 상담과 마찬가지로, 의심의 여지없이 철
학상담치료도 영향력을 끼칠 대상(행위 대상)과 목표(행위 의도)를 전
제한다. 비록 대부분의 철학상담치료사가 자신과 고객에게 "이론에 얽
매이지 않고 자율적으로 행동할 권리"를 부여함에도 불구하고(참조:
Krämer 1995, 334), 자신들의 상담 활동을 통해서 초보적이고 암시적
일지라도 행위를 인도하고 행동 목표를 결정하기 위한 이론 없이는 해
내지 못한다(참조: Ruschmann 1999, 25). 다음의 3.3 c장에서 더 자세
히 다루게 될 것인 바, 상담사의 분명한 목표지향적 태도가 내담자에게

조작적인 영향력을 행사하는 결과를 초래할 수 있다는 염려는, 그와 같은 상담 목표가 상담 방식의 형식적이고 구조적인 면에 국한될 뿐이고 상담 내용에 관련되는 것이 아닌 한, 근거 없는 염려로 드러날 것이다 (참조: 상게서 42).

소위 말하는 기본 개념의 — 역설적인 — 무목적성 요구에도 모든 철학 실천가에게서 항상 다시 만나게 되는 형식적 목표 설정들을 분류해 보면, 다음의 것들이 아마도 가장 중요한 것으로 언급될 만하다:
  a) 생각 도우미와 생각하는 힘 키우기
  b) 상황 평가와 문제별 가치판단 및 중요도 평가의 명료화
  c) 자기인식과 자기실현으로 안내하기
  d) 개인적 삶의 기술 및 고통, 불안, 죽음 극복의 철학적 지혜 터득
  철학 실천의 이 목적과 과제들에 대해서 관련 문헌들과 현장 보고서를 근거로 하나씩 자세히 알아보자.

  a) 생각 도우미와 생각하는 힘 키우기:

결혼 생활에 위기가 찾아오고 믿을 만하다고 생각했던 삶의 평가가 흔들릴 때, 자기실현의 요구가 허물어지거나 서로 다른 삶의 목표들이 상충할 때, 우리는 자주 복잡한 삶의 연관성들과 덮쳐 오는 사건들에 휘말려들면서 즉시 곰곰이 생각에 빠져든다. 이러한 "진흙탕에 빠진, 방향감각을 상실한, 돌고 도는 또는 지속적 반복에 지쳐 버린 생각"을 이제 철학상담치료사는 "함께 생각하면서 공감적으로 개입하고, 생각을 진전시키며, 문제들의 뒤엉킨 실타래 안에서 움직임을 일으키고, 뒤엉킨 것들을 분석적으로 해체하며, 종합적으로 연결시키고, 놀라움과

도전에 직면하게 하며, 다른 평가 방식에도 주의를 기울이도록" 인도
해야 한다(Achenbach 1984, 7). 암시적으로든 아니면 명시적으로든
철학상담치료사는 2000년 된 철학의 역사와 조화가 되도록 인간을 "이
성적 동물"로서 정의해야 하며, 이것을 통해서 벌써 공통의 인류학적
개념 형성의 핵심 전제가 열린다고 보아야 할 것이다. 그러나 인간은
단지 그저 존재하기만 하는 것이 아니라, 자신의 세계개방성과 반성능
력을 통해서 끊임없이 자신의 삶에 대해서 생각하고 입장을 취하도록
요구받으며, 그 외에도 인간은 위기 상황에 처하게 되어서는 자신의 생
각 자체에 대해서도 반성적으로 숙고할 수 있고 또 그렇게 하도록 요청
받는다. "그가 이제 자기 자신의 생각에 대한 반성 능력을 전적으로 타
고났다는 사실은 그를 타고난 철학하는 존재로 만들어 준다."(상게서
30). 우리가 철학을 "세계와 우리의 사고 활동 자체에 대한 방법적이고
담론적인 숙고"라고 정의 내린 후(참조: 본서 1.1장), 모든 사람 각자
는 실제로 자기에게 천부적으로 주어진, 소위 말하는 "제2차원의 생각
하기" 재능을 가지고 철학을 하도록—비록 때로는 전문 철학자의 도움
을 받아야 할지라도—운명 지워졌다. "철학할 수 있다는 것은 자기반
성의 능력으로서, 단지 총명하게 생각할 수 있음이 아니라 다시 뒤돌아
생각하고 미리 앞질러서 생각하며 가시적 대상을 초월하면서 그것의
의미를 묻는 것으로서, 이것은 인간 본질의 특별한 표시로서 우리의 자
유와 우리의 운명을 증거한다"라고 타이쉘(Teischel)은 열정적으로 천
명한다(1991, 108).

구체적으로 말해서 철학상담치료사의 도움은 일차적으로는 우리 생
각의 뒤엉킨 실타래를 고르게 걸러 냄으로써 마비된 우리의 판단력을
자극하고 새 힘을 불어넣어 주는 것이다: 많은 실천가가 그 모범 인물

로 내세우는 소크라테스를 본보기 삼아 개념 분석, 체계적으로 질문하기, 그리고 생각들의 순서 정하기와 종합하기 등의 방법을 통해서—그 유명한 "산파술"을 적용하여—각 개인에게 자율적이고 스스로 책임지는 사고를 (다시) 일깨우고 강화하지만, 고객에게 교조적인 지식을 주입하는 것은 아니다(참조: Martens 1984, 133; 또는 Achenbach 1984, 8). "나는 아무것도 모른다는 것을 알 뿐이다"라는 소크라테스의 신조에도 불구하고 직업적 전문 철학자가 자기의 대화 파트너보다 앞서 있는 것은 "그의 훈련된 추상 능력, 그리고 더 큰 차원의 연관성에 대한 집중력이며, 이것은 … 일상 세계의 요구에 과도하게 휘말린 사람들과 달리, 거시적인 차원에서 거리를 두고 대상을 관조하는 그의 태도와 사물의 본질이 무엇인지를 찾는 그에게 비로소 나타난다."(Teischel 1991, 112) 그와 같은 소크라테스식의 자극과 철학 실천가를 통한 사고력 키우기는 그러나, 아헨바흐가 강력한 언변으로 암시하듯, 교조적인 진리와 일상적 확실성을 파괴함으로써 무지와 불안정한 상태에 고착되어 머물려는 것은 아니다: 철학이란 "내막에 속속들이 정통한 지식의 어리석음에 대비하기 위한 안내서, 또는 편안한 안전지대에 머물려는 게으른 육신을 찌르는 가시", 또는 "안전함보다는 불안전함과 함께 더 잘 사는 능력이 철학이고, 여기서 안전함이란 실은 진실이 아니라 속임수이며, 마음의 게으름과 결탁하여 둥지를 트는 그런 것이다."(1992, 359) 비록 플라톤이 소크라테스 방식의 대화가 반복적으로 아포리아에 빠져들도록 이끌지라도, 그는 생활세계 문제의 잠정적 해결불가능성이 도리어 그 탐구를 필연적으로 한층 더 높은 사고의 차원에서 계속될 것을 요구하며, 그래서 소크라테스로 하여금 정당성이 입증되지도 못한 어설픈 반박에 물러서지 않고 오히려 참되고도 "중요한 것들"의 인식을 찾아 나아가게 만든다(참조: Figal 1995,

52 이하). 마찬가지로 철학상담치료도 먼저 생각의 혼란을 해체한 후, 제2단계에서는 삶의 현실에 대한 현재의 불확실 상태에서 더 강화된 확실성으로, "의식적 자각의 확장"으로(Graefe 1991, 54), 그리고 전반적으로 "합리성을 실천하는 삶"으로 인도하려는 것이다(Driever 1992, 391 이하). 그 내용에 대해서 말하자면, 관련 인터넷 사이트가 보여 주는 모든 기구화된 철학상담치료사들의 공통된 소크라테스적 활동의 목표와 취지는 덕의 실천이고, 좀 더 현대적으로 설명한다면, 이성적이고 올바른 또는 선한 삶이며, 이에 관해서는 d) 항목에서 자세히 다룰 것이다.

소크라테스의 산파술 외에 또 다른 사색적 생활문화의 모범형으로서 언제나 당연스럽게 다시 인용되는 것은 헬레니즘 시대의 에피쿠로스학파와 스토아학파다(참조: Heintel/Macho 1991, 68 이하). 소크라테스는 매우 정교한 방법으로 사람들을 올바르고 논리적인 사고로 인도하기 위해 기울인 자신의 노력을 델피의 신탁에 대한 봉사라고 믿었으며(참조: Figal 1995, 33-38), 덕에 대한 올바른 이해를 통해 인간은 필연적으로 좋은(선한) 삶을 살 것이라고 확신했다면(참조: Horn 1998, 134 이하), 헬레니즘 시대의 철학자들은 분명히 고객을 염두에 두고 실행했던 사고 훈련의 (심리)치료적 효과를 더 크게 강조했다(참조: Kühn 1992, 64 이하). 그들의 이론적 출발점이었으며 20세기 인지치료사들도 수용하여 발전시킨 철학-치료적 훈련 과정들의 기본 전제는 에픽테토스의 유명한 격언이다: "인간을 불안하게 만드는 것은 사물들 자체가 아니라 사물에 대한 그들의 생각과 판단이다."(1992, 11) 예를 들면, 스토아학파였던 세네카는 현대의 동기심리학에서도 언급되는 "탓으로 돌리기"(귀착시킴, Attribuierung)를 분석한다: 즉 평상시에 인간은 주관적으로 해석함으로써 특정 사건이나 행동들을 그것들의 원인으로 환원하여 설명한다. 예를 들면: "나는 야심이 없지만, 로마 시민 중 아무도 다르게는 살 수 없잖은가; 나는 원래 낭비하는 사람은 아니지만, 서울이라는 데가 워낙 과소비를 부추기지 않는가; 내가 성마른 성격이고 일정한 생활방식이 없다는 게 내 잘못은 아니다; 난 아직 젊어서 그래."(50, 3) 이런 해석 방식에 직면해서 철학상담치료사가 해야 할 과제는 이와 같은 전형적인 "원인귀착오류"의 가면을 벗기는 것이니, 즉 자기 행동의 원인을 자신에게서 찾고 그에 대한 책임도 자기가 지는 대신에, 적절치 못하게 그 원인을 주변 환경에 투사시킨다는 사실을 밝혀내 보이는 것이다. 더 나아가서 "탈반추"(Dereflexion) 방법의 기본 동기도 강요된 자기관찰의 압박감, 지나친 배려나 노골적 의도로 고객에게 다가가기 등을 막으려는 것으로서, 회의주의 전통이 가르치는 "판단중지"(epoche), 그리고 슬픔에 빠진 루킬리우스에게 세네카가 보내 준 충고에도 담겨 있다: "너 자신을 관찰하기를 멈추자마자 슬픔은 사라질 것이다. 이제 너는 너의 슬픔에 대해서 너 자신을 지켜라."(63, 3) 오늘날 만연하는 심리학적 생활상담을 통해 도처에서 들려오듯이, 부정적 사고방식 대신에 "긍정적 사고"를 택하라는 호소는 더 나아가서 두 가지 유형으로 해석될 수 있다: 호라티우스의 "오늘을 놓치지 말고 즐겨라"(carpe diem)라는 표어를 따라 자신을 온전히 현재의 순간에 몰입시키든가, 또는 미래지향적으로 마음을 잡고 앞으로 다가올 유리한 운명의 전환에 희망을 걸 수도 있으니, 왜냐하면: "액운이라 할지라도 그것을 믿을 수는 없다. 혹 그럴 수도 있지만, 그렇지 않을 수도 있다: 그것은 아직 현실이 아니다; 너의 미래를 두고 더 유쾌한 것을 전망하라!"(13, 9)

b) 상황 평가와 문제별 가치판단 및 중요도 평가의 명료화:

인간은 기질적으로 자신의 생각에 대해서 다시 생각하는(숙고하는) 존재이며, 철학의 안내를 받아 이런 방식의 생각하기 능력을 키워야 한다는 것은 대부분의 철학상담치료사의 출발점이고 또한 일반적이고 암시적으로 추구되는 흥미로운 활동 목표이며, 라하브와 루쉬만에게서도 예외가 아니다. 그들이 유달리 세심하게 공들여 발전시킨 이론적 구상에서는 모든 사람 각자는 본질적으로 숙고함을 피해 갈 수 없는 운명을 타고난 존재이며, 그래서 자기만의 일상적 삶의 철학을 가진 "아마추어 철학자"로서 간주된다(참조: Ruschmann 1999, 32). 인식론의 관점에서 볼 때, 이것은 자신과 세계에 대한 잠재적인 견해 또는 대개의 경우 무의식적으로 형성된 관점들의 집합으로서, 소위 말하는 "세계관"을 가리키며(참조: Lahav 1995, 4), 그것은 어떤 새로운 상황에 부딪치면서 갑자기 적절치 못한 것으로서 그 정체가 드러날 수도 있다. 이렇게 정확한 의미로 파악된 인간은 결국 단지 "생각하는 존재"일 뿐만 아니라 또한 "세계를 구성하는 존재"다. ― 인간은 단지 단순히 (짐승에 대해서 우리가 생각할 수 있는 것처럼) 지각하고, 반응하고, 행동을 취하는 존재로서 세계 안에 던져진 것이 아니라, 세계에 대해서 인식하고 숙고하는 존재로서 대립적 위치에 선다(Ruschmann 1999, 46).

1) 철학상담치료사의 일차적 목표는 그와 같이 고착되고 문제시되어 버린 개인적 또는 사회문화적으로 형성된 세계관과 생활계획에 대해서 현상학과 비판적 판단력의 정신과학적 방법을 적용함으로써 ― 호프만은 그에 유비되는 개념으로서 "삶의 지도"를 말한다(2003, 145 이하). ― 그리고 또한 그 바탕으로 전제되어 있는 형이상학적 그리고 인류학적 가정들을 노출함으로써 세계관을 재구성하는 과제가 될 것이다(참

조: Ruschmann 1999, 32 이하).

2) 이차적 단계에서의 과제는 개념상의 모순, 과도한 일반화, 오류추론, 불충분한 상황 판단과 자기인식, 산만하거나 온전치 못하고 단지 인용에 불과한 가치판단과 부적절한 권리 요구 등을 대화 속에서 함께 찾아내고 교정함으로써 내담자의 세계관이 "이상적인" 또는 "가장 바람직한 세계이해"에로 접근하도록 돕는 것이다(참조: 상게서 42):

이 모든 것에 함축된 의미는 일상적 삶의 문제들과 곤경들을 — 예를 들면 의미상실의 위기, 권태감과 공허감, 대인관계의 문제들, 불안 등등 — 그 당사자의 세계관에 들어 있는 어떤 문제적 요소가 밖으로 나타난 것으로 해석할 수 있다는 것이다: 삶을 어떻게 살아야 하는가에 대한 다른 두 가지 관념들 사이의 모순과 긴장, 아직 검토되지 않은 감추어진 전제, 여러 가지 방식으로 숙고되지 않은 채 덮어 버린 관점들, 과장된 일반화, 현실적으로 충족될 수 없는 기대심, 근거 없이 연루시킴, 기타 등등.(Lahav 1995, 9)

상황 평가와 문제별 가치판단과 중요도 평가를 구조적 활동 목표로 삼는 철학상담치료사들은 "오늘날 확산되어 있는 여러 가지 다양한 삶의 기획 방식들 또는 세계관들과 만나며, 이 세계관들은 서로 다른 철학적 전제들과 인간학적 근본가정들에 기초한다."(Ruschmann 1999, 45) 고대에 활동했던 철학 실천의 선구자들과는 반대로, 이들에게는 소위 말하는 "이상적 세계이해"를 평가할 아무런 공통의 형이상학적 기준이 전제되어 있지 않다: 역사적으로 전승되어 온 소크라테스적 산파술의 대화를 가능하게 만든 정신적 내면의 조건은 대화자들의 영혼이 세상에 태어나기 이전부터 이미 관조했을 것이며, 언어와 시간을 초월하는 이데아들의—예를 들면 덕 이데아들의—연계 구조로서 파악될 것임에 반하여, 스토아학파의 철학자들에게는 이 세계의 로고스적 구조와 원리 자체가 인간에게 통찰 대상이면서 또한 철학적-치료적 활동의 가능 근거이고 존재론적 타당성의 토대다. 철학적-변증법적 훈련에 힘입어 이 세계의 진정한 형이상학적 구조의 인식에 도달하였고, 또 바로 이 인식과 동시에 이 존재론적 위계 구조에 상응하는 가치체계도 함께 깨달은 사람은 올바르고 이성적인 삶의 길에서 더 이상 일탈하지 않을 것이다. 비록 우리는 이제 형이상학의 옷을 벗어 버린 시대를 살면서 그와 같은 이성적이고 인식 가능하며 실제로 작용력을 행사하는 우주 질서에 대한 믿음을 상실했지만, 그럼에도 정확한 상황 판단, 우리의 생활세계와 삶의 실천에 대한 적절한 해석, 참됨과 선함과 아름다움에 대한 더 발전되고 자주 강력한 규범적 기능도 수용하는 이해는 시대를 넘어서서 여전히 요구되는 철학상담치료의 본질적인 목표다. 이와 관련하여 고대의 개척자들에 비해서 오늘날의 실천하는 철학자들이 누리는 장점은 개념과 구상과 입장들, 그리고 세계해석과 인생관 등에 있어서의 무한한 다양성이 서양 철학의 전통으로부터, 그리고 점차로 증가하는 비유럽 문화권의 철학적 전통들로부터 제공되고 있다는 것이다. 그래서 그들은 "삶의 중심 개념들에 대한 다양한 철학적 접근로를 활용할 수 있으니, 예를 들면 의미, 자유, 자아, 그리고 도덕적 정당성", 또는 "실존적, 윤리적, 개념적, 그리고 다른 여러 철학적 주제들"(Lahav 1995, 14), 그리고 "유물론적, 유심론적, 종교적이거나 또는 생기론적이거나 진화론적 입장들"(Ruschmann 1999, 45) 등이다. "역사적 해석과 설명은 상담 활동에 유익하고 효과적인 토대를 제공할 것"으로 보인다(상게서). 왜냐하면 우리는 우리의 생활환경과 생활세계의 복잡하고 복합적인 관계들에 대해서는 오직 어떤 표본형과 개념

틀을 통해서만 하나의 상을 그려 낼 수 있기 때문이며(참조: Hoffman 2003, 13), 또한 우리 자신이 그린 제한되거나 불완전한 "지도"를 인간 유형학의 결과와 치열한 비교 검증 과정을 통해서만 효과적으로 그 근거를 물을 수 있기 때문이다. "수천 년에 걸쳐 축적된 철학적 사상들이 보존되어 있는 것이 실로 대단한 혜택인 이유는 역사상 가장 현명한 두뇌들의 다수가 이 주제를 파고들었고 통찰과 지혜의 특혜를 후대에 남겨 주어 우리가 활용할 수 있기 때문이다."(Marinoff 2002, 17)

한 개인의 세계관 검증을 위해 현존하는 관점들의 총람으로부터 여러 가지 모범형과 모델을 가져와 함께 고찰하거나(참조: Boele 1995, 47) 내담자의 행위가 본인의 개인적 세계관과 일치하는지 여부를 검토하는 방법(참조: Marinoff 2002, 21) 외에도, 다수의 철학상담치료사는 "최선의 세계해석"에 도달하는 방법으로서 우리의 모든 경험을 통합할 수 있는 전체적 연관성의 관점을 찾아냄에 큰 비중을 둔다(참조: 상게서 17; Lahav 1995, 17). 분업과 전문화가 진전된 결과로 다름 아닌 정치, 경제, 학문, 그리고 예술 영역의 공적 결정권자들이 그들 특유의 언어게임에 사로잡혔으며, 그 여파가 "환원주의적으로 일상인의 의식에도 예민한 반응을 일으키기 때문에", 복합적인 상황적 및 도덕적 연관성들을 파악하기란 오늘날 대부분의 사람에게는 결코 쉽지 않은 일이다. "철학적 상담치료는 특정 문제들의 정황을 철학적 차원으로 심화된 연관성의 맥락으로 이동시키고, 덩어리지고 습관화된 사고 패턴을 풀어 주며, ─전문 직업상의 조건 때문에─특화된 언어게임에 고착됨으로써 의미를 상실한 실제 생활세계 여러 영역 사이의 횡적 연관성을 찾아준다."(Witzany 1991, 116) 고도로 복잡한 현실 사회에서, 그리고 촘촘한 연결망이 전 지구적 차원으로 확장된 세계에서 포괄적

인 상황 평가를 수행하기 위해서는 원칙적으로 불충분함이 드러난 산
파술적 도발형의 스스로 생각하기 대신에, 여러 전문가의 진단과 그들
각자의 전문 분야 특유의 정확한 분석들을 상호 연계시킴으로써 가능
한 통합적 해석 작업을 요구하며, 여기에는 철학자가 "보편적 사안의
전문가"로서 예정된 적격자로 보인다. 실천하는 철학자는 오늘날의 첨
예화된 전문화 요구에 반항하여, 각 영역의 전문가들과 결정권자들을
사회적으로 중요한 안건을 다루는 열린 토론으로 끌어들여야 하며, 상
관관계들과 다양한 문제의 연관성에 시야를 열어 줄 필요가 있다. 특히
서양 시민사회의 가장 크고 시급한 위기들이 자리 잡고 있는 생물학과
역사-사회적 현상들의 영역에서 논리-분석적, 기계론적-단일원인론
적 사고는 전체론적-종합적이며 건설적-창조적 사고를 통해 보완되어
야 하며, 이것은 철학 교육을 통해서 훈련되고 강화되어 마땅한 일이다
(참조: de Sauvage 2002, 132 이하). "철학 실천과 학제적 연구를 위한
포럼"(Offenes Forum für Philosophische Praxis und interdisziplinäre
Forschung)의 정관은 전문가들의 다양한 관점을 포괄적이며 전체론적
인 시각 안에서 통합할 것과 시급한 사회적 · 문화적 · 정치적 과제들의
해결책을 제시할 것을 철학 실천의 목표로 정하였으며, 알렉산더 딜
(Alexander Dill)은— 아헨바흐와는 거리를 두면서— "철학상담치료는
본질적으로 사회정치적 실천이라고 이해한다: 철학적 대화는 민주 사
회를 전체적으로 개관하기 어려움에 대응하는 의사소통 방식이
다."(1990, 10)

딜은 소크라테스식 대화를 배척한다. 왜냐하면 역사적으로 전해진
그것의 모습이 대체로 비대칭적 문답식 대화여서, 민주적이며 열린 대
화 실천을 위한 모범형으로서는 별 소용이 없다고 보기 때문이다. 그러

나 그 대화법이 형식적 측면에서 넬슨(Nelson)과 헤크만(Heckmann)
에 의해 현대적으로 발전되었으며, 오늘날 다수의 옹호자가 소크라테
스식 대화문화의 르네상스를 불러일으킨 점에 대해서는 별다른 평가를
내놓지 않고 있다(참조: de Sauvage 2002, 126 이하; Krohn 1989). 거
의 모든 실천 철학자에게는 상담사와 내담자가 함께하는 숙고 활동의
정당화 근거로서 플라톤-소크라테스 또는 스토아적인 존재론 대신에,
암암리에 담론윤리학적 대화원칙(diskursethische Gesprächsprinzipi-
en)이 자리를 잡았으며, 이것이 의사소통적 합의의 진리성 또는 규범
적 정당성을 보장하게 된다: 하나의 진술이 참이거나 또는 어떤 규범
이 정당하다고 인정되는 조건은 담론윤리학의 합의이론(Konsenstheo-
rie)에 부합하는지 여부로 결정되니, 즉 그것에 대해서 이상적 언어공
동체(ideale Sprechgemeinschaft) 안에서 합의에 도달할 수 있는지 여
부가 그 조건이다. 오직 비짜니만이 유일하게 하버마스가 확립한 이상
적 언어 상황의 조건을 명시적으로 수용했으며, 강제된 행위와 대화 상
황의 체계적 왜곡을 제거하라는 요구 외에 추가로 다음의 목표 실현을
위해 투쟁을 벌였으니, 즉 모든 진술은 1. 이해 가능하게 표현될 것; 2.
실재하는 사태나 상황에 관련될 것; 3. 언어공동체의 현재 유효한 규범
을 따를 것; 4. 생각과 표현이 일치할 것 등이다(참조: Berg 1992,
105). 철학상담치료가 "온전히 소크라테스적 전통을 따라서" "규범윤
리학의 요구에 적합하도록 이성적 논쟁과 사고의 정교화"로서 이해될
경우라면(참조: Witzany, 상게서 116 이하), 여기에 제기될 어려움은
아마도 우리가 더 이상 일반적으로 인정되는 유효한 규범들에 의존할
수 없고, 도리어 이 규범들 자체가 문제별 대화에서 다루어질 주제가
될 것이다. 심지어 대부분의 응용 윤리학 영역에서, 즉 다양한 구체적
행위 공간에 관심을 집중하는 윤리학에서는 다기다양한 규범 이론이

서로 경쟁하며, 철학적 윤리학자들 사이에서는 합의의 희망은 보이지
않는다(참조: Thurnherr 2000, 38). 철학상담치료가 자신의 활동을 그
와 같이 상호 논쟁하는 규범적 근본 원칙들에 관한 공개적 의사결정 과
정에 담론적 참여자로서 정의 내리며, 동시에 스스로 윤리적 규범의 합
리적 토대를 구축하기 위한 장소와 공간, 즉 '아고라'를 제공한다면,
실제로 그것은 "응용 윤리학의 근본 교과목"이라는 칭호를 부여받아
마땅할 것이다(참조: 상게서 1998, 361).

  c) 자기인식과 자기실현:

  일차적으로는 전문가들만의 고립 영토가 아니라 생활세계 문제들에
시달리는 인구 층을 상대로 수행되어야 하는 철학 실천의 사회적-교육
정책적 과제 외에도, 철학상담치료사는 일대일 상담을 통해서 인간에
게 접근한다. 소크라테스에게도 철학은 참된 깨달음을 얻으려는 욕구
로서, 본질적으로 "너 자신을 알라!"(gnothi seauton)라는 델피의 아폴
론 신탁의 지시를 따라 올바른 자기인식과 적절한 자기평가를 실천하
는 것이었다: 자신과 타인의 삶의 실천에 대한 이성적 검증으로서의
철학, 그리고 "영혼을 위한 염려"(epimeleia tés psychés, 참조: Platon:
Apologie, 29e)야말로 결코 소홀히 할 수 없는 것이니, 소크라테스에
의하면 "자기탐구를 동반하지 않는 삶은 결코 살 가치가 없는 삶"이며
(상게서 38a), 또한 자기가 어떤 존재인지 제대로 인식하지 못한 채 다
른 사물들에만 관여하는 것처럼 어리석은 일은 없다(참조: Platon,
Phaidros, 230a). 흔히 말하듯이, 철학은 그것이 학문으로서의 자격을
갖추기 위한 조건이 무엇인지에 대한 학계 내부적 관심사에 완전히 흡
수되어 버려서, 오늘날의 사람들은 자기 자신을 찾기 위해 더 이상 철

학에 기대할 수 없고, 도리어 심리학자들에게 도움을 청해야 한다는 현실 상황에 대해서 철학상담치료사들은 대놓고 직설적으로 "우리 시대 철학의 스캔들"이라고 이름 붙인다(Achenbach 1984, 76; 참조: Graefe 1991, 46 이하). 소크라테스를 본보기로 삼는 실천가들의 상담 프로그램은 일반적으로 역동적 교육 과정을 통한 내담자의 이성적 능력 제고를 예상하며, 이 과정을 통해서 자신의 한계에 대한 현실적 평가의 토대 위에 개인적 삶의 미래 계획을 가능한 한 자신감과 자주성을 가지고 세워 나갈 수 있도록 도우려 한다(참조: Berg 1992, 108 이하). 베르더(Werder)는 시대적 요구에 맞추어 재서술된 그의 "철학적 자기경영" 프로그램의 주된 요점으로서 "철학적 인생경력분석"과 "나의 자아해석"을 꼽는다(참조: 2000, 78 이하). 오늘날 붐을 일으키고 있으며, 명상기법으로부터 점성술을 거쳐 심리치료에 이르기까지의 다양한 자기발견 방법들과의 집중적이고 긴밀한 대화와 이데올로기 비판적 교류는 자신의 정신적 지평을 넓혀 새로운 삶의 가능성을 발견하게 해 줄 것이라고 한다(참조: Graefe 1991, 56). 오늘날 포스트모던 시대에 만연하는 자기실현의 이데올로기는 뚜렷한 사생활-자아중심주의 경향을 보이며, 이에 대항하여 그 본래적 정신을 지키려 하는 "자기실현"은, 다소 막연한 표현으로 말해서, 자신의 삶의 역사 안에서 작동하는 "아직-아님"(Noch-Nicht)의 실현이며(참조: Berg 1992, 55), 더 정확한 표현을 쓴다면, 그것은 오직 각자 내면의 규범적 자기기획이 실사실화로 이행됨을 가리킬 뿐이다. "자아-정체성"(Ich-Identität), "초월론적 자기"와 "경험론적 자기"(transzendentales und empirisches Ich), "규범적 자기"와 "실사실적 자기"(normatives und faktisches Selbst) 등의 철학적-심리학적 개념들에 대한 많은 실천가의 이해방식이 혼란스럽고 비효과적인 상태에 머물고 있는 반면(참조: 예를 들어 Dill

1990, 90 이하), 스토아학파와 현대의 대화치료사들은 자기실현의 목
적을 달성하기 위한 분명한 목표로서, 포괄적인 자기계몽을 수단으로
하여 단계적으로 자기기만을 벗어나면서, 현재에 실제로 활동하는 자
아상 또는 "실제의 자기"를 상상 속의 "이상적 자기"와 점차적으로 합
치시켜 가는 방법을 적용한다(참조: Hofstätter 1992, 40 이하).

d) 지혜와 삶의 기술:

다시금 철학의 시조 소크라테스를 본보기로 삼으면서 철학상담치료
의 주된 목표 개념으로 등장하는 것은 "바라는 것을 이루며 선하게 사
는 삶의 기술을 실천함", "처세술"(Lebenskunst), 또는 "생활효능
감"(Lebenskönnerschaft) 등이 목록에 오르며, 그 실행을 위해서는 누
구든지 오직 철학적 지혜에 힘입어서만이 적격자가 될 수 있다는 것이
다: "예술의 키워드는 아름다움이며, 생활효능감의 키워드는 지혜
다."(Achenbach 2001, 132) 그러나 철학 실천이 그 개념의 말뜻에 따
라서 철학의 이론적 지식과 구체적 삶의 실천 능력을 연결시키는 것이
어야 한다면, 소크라테스의 강렬한 설득력과 작용영향력의 원천이 단
지 그가 자신의 삶의 기술을 가르치는 대신에 스스로 실천하는 모범을
보여 준 것이라고 짧게 요약해 버리는 것은 뭔가 좀 빈약한 느낌을 준
다: "인격이 사태의 진실을 증명한다!"(Die Person beglaubigt die Sa-
che! 상게서 69) 오늘날의 신소크라테스적 철학상담치료사는 결국 제
한된 상담 공간 밖에서 자신의 삶의 기술을 공개적으로 과시함으로써
생활효능감을 아직 배우지 못한 사람도 그 지혜를 학습할 수 있도록 해
야 하는가? 이와는 달리 소위 말하는 "성취하는 삶", "좋은 성품", 또는
"삶의 지혜" 등이 추구할 "성숙 목표"를 달성하기 위해서 루쉬만은 이

렇게 충고한다: 철학상담치료에서는 건설적인 인격 성장에 필수적이며 보편적 인간성의 대표적 요소로 꼽히는 정신적 민감함, 기민함, 그리고 경험개방성에 모든 세심한 배려와 깊은 관심을 기울여야 하며, 이것이 태만함, 경직성, 자기중심적 성향 등 성장을 가로막는 성질들을 대치해야 할 것이다(참조: 1999, 355 그리고 358 이하). 흔히 사람들이 예를 들어 '고통에 적절히 대처하기'(참조: Saner 1992, 21-27), '죽음에 대한 올바른 태도'(참조: Hofstätter 1992, 48 이하), '플라톤-스토아적 사려 깊음의 지혜'(참조: Höffe 1992, 414 이하) 등등 '삶의 기술 터득'에 도움이 되는 철학적 정보를 대부분 실천 활동은 하지 않는 실천 철학자들에게서 얻어 내는 반면에, 적어도 비짜니의 경우에는 하이데거의 실존철학적 불안 분석을 토대로 하여 불안 극복의 문제에 집중적으로 파고들었다. 날이 갈수록 점점 더 고삐가 풀려 제멋대로 영향력을 확장하는 과학 기술의 세계가 인간 삶의 토대에 위협적이고 돌이킬 수 없는 파괴력을 발휘하며 소용돌이치는 와중에서는 "표면적 공황 의식이 형성되며, 이것이 위협적 사태에 직면해서는 단지 공황적 공포심뿐만 아니라 공포의 대소동까지도 불러일으킨다"는 것이 비짜니의 문화비판적 진단이다(1991, 120). 다시 말하면, 비록 불안이 실존적 위협에 대한 사전 경고의 지진계로서 인간의 생활효능감 영역에서 의미 있는 역할을 수행할 수는 있겠지만, 그와 같은 병리적-공황 성격의 불안, 그리고 대중의 의식 표면을 지배하는 불안은 점차 고조되어 가는 위기에 대한 적절한 상황 판단과 이성적 대응을 방해할 뿐이라는 것이다. 우리의 삶이란 원래 불안이 더 이상 반복해서 일어나지 않을 만큼 완벽한 안전 대책을 갖출 수는 없지만, 적절한 위기 대응을 위해서는 불안을 전혀 포기할 수도 없기 때문에, 실천하는 철학자로서 비짜니가 옹호하는 것은 우리 자신의 '불안에 대한 불안감 없는' 건설적-창의적 대

응 방식이다. "철학상담치료가 불안을 완전히 제거해 버릴 수는 없지만, 철학자와 함께하는 대화 속에서 불안감 없이 불안을 다룰 수 있도록, 즉 불안해하지 않으면서 불안을 수용하고 불안과 관계 맺는 시각을 열어 가도록 도울 수 있다."(상게서 119)

합리적이고 개선된 삶의 실천 또는 삶의 기술이 지식과 정보의 전달은 아니라거나 또는 적어도 오직 그것만일 수는 없고, 도리어 그것은 특정 "지혜"로서 실천가에게 준비되어 있어야 하고 제자에게서 개발되어야 하는 것이라는 데에는 대부분의 철학상담치료사는 동의한다. '명제형 지식'(Satzwissen) 외에 '활용성 지식'(Gebrauchswissen)이, 즉 철학적 삶의 태도와 경험이 자리 잡아야 하며, 이것의 오래된 이름이 "지혜"다(Heintel/Macho 1991, 67). 여기서 "지혜"를 대변하는 "활용성 지식(활용지)"은 "경험적 지식(경험지)"(Erfahrungswissen ; Achen-bach 2001, 64) 또는 "생활지"(gelebtes Wissen ; Martens 1984, 141)와 교환 가능하며, 여기에는 인간의 근본 상황과 생활 맥락에 대한 사실지(Faktenwissen), 그리고 근본적인 삶의 문제와 생활상의 선택 결정 과정에 대한 "절차적 지식"(prozessuales Wissen)도 포함된다(참조: Ruschmann 1999, 309). 소크라테스의 논쟁적 대화술, 그리고 특정 실천 영역에서 제기되는 용기와 같은 덕의 문제와 관련해서 상대방 논지의 근거와 문제점을 파고드는 토론 방식은 결코 일의적이고 무모순적인 개념 정의가 아니고, 오히려 지혜라고 불리는 다른 종류의 지식을 추구했다는 것을 철학 실천가들은 강조한다. "그것은 어떤 '고정된 이념'을 결함 없이 완벽히 서술한 '명제형 지식'이 아니라, 오랫동안 참을성 있게 수행한 훈련을 통해 습득되고 강화된 능력이거나 현실의 구체적 사례들에 대한 이성적 판단과 소속 공동체의 검증을 거쳐 얻어진

기준에 따라서 판단하는 '활용성 지식'이다."(상게서 142) 피프마이어
(Piepmeier)도 그와 같은 "강화된 능력"의 의도를 따르면서, 지혜를
"세계경험과 자기경험의 형식"으로서 정의 내리며, 기질적 대응 방식
의 유형 분류와 유사하게, 그 자체가 사실적 사태에 대한 명제적 지식
처럼 언어적 표현을 통해 직접 전달될 수 없고, 여러 가지 다양한 행동
을 통해서 보여질 뿐이라고 이해한다(1989, 132). 비록 철학적 태도나
지혜의 기질적 유형이 합리적이고 논리적 이성만으로 충분히 설명될
수 없으며, 그에 대한 일반적인 개념 정의도 기껏해야 소크라테스가 대
화 상대자에게서 검증 대상으로 삼았던 지혜의 "이데아"나 다른 여러
덕의 "이데아"를 논구하는 수준에 그친다 할지라도(참조: Figal 1995,
64 이하), 그 정도의 이데아 인식마저도 단지 다양한 경험과 삶의 세계
의 훈련이나 또는 현명한 철학자들을 흉내 냄으로써만은 얻어질 수 없
다. 오히려 우리는 불가피하게도 그와 관련되는 일상생활의 실천 현장
에서 일어나는 구체적이고 다양한 개별 상황에 대해서, 예를 들면 용기
의 덕에 대한 상담적 고찰이라면 전쟁 수행의 현장을 염두에 두고서,
공동체적 관점에서 체계적으로 숙고할 것을 요구받는다. 그렇지 않을
경우, 철학 실천은 의심의 여지없이 그 의미를 상실할 것이다. 개념 정
의 방식으로 의미를 고정하는 것에 대한 철학 실천가들의 모든 저항에
도 불구하고, "지혜"를 다른 지식이나 경험의 여러 형태로부터 분리하
려 한다면, 지혜 개념을 실용주의적 "현명함"도 포함하는 의미의 "생활
지" 또는 "활용지"로서 고정하는 방식 외에, 아마도 비엔(Bien)에 동조
하여 마지막 한 가지를 더 끌어들여 강조할 수 있겠다: "지혜를 구성하
는 것은 단지 몸소 겪은 삶의 경험뿐만이 아니라, 종합되거나 가공되거
나 반성적으로 숙고된 경험도 포함하며, 더 나아가서 어떤 최종적 가치
나 의미에 비추어서 해석된 삶의 경험이다."(Bien 1989, 50) 그렇다면

"지혜"는 보편적이며 또한 직접적인 삶의 실천을 초월하는 방향정위적 지식(Orientierungswissen)이며, 이것은 풍부한 삶의 경험과 보편적인 학문적 인식으로서 인간의 삶과 인간적 생활세계 전체를 반성적으로 숙고하고, 종합하고, 도덕적 근본 태도와 성숙된 사고방식에서 자신을 드러낸다.

이렇게 마무리된 철학상담치료의 목표 설정은 철학적 *생각 도우미* (a)로부터 출발해서 *상황 평가와 가치판단*(b)의 명료화를 거쳐 *자기인식과 자기실현*(c), 그리고 *현명한 삶의 기술*(d)에 이르기까지의 안내도를 제시함과 동시에, 철학상담치료사에게는 근본적으로 어떤 자격과 능력이 요구되는지에 대해서도 이미 설명을 한 셈이다. 아마도 실천가 양성 교육 과정의 제도화를 반대하는 철학 실천가 대부분의 입장 때문에, 이와 관련된 숙고는 아드 호겐다익(Ad Hogendijks)과 루쉬만을 제외한 다른 실천가들에게서는 단지 산발적으로만 언급될 뿐이다. 왜냐하면 사람들은 모든 제도화의 이면에 권력지향성 구조를 의심하며, 학습을 통해 가르치는 양성체제로의 고정이 활발하고 자유로운 대화정신과 일으킬 모순을 인지하기 때문이다(참조: Berg 1992, 119). 이와는 달리 쿠르트 잘라문(Kurt Salamun)은 철학적 "기초자격 요건" 또는 "필수자격 요건"이 갖추어야 할 설득력 있는 목록을 제시했으며, 철학 본래의 과제를 "이론과 실천을 매개하는 반성적 숙고 능력"으로 정의 내리며, 이것은 오늘날 철학이 다른 정신과학들과 함께 나누어야 할 공동의 과제임을 지적했다(참조: 2001, 366). 그중에서도 특히 '*사고력 증진을 위한 대화 목표들*' (a), 그리고 '*상황 분석과 도덕적 판단*' (b)의 주제 관련해서 구체적 내용은 다음과 같다:

① *세심하고 치밀한 분석력*: "상황과 문제를 가능한 한 선입견 없이, 당면
사태에 적절하고 세심하게 분석하며, 복잡한 문제 상황에서 더 중요한 것
과 덜 중요한 것을 구별하기"

② *초월적 반성 능력*: "결정을 내려야 할 상황에서 전문가적 문제 해결 방
안들을 보편적 시각들과 다양한 관점에서 검증하고 고찰하기"(상게서
266)

③ *사회적–도덕적 방향정위 능력*: "사회–도덕적 근본가치와 인본주의적
가치원리를 합리적으로 수용하며 그 함축된 의미와 결과에 대해 설명하
기"(상게서 367)

실제로 이것은 대부분 추상적이며 광역의 연관성에 대해서 집중적으로
생각하고 체계적으로 숙고하기 위한 보편적 자격과 능력이며, 철학자
들의 이론적 활동과 마찬가지로 실천적 활동에도 부과되는 것이다:
"철학자는 복잡하게 얽힌 생각과 관념들의 연관성을 꿰뚫어보면서 이
것들을 근본적인 물음들로 환원하며, 서로 다른 여러 가지 체계 내부로
들어가 함께 생각하고 공감하는 능력을 갖추었다."(Graefe 1991, 53)
왜 철학상담치료사가 자기의 상담대화에 대해서 금전적 사례를 받아야
하는가에 대한 이유로서는, 비록 그가 모든 상황에서 꼭 더 나은 해답
을 안다고 할 수는 없겠지만, "체계적으로 숙고하기 영역의 전문가이
며 근본적인 해결책의 여러 모델을 찾아낼 수 있기 때문"이라고 주장
한다(Thurnherr 1998, 368).

철학상담치료의 과제들 중 좀 더 특수한 영역으로서 전적으로 위의
b) 항목으로 언급된 "세계관" 개념과 관련해서, 그리고 라하브에 동조
하면서, 호겐다익은 "철학적 숙련기법"으로서 제시한 자신의 목록의

첫째는 개념분석이며, 이를 이렇게 설명한다: "개념들은 때로는 혼란을 예방하고 논의의 주제를 명확히 하기 위해서 분석될 필요가 있다. 철학적 상담치료에서는 자유, 직업, 지혜, 사랑 등 일상생활의 문제와 관련되는 개념들이 특히 중요하다."(1995, 160) 그 목록의 둘째로는 근본적인 개념들의 연결망에 대한 숙고를 제시한다: "우리 세계관의 근본 구조에 대한 검토 또한 철학하기의 과제가 될 수 있다. 특히 중요한 것은 서로 다른 여러 개념 사이의 관계들이다. 다시 말하면, 개념들이 어떻게 서로 결합하여 하나의 연결망을 이루어 내는지 그 방식을 이해하는 것이다. 예를 들면: 인간과 세계, 인간과 단체, 단체와 사회, 자연과 문화, 사상과 현실 … 등 여러 가지 개념 사이의 관계들이다."(상계서 161) 마지막으로 그는 철학상담치료사가 갖추어야 할 가장 기본적 자격의 하나로서 우리의 세계관과 인생관이 분명히 표현되지도 않고 알아채지도 못한 채로 가지고 있는 전제들을 찾아내고 검토하는 기능이다. 그러나 이것은 그에 필요한 능력이기보다는 도리어 능력이 이루어 내야 할 목표 설정을 지칭하는 것일 수 있다. 이 셋째 기능과 관련해서 그는 철학적 상담대화의 다음과 같은 이상을 설정한다:

철학적 상담치료에서 선입견을 발견하고 검토하는 과정은 일반적으로 다음의 두 가지 작업의 상호작용을 필요로 한다. 하나는 더 낳은 새로운 시각에 도달하기 위한 초연함과 거리 두기의 관점이며, 다른 하나는 관심을 가지고 개입하는 태도로서, 이것은 철학하기를 지속시킴에 필요한 동기부여의 '에너지'를 공급해 준다. 이상적인 경우는 이들 두 태도가 상호 보완적으로 작동하는 것이다.(상계서)

라하브의 말을 따르면, 심리치료사에 비해서 철학상담치료사는 "개념

분석, 논증 구성, 윤리학적 토론, 그리고 현상학적 서술 등을 수행하기 위한 전문적 훈련과 경험"에서 더 유능하다(Lahav 1/94, 33). 그와 비슷하게, 루쉬만은 "공감적 이해"를 "내담자의 삶의 철학을 이해심을 가지고 파악하며, 검진을 통해서 재구성하기"라고 바꾸어서 말하며, 마찬가지로 이것이 "상담사의 중심 '덕목'"임을 지적한다(353). 좀 놀랍기는 하지만, 호겐다익의 철학적 능력 목록에는 추가로 "유토피아적 사유"의 유효성이 등장하며, 이것은 그의 "비전 개발"과 밀접한 연관성을 가진다. 철학자들은 사고 모델과 해석 방법론 유형들의 수없이 많은 역사적 사례를 다루어 본 경험을 근거로 하여 내담자의 희미해진 과거의 생각이나 희망을 창의적으로 재구성하거나 현실에 적합한 형태로 완성시켜 나가도록 자극할 수 있다는 것이 그의 지론이다. 결국 유토피아적 사유의 의미와 목적은 가치 해석의 새로운 방법들이나 행동을 이끌어 가는 새로운 관점들을 현재의 유효한 상황 또는 욕구 대상과의 연관성 안에서 개발해 나가는 것이다(참조: 상게서 162).

철학적 상담대화가 효과를 거두기 위해서는 잘라문이 제시하는 일반적인 합리성과 확고한 의사소통적 능력의 발휘가 필수적이다:

- *합리적 비판력*: "구두 진술이나 문서 표현에서 모순, 불합리, 공허한 관용어, 은폐된 가치관, 숨겨진 관심사 등을 알아채고 납득 가능한 방식의 논증을 통해 비판적으로 입증해 보이는 능력"
- *논리적-시종일관한 논증력*: "(담판, 연설, 발제, 자문 등) 여러 종류의 대화에서 모순 없이, 시종일관 논리적이고 설득력 있게 논증하는 능력"
- *언어적 표현력*: "숙련되고 창의적인 언어 구사력 및 복잡한 생각들에 대한 명료한 표현 능력"(Salamun 2001, 366 이하)

그 외에도 호겐다익은 자신의 6개 항목을 추가함으로써 한편으로는 "비판적 사고"의 능력별 자격 목록을 보완한다; 이것은 모든 독단적 시각을 거부하면서, 각 입장들의 참됨 또는 거짓됨의 명증성과 논증의 정당성 확보에 가장 크게 주의를 기울이도록 하려는 것이며, 또 한편으로는 산파술적 대화법의 활용 능력을 보완한다(상게서 162). 쉽게 이해하도록 말하기, 그리고 철학적 사상을 모두가 이해할 수 있는 말로 표현하기는 대부분의 철학상담치료사에게 중요한 관심사일 것이며, 이것은 비록 그들이 글로 쓴 진술도 때로는 일상 언어로부터 멀리 벗어나는 경우가 허다함에도 그렇다(참조: Berg 1992, 61, 111): "특히 그리고 적어도 철학상담치료에 있어서는 번역 또는 통역 작업은 아주 명시적인 의미에서 본질적인 부분이 되어 마땅하다."(Blasche 1991, 13) 그런가 하면 상업화 또는 독점화 요구를 걱정하여, 사람들은 어떻게 그와 같은 기술적인 번역 능력이나 대화를 이끌어 가는 기법을 배우고 완성시키는가에 대해서는 지나치게 구체적인 숙고를 꺼린다(참조: Berg 1992, 61 이하). 물론 그와 같은 형식적인 합리적-의사소통적 능력들이 위에서 설명한 초월적 반성 능력과 방향정위 능력과도 함께 갖추어진다고 해서 성공적인 철학상담치료가 보장되지는 못한다. 왜냐하면 정교하게 세련된 추상화 능력과 완벽한 논증 기술도 구체적이고 풍부한 *삶의 경험과 인간에 대한 이해심* 없이는 공허하고 무의미하기 때문이다(참조: 상게서 119; Thurnherr 1998, 373). 마지막으로 또한 철학상담치료사에게 필요하며, 특히 개인상담에 임하여 구체적 삶의 문제 때문에 자문을 구하는 내담자의 입장에 몰입하기 위해 반드시 요구되는 것은 *공감, 동정,* 그리고 *감정이입*이다(상게서 372; Berg 1992, 62). 루쉬만은 모든 건설적인 상호작용 관계의 기초를 "정직함"("진실, 시종일관함")에서 찾으며, 그것은 타인에 대한 의도적 기만 행위를 포기하는 것뿐만 아니라, 동시에 자기 자신도 기만하지 않음을 뜻한다: "그런 만큼, 대화 상황에서 진정성을 실천하기 위해서는 높은 수준의 자기인식과 자기반성적 태도가 요구되는데, 그 이유는 자기 자신의 인지와 감정 상태의 변화와 반응 구조를 정확히 알지 못하면, 그 결과는 방어적 태도를 불러일으키며, 그와 함께 진정성의 결핍이 초래되기 때문이다."(1999, 350 이하) 충분히 자격을 갖춘 상담 활동을 수행하기 위해서는 많은 전제조건이 학습되고 훈련될 수 있지만, 호프만에 의하면, 인격적 특성에 속하는 타고난 성향들도 갖추어져야 하며, 예를 들면 "(다른) 인간에 대하여 관심 가지기, (낯선, 다양한) 세계관들과의 만남과 토론을 즐기기, 그리고 인격적 온전성이다."(2003, 181)

오늘날 지반을 얻어 가고 있는 철학상담치료가 제시하는 새로운 활동 영역에 대한 우리의 탐색을 조명등 비추듯 검열해 보자: 우선 일반적으로 공표된 것을 우리는 부정해야 했다. 그것은 대화에서 제기된 문제들이 철학 실천가에 의해서 해결될 것이 아니라, 오히려 대화에서 문제들이 새롭게 제기됨으로써 사람들은 소크라테스의 본보기를 따라 체계적으로 불확실성에 빠지도록 인도되어야 한다는 것이다. 왜냐하면 공개적인 학습 과정이나 생활세계의 실제적 문제 상황에 대한 토론의 장에서나 그 출발점으로 전제되는 것은 개인의 삶의 위기나 갈등 상황과 관련된 개인상담이기 때문이다. 소크라테스는 아테네 도시국가의 공적인 분노 때문에 동료 시민들 상대로 그들의 거짓된 지식과 생활세계적 안정감을 끈질기게 시험하고 검증하기 위해서 길거리로 나섰으며, 대부분의 경우 그는 원치 않는 상대를 일부러 대화로 끌어들였음에 반하여, 이 상황은 오늘날 철학 실천의 제도화된 틀에서는 실로 그 반대로 바뀌었다: "철학자가 찾아가는 방문이 아니라, 철학자 자신이 방

문을 (그리고 괴롭힘을) 받는 입장이다."(Achenbach 1984, 35) 그리고
그 방문객은 출구가 보이지 않는 자신의 갈등 상황이 끝없는 철학적 대
화로 연장되기보다는 오히려 생활세계 문제 상황의 복합적인 갈등에
직면하여 해결책을 찾아가도록 철학적으로 자문받고 싶어 한다. 마찬
가지로 소위 말하는 철학상담의 무목적성도 겉으로는 공식적 임무수행
이 아니기 바라며, 모든 시장 경제적 운영체제로부터 자신을 지켜 내려
하지만, 이것은 모두 실현 불가능하다는 것이 드러났다. 자기반성적인
목표 설정 없이는 상담 실천은 전적으로 불가능할 뿐만 아니라, 현장에
서 활동 중인 철학자들에게서는 실제로도 여러 가지 형태의 목표 설정
이 행동 목표로서 적용되고 있다. 이와 같은 철학 실천과 상담 치료의
목표들이 달성되기 위해서는 명백히 그에 적합한 형태의 자격 부여 절
차가 요구되며, 그에 근거해서 "공식적 임무 수행이 아니라고" 생각하
는 철학자도 자신의 상담 활동에 대해서 사례비 접수를 꺼리지 않게 될
것이다.

　비록 철학 실천가는 전승되어 온 철학 사상들의 유산과 관념들의 저
장고, 그리고 그들에 대한 다양한 해석 모델의 활용을 포기할 수도 있
다고 사람들은 줄곧 강조하지만, 이것 역시 대부분 명시적으로 오직 소
크라테스적 접근 방식만을 의미한 것이다. "전승된 철학적 사상들을
포기할 수 있다거나, 그것을 어느 정도 뛰어넘을 수 있다고 말하는 사
람은 그가 할 수 있는 것 이상으로 자신을 단순 무식하게 만들거나, 실
제로 자기가 그렇다고 알리는 것이며, 그럴 경우 그는 철학하기를 그만
둠이 마땅하다"라는 것이 그에 대한 블라쉐의 진단이다(1991, 20; 참
조: Boele 1995, 39)! 철학 실천이 실제로 우리가 제시하는 입문서와
안내서의 개념 정의를 따라서 철학적 이론과 생활세계적 실천을 상호

매개하고 연결시켜야 한다면, 나는 모든 철학적 사고체계가 삶의 실천에 어떤 필연적 결과를 가져올 것인지에 대한 체계적인 검사가 필수적이라고 생각한다 — 즉 대답하기 까다로운 '그레트헨 질문'(Gretchen-frage)의 교훈을 따라: "어느 한 사고체계의 타당성을 전제했을 때, 삶의 방식은 어떤 모습일까?"(Graefe 1991, 55) 그와 같은 실용주의적 조망에서 볼 때, 철학사는 인간과 세계에 대한 개념화와 상징화의 방식들이 차례로 순서를 따라 전개된 과정이며, 이 개념화와 상징화 방식들 각각은 많건 적건 다소간의 차이를 보이면서 우리의 행동을 인도하는 효과를 제공해 준다는 해석이 가능하다. 바로 이런 해석의 모범형을 루쉬만은 고대의 철학사를 대상으로 개관하였으며(참조: 1999, 45-85), 베르더는 19세기와 20세기 철학자들 중에서 선정된 실천 철학자들의 사상을 토대로 현실 적용을 위한 '삶의 기술 학습서'를 제공해 주었고, 여기에는 자기훈련을 위한 안내 지침도 포함되었다(참조: 2000, 112-545). 철학 실천의 개척자로서는 이 장에서도 여러 차례 언급된 소크라테스와 그의 산파술 외에 헬레니즘 시대의 철학자들에 대한 자세한 논의도 꼭 필요하며, 이것은 또한 "심리치료적 철학-이해"로서의 가치도 충분히 보여 준다(Heintel/Macho 1991, 69). 이들 역사상의 직접적인 선구자들에 대한 주도면밀한 연구 덕분에 여러 철학 실천가의 부분적으로는 이론 거부적인 일부 구상들은, 내 관점에서 볼 때, 그 실질적-내용적 및 체계적 측면에서 유리할 뿐만 아니라, 심리치료를 상대로 제기되는 파괴적인 자기한계 드러내기의 요구로부터도 해방될 수 있을 것이다. 그리하여 자기들 내부 진영에서 반복하여 목소리 높이는 요구는 "실천 철학자들 스스로 심리치료와 또 다른 전문 영역들로부터 영감을 받아야 한다는 것이며, 특히나 심리치료가 고대에서는 항상 철학의 한 분과 영역이었기 때문이다."(Graefe 1991, 55) 정신착란, 우울증, 또는 강박적 불안 등과 같은 정신질환, 그리고 그보다 덜 해로운 노여움 또는 근심 등과 관련해서도 사람들은 이미 고대에도 그런 증세들의 근저에 자리 잡고 있는 구체적인 삶의 문제들에 대한 철학적 토론의 의미를 알아냈으며, 철학적 충고와 위로의 방법을 적용하여 자주 대처할 수 있었다(참조: Condrau 1989, 97 이하).

2.2 심리치료란 무엇인가?

"철학적 상담치료와 달리 "심리치료"의 경우에는 이미 완결된 개념 정의와 치료 목표가 주어져 있다. 그것은 환자의 체험과 행동 영역에서 병적이고 고통스럽게 경험되는 특정 장애를 치유하기 위해 심리학적 치료법을 적용하는 활동으로 정의되며, 여기에 그 치료 대상이 "심인성"(정신 상태/작용에서 발생하는 것)일 것이라는 조건, 즉 심적 위기 또는 병적으로 변형된 심적 구조의 탓으로 환원된다는 조건이 추가된다. 가장 많이 인용되는 한스 스트로츠카(Hans Strotzka)의 심리치료 개념 정의는 이렇다:

심리치료는 환자 한 명과 치료사 한 명 사이의 상호작용, 또는 여러 명의 환자와 여러 명의 치료사 사이의 상호작용이며, 여기에 심리학적 수단(또는 아마도 더 효과적인 것으로서, 주로 구두 방식이며 때로는 구두 방식이 아닌 것도 포함하는 의사소통 수단), 학습 가능한 기법이 미리 정의된 치료 목표와 정상적 행동과 변태적 행동에 대한 이론에 근거하여 적용된다.(1984, 1)

비록 그 까다로운 질병 개념에 대해서는 아무런 보편적 합의가 없음에도, 모든 진단과 치료적 개입은 정상성과 변태성에 대한 이론적 근본가정에 근거를 두는데, 여기에는 "치료의 필요성에 대해서 치료사와 환자와 다른 관련자들 사이에 모종의 합의가 반드시 있어야 하며, 이것은 물론 문화권에 따라 차이가 있고 현행 사회적 제도에 강하게 의존한다."(상게서) 위에 소개된 개념 정의에서 괄호 안에 지적된 바, 치료사와 환자 사이의 의사소통의 의미를 철학상담치료사 아헨바흐는 자신의 인용에서는 은폐한 채, 이 "다 식어 버리고 점잔 빼는 말투", 그리고 그와 같은 "고도로 생명력이 넘치는 경험 과정이 다 타 버리고 남은 잿더미"는 "심리치료를 철학과 관계 맺도록 도울 수 있었을" 그 어떤 매력도 상실했다고 결론짓는다(1984, 82). 더 나아가서, 정신의학자이고 심리치료사인 콘드라우(Condrau)에게는 "심리치료"의 개념 자체가 이미 심리치료사와 환자 사이의 역동적인 상호작용을 위해서는 많은 문제를 안고 있는 것으로 보인다: 원래 정신의학-임상 영역에서 유래된 명칭으로서, 이 전문 용어는 인간 사이의 관계를 단축하였다. "관계의 양쪽 상대자들 중 하나인 환자의 자리에는 단지 '학문적 추상 개념'에 불과한 영혼이 들어선 반면에, 다른 상대자인 의사는 인간을 상대로 발휘되는 '치료' 기능 뒤에서 사라진다."(1989, 15) 경직되고 틀에 박힌 명칭들의 미혹시키는 효과에도 불구하고, 상호적인 치료사-환자-관계 형성의 지속적인 노력은 모든 치료 행위의 중심에 자리 잡아 왔으며, 이 관계 안에서도, 철학상담치료사들이 내걸고 주장함과는 달리, 환자가 자신의 행동에 대한 책임을 치료사에게 떠넘기거나, 그로 인해서 자신의 자율성을 상실하게 되는 것도 아니었다(참조: Thurnherr 1998, 362). 널리 확산된 — 그리고 적지 않은 환자들이 이 괴물에 속아 넘어간 — 이 괴물 키마이라에 대항하여, 실로 치료적 관계에서는 오히려 환자 쪽에서 스스로 전적인 책임 감당하기가 전제되어야 하며, 바로 환자 자신이 "스스로 배워야 하고, 심리치료 자체를 자신이 책임질 대상으로 짊어져야 한다"(Condrau 1989, 26). 결국 심리치료는 "자기도움을 위한 도움"(Hilfe zur Selbsthilfe)일 뿐, 결코 그 이상일 수 없다.

스트로츠카의 일반적인 개념 정의를 그 내용에서 더 구체화하려는 경우, 그 전체를 개관할 수 없을 만큼 혼란스러운 심리치료 학파들의 다양함과 학파마다 제기하는 독립성 요구들에 직면하게 되며, 그 수는 어림잡아 수천 개에 이른다(참조: Strotzka 1984, 8). 여기에는 일종의 주먹구구식으로 표현해서 이런 규칙이 적용되니, 즉 각각의 치료는 어느 특정 환자에게 어느 특정 문제와 관련해서 그의 삶의 어느 특정 상황에서 효과가 있었지만, 그 어느 치료도 비슷한 모든 문제와 관련해서 항상 효과를 보이지는 않는다: "모든 치료 방식이 효과를 내지만, 그 어느 치료법도 항상 효과를 내지는 않는다!"(Koppel 1994, 16) 상호 간 대화의 결핍, 그리고 심리치료의 각 학파마다 자기네 치료법을 만능치료법으로 절대시하는 곤란한 상황은 유감스럽게도 대립 전선을 경직시켰다. 그러나 이런 '학파들 사이의 싸움'이 현재 유지되고 있는 틀 안에서 계속된다면, 학문적으로도 무의미할 뿐만 아니라 치료 활동 자체를 위해서도, 그리고 그와 함께 환자들을 위해서도 도움이 되지 못한다는 인식이 점차로 확산되었으며, 그뿐만 아니라 심지어 정신의학과 심리치료 자체의 붕괴까지도 염려할 지경에 이르렀다(참조: Condrau 1989, 9). 그런 와중에서도 앞서 말한 주먹구구식 관점에서 보면, 대부분의 치료사가 치료 현장에서는 상당 정도 절충주의자들임이 입증되고 난 이후에는 초학파적으로 수용되고 범학파적으로 통합될 수 있는 이론에 대한 요구가 이곳저곳에서 높아져 갔으며, 그 공통의 토대는 치료

사들의 인본주의적 근본 자세, 전체론적인 인간관과 세계관, 그리고 간
주관적 의사소통의 기본 규칙에서 찾아질 수 있을 것으로 보았다(참
조: Koppel 1994, 118 이하). 여기에서는 그와 같은 통합적인 심리치
료 개념의 여러 가지 까다로운 조건과 아직 부족한 요소까지도 충족시
킬 전체 설계도에 도전하는 대신에, 나는 단지 실제로 현존하는 카오스
적 혼란상에 대한 소규모의 개관을 제시하는 수고에 만족하려 한다. 본
서 1.3장에서 개관한 20세기 심리학의 세 패러다임을 다시 참조하여,
여기서도 나는 크게 세 분야를 각각 행동치료학파(2.2.1), 심층심리학
파 또는 심층심리학 동조 학파(2.2.2), 그리고 인지치료학파(2.2.3)로
나누어 고찰하겠다. 여기 2.2.2에 함께 다루어질 실존주의-인본주의 치
료법은 정신적 주체 고유의 것으로 요청되는 자기법칙성 때문에 정신
분석학에 강하게 영향받은 치료법들과는 분리되며(참조: Revenstorf
1993; Kraiker/Peter 1998), 인지주의적 치료 원칙들은 또한 인지적 행
동치료(2.2.1)로 편입될 수 있다(참조: 상게서; Revenstorf 1996).

2.2.1 행동치료의 유형들

치료 연관성의 관점에서 보면, 행동치료는 널리 확산되었고, 심리치료
법령이 인정하는 행동주의심리학의 적용 패러다임으로서 가장 강력한
요새다. "고전적 조건형성"과 "자발적 또는 도구적 조건화 학습" 이론
의 토대 위에서, 사람들은 심리적 장애나 행동의 이상 징후들을 원칙적
으로 기질적 조건 때문이 아니라, 환경에 대한 자극-반응구조에서 학
습된 결과로 나타나는 잘못된 또는 부적절한 반응으로서 파악한다. 요
셉 울프(Joseph Wolpe)가 발전시킨 *체계적 둔감화* 치료법 또한 역-조

*건화*로서 규명될 수 있으며, 특수적 형태의 불안감과 공포심 치료에 뛰어난 효과를 보인다: 우선 불안감의 강약 정도의 단계적 차등화를 도표화하고, 환자를 불안에 빠트리는 상황들을 그 해당되는 강약 정도에 따라 분류하여 배치시킨다. 그 누구도 긴장되면서 동시에 이완된 상태일 수 없다는 원칙에서 출발하면서, 이제 사전에 습득한 탈긴장화 기법을 적용하여 불안감이 끼어들 수 없는 이완 상태에 도달한 후, 이 상태에서 차등화된 불안감의 각 단계들을 상상 속에서 차례로 통과해 본다. 반복적인 자기이완 훈련을 통해서, 이제 환자가 자신의 불안감 정도의 단계를 따라서 불안감을 일으키는 상황을 상상해 봄에도 불구하고 불안감 없이 조용히 머물 수 있게 되면, 그 불안과 긴장을 일으키는 상황에 대한 환자의 반응은 그만큼 체계적으로 둔감화된 것이다. 상상 속에서 상황들을 겪어 보는 훈련을 거친 후에는, 같은 훈련을, 예를 들면 승강기 안이나 지하철 안 등 삶의 실제 상황에서도 반복적으로 시도해 볼 수 있다(참조: Koppel 1994, 92-97; Revenstorf 1996, 98-115; Kraiker 1998, 100 이하). 체계적 둔감화 치료법은 무엇보다도 수동적으로 참아 내야 하는 불편한 상황에 대한 인내력을 키움에 (예를 들면 높은 장소, 뾰족한 물건, 협소한 공간 등) 높은 효과를 내는 반면, *자발적 학습기법*은 두려움을 일으키는 상황의 능동적 극복을 위해서 전체적 행동목록표가 반드시 추가로 작성되어야 하는 경우(예를 들면, 대중 앞에서 말하기, 새로운 인간관계 만들기 등)에 항상 적용되어야 한다. 심리적 장애들 중 일차적 원인이 불안이 아니고 단지 부적응 또는 과잉 행동방식으로 평가되는 경우라면, 긍정적 또는 부정적 행동 강화 방법을 통해 교정될 수 있다: 공격적 행동이나 격노함 등은 '무시하기' 방법으로(부정적 강화) "꺼 버릴 수" 있지만(참조: Revenstorf, 41 이하), 학교 교실에서 과도한 행동을 하는 아동 상대로는 흔히 말하는 "동전경

제학"의 틀에 맞게 "동전보상제"를 실시함으로써도 같은 효과를 얻을 수 있다(참조: 상게서 34 이하). '자신감 훈련' 또는 '자기정체성 훈련'에서는 적절한 '역할연기'를 도입하여, 꾸며진 상황이나 실제 상황에서 현재 가지고 있는 능력을 더 잘 활용함으로써 자신이 바라는 바 효과적인 행동을 하도록 용기를 북돋우고 칭찬할 수도, 또는 부적절한 행동을 교정하고 나무랄 수도 있다(참조: 상게서 56 이하; Koppel 1994, 98 이하). 누군가가 (사회적) 생활에서 지나치게 겁을 내는 경우라면, 대부분 체계적 둔감화 치료법을 자발적 학습기법과 연계하여 적용함으로써 사회적 효능감 훈련을 배우고 익히도록 해야 한다.

비록 행동치료가, 우리에 갇힌 쥐를 다루듯, 보상과 처벌을 통해서 환자를 조작적으로 다룸으로써 그가 어떤 환경에도 적응하도록 만들려하면서도, 그런 적응 자체가 바람직한 것인지에 대해서는 숙고하지 않는다는 비난이 끊임없이 제기되기는 하지만, 환자의 어느 문제 행동이 치료적으로 약화되어야 할 것인지에 대해서는 사전에 환자와 먼저 대화하며, "환자와의 지속적이고 능동적인 협력이 필요불가결하기 때문에, 그가 치료의 원칙들을 먼저 이해하고 수용함은 반드시 전제되어야 한다"(Kraiker 1998, 100 이하). 환자 자신도 행동치료 수행의 매 단계마다 능동적으로 사고하는 존재로서 참여한다. 왜냐하면 그 자신이

치료 절차가 제시하는 특별한 요구들을 이해해야 하며; 그의 치료가 어떻게 진전되고 있는지 관찰할 수 있어야 하며; 치료의 지시 사항을 수행함으로써 그가 얻은 치료 효과를 그의 회복됨과 연결시킬 수 있어야 하며; 치료 절차 각각의 단계마다 그 의미를 인정해야 한다.(Beck 1979, 269)

행동치료가 개별 세부 사항들과 표면적 문제에만 매달리고 인간 존재의 전체성은 소홀히 한다는 비난도 역시 최근의 연계형 광대역 프로그램을 고려하면 필히 상대화되어야 할 것이다. 왜냐하면 행동치료에서도 환자의 삶의 전체적 상황이 시야에 들어오며, 체계적인 둔감화 훈련에서뿐만 아니라 자기정체성 훈련에서도—이것이 물론 처음에는 단지 상상력 훈련일 뿐이지만—인지 활동이 결정적 역할을 수행하기 때문이다. 그 외에도 최근의 발전 방향은 점점 더 인지적 행동치료로 기울어지고 있으며, 이것은 동기부여적이며 인지주의적인 절차에 더 큰 의미를 부과하는 변화로서 2.2.3장에서 다루어진다. 심지어 볼프-울리히 숄츠(Wolf-Ulrich Scholz)는 행동치료가 "인지적" 전환과 "해석학적 전환" 이후, 그리고 이미 "1980년대 말 이래로 실제로는 인지적 행동치료로서 실행되고 있다"고 주장한다(2001, 21).

2.2.2 심층심리치료와 심층심리학에 기초하는 치료 유형들

모든 심층심리치료와 심층심리학에 기초하는 치료 유형들은 우리의 생각과 감정 세계의 본질적인 부분이 무의식적이며, 의식되지 못한 갈등 또는 이롭지 못한 행동 모형(설계도)이 우리의 의식적 체험과 행동에—자주 본인도 알아채지 못한 채—부정적 영향을 끼침으로써 장애를 일으킬 수 있다는 전제에서 출발한다. 행동치료는 무의식을 전적으로 도외시해도 무방하다고 믿지만, 무의식은 심층심리학의 근본전제로서 원칙적으로 아무런 논리도, 아무런 시간 개념도 가지고 있지 않고, 직접적 관찰을 통해서는 접근 불가능하며, 그래서 단지 가능한 추론에 의해 해명될 수 있을 뿐이다(참조: Elhardt 2001, 20 이하). 심층심리학자들의 견해에 의하면, 다수의 정신병이 이른 아동기에 해결되지 못한 부모와의 갈등이나 사회문화적 문제들에 그 뿌리를 두고 있지만, 그에 대한 치료는 그렇다고 해서 반드시 또는 일차적으로 과거로의 역추적 방식으로만 수행되어야 하는 것은 아니다. 따라서 치료 목표는 병적으로 분류된 자동화된 체험 습관이나 행동 패턴의 무의식적 조건들을 찾아내고 의식화하며, 더 나아가서 인격적 내부 구조의 변화를 만들어 내는 것이다. 이와 동일한 목표를 추구하면서도 현상학과 실존주의 철학의 영향하에 발전된 실존적-인본주의적(existentiell-humanistische) 치료법들은 새로운 전체론적 인간상의 토대 위에 다른 치료적 절차들을 도입함으로써 고전적인 분석적-심층심리학적 치료법과는 차이를 보여 준다. 심층심리학자들이 비환원주의적이며 기계론적인 인간상과 새로운 방법들을 찾아내려고 애쓰는 과정에서 철학이 중요한 역할을 했으므로, 우리가 모범 사례로서 선택한 대표적이고 특출한 치료사들이 철학에 대해서 어떤 관계를 가졌었는지를 여기서 고찰해 보자. (a) 분석적-심층심리학적 치료법 관련해서는 프로이트(정신분석학), 아들러(개인심리학), 그리고 융(분석심리학)을 고찰하며, (b) 실존적-인본주의적 치료법 관련해서는 빈스방거/보스(현존재분석), 프랑클(실존분석/의미치료), 그리고 번(교류분석)을 다루겠다.

a) 정신과학자들이 무의식의 발견자로 알려진 정신분석가 지그문트 프로이트로부터 그들의 할아버지와 증조할아버지들을 무리 지어서 무의식 이론의 전거로 처방함에서 명백히 재미를 본 이래로, 사람들은 이렇게 확언하게 되었다: "심층심리학은 심층철학으로서 시작한다." (Lütkehaus 1989, 9 이하). 프로이트 자신도 그의『꿈의 해석』에서 반복적으로 "심층철학적"(tiefenphilosophische) 선구자들을 자기 이론의

보증인으로서 즐겨 인용했던 반면에, 경험과는 동떨어진 사변을 일삼는 철학자들로부터 가장 강력하고 정확한 비판을 프로이트가 받은 이후에는 그들에 대한 프로이트의 반감은 실로 속담처럼 굳어졌다(참조: Wiesenhütter 1979, 5-26). 정신분석학과 철학 사이의 거리가 멀어질수록, 그만큼 더 자주 프로이트는 비엔나정신분석학협회의 모임에서 그의 사실적 객관성의 우선적 지위가 결코 그가 원하는 만큼 그렇게 크지 않다는 지적을 감내해야 했다(참조: Lütkehaus 1989, 9). 예를 들어 아리스토텔레스에게 프로이트는 앞에서 언급한 초기 저서에서 높은 찬사를 보낸다. 왜냐하면 고대인들은 인간의 부적응 행동, 감정 폭발 또는 꿈 체험 등을 특정 신이 예정된 시간에 인간 심리에 끼치는 영향력의 결과로서 받아들이고 해독해 오던 차에, 아리스토텔레스가 꿈을 "심리학의 탐구 대상"으로서 받아들였다고 보았기 때문이다. 비록 플라톤과 아리스토텔레스가 그들의 철학적 심리학의 틀 안에서 매우 세련된 영혼론의 모델들을 고안해 냈지만, 그들은 오직 제한적으로만 프로이트의 무의식 이론의 선구자로서 인정될 수 있다: 그들에게는 감정, 욕망, 쾌락과 고통의 느낌 등 영혼의 비이성적인 부분들은 지각 불가능하지도 않았고 무의식적인 것도 아니었다. 따라서 프로이트에서와 같이 자율적으로 작동하는 무의식은 존재하지 않았고, 오히려 영혼의 비이성적인 부분은 이성적 부분에 의해 통제될 수 있는 것이었으며, 그 자체로서 독립적으로 발동하는 것은 오직 이성적 통제가 결핍될 때에만, 그리고 항상 부분적으로만 가능했다(참조: Horn 1998, 168 이하). 만약 독일어권 안에서는 일반적으로 라이프니츠가 무의식 발견의 "아버지"로서 간주된다면, 비록 여기에서도 아직 무의식의 아무런 명확한 학술 용어는 찾아볼 수 없음에도 불구하고, 이 역사적 시기는 분명히 무의식 이론의 중요한 이정표로 자리매김할 것이다: 라이프니츠는 로

크의 경험론과 데카르트의 의식철학(Bewusstseinsphilosophie)의 반대
입장에서 '의식적 통각'과 '반성' 외에 "작은 지각들"(kleine Perzep-
tionen)을 요청하는데, 이것들은 인식을 위해서는 단지 희미하고 불명
확할 뿐이지만, 실천의 차원에서는 의식되지 않은 채로 우리의 취향이
나 기호를 결정하고 습관적 반응을 지배할 수 있다(참조: Leibniz
1990, §14-28 ; Lütkehaus 1989, 19 이하).

　"심층심리학의 진정한 창시자"는 명백히 아르투어 쇼펜하우어라는
것이 카이저-엘-사프티(Kaiser-El-Safti)가 프로이트에 관한 그녀의
저서―『사색하는 철학자(Der Nachdenker): 쇼펜하우어와 니체의 심층
철학적 인식에 관하여』― 에서 내세우는 주장이다(1987, 189). (후에
프로이트 자신도 한 친구의 지적을 받고 인정했듯이) 쇼펜하우어는 맹
목적이고 비이성적인 의지에 대한 그의 형이상학적 전제를 통해서 무
의식적인 심리적 욕구를 선취했을 뿐만 아니라(참조: Wiesenhütter
1979, 19), 또한 성적인 욕구에서 "생명 의지의 핵심"을, 그리고 생식기
에서 "의지의 초점"을 발견하는 방식으로 인간의 성적 특성을 특별히
강조했다(1993 II, 588). 그의 주저인 『의지와 표상으로서의 세계』에서
그는 "일반적으로 인식은 의지에 대한 봉사에 항상 복종한다"(I, 209)
라고 썼으며, 거기에는 프로이트의 억압 이론과 자율적인 무의식의 거
부적 행동방식 이론의 중추들이 제시된다: "우리는 자주 우리가 원하
는 것이 무엇인지, 또는 우리가 두려워하는 것이 무엇인지를 모른다―
우리는 여러 해 동안 마음속에 소원을 품고 있으면서도 자신에게 그것
을 시인하지 않거나, 또는 분명히 의식하지 않은 채로 놓아둘 수도 있
다 ; 왜냐하면 우리의 지성이 그것을 알지 못하게 하기 위해서다 ; 우리
가 우리 자신에 대해서 가지고 있는 좋은 생각이 그로 인해 훼손될까

염려하기 때문이다 … 심지어 우리는 자주 우리가 무엇을 하든가 또는 하지 않게 만드는 우리의 내면적 동기에 대해서 잘못 생각하고 있다."(상게서 II, 234 이하) 억압되고 숨겨진 상태임에도 활동성을 발휘하는 내면의 소망과 욕구를 통해서 우리의 의식적 감각과 사고와 행동은 왜곡되고 현혹된다. "장애를 일으키는 이러한 의지적 활동이 지성에게 끼치는 영향력은 단지 감정적 흥분 때문에 일어난 혼란을 통해서만이 아니라, 그보다 더 점차적이고 꾸준히 증가하는 방식으로 작동하며, 우리의 기호와 경향성 때문에 야기되는 여러 가지 다른 종류의 '사고 위조'를 통해서도 입증된다" ― 여기서 경향성이란 희망, 공포심, 증오심, 사랑 등을 가리킨다(상게서 242). 자만심 가득 찬 자기의식과 자랑스러운 "나"(Ich, '자아')에 대한 격렬한 비판자로서의 자화상을 그려 낸 니체와의 비교에서 프로이트의 무의식 이론이 더 다양한 여러 가지 일치점을 보임에도, 프로이트는 니체 저작들의 독서를 의도적으로 회피하려 했는데, 그것은 정신분석적 치료 경험들에 대한 자신의 해석 작업이 타인의 영향으로 방해받지 않도록 하기 위해서였다(참조: Wiesenhütter 1979, 19; Kaiser-El-Safti 1987, 269 이하). 우리는 오직 철저히 각인된 문법적 습관에 복종하여 "나는 생각한다"고, 그리고 "나는 (~을) 한다"고 말해야 하지만, 그 정확한 의미는: "그것이 생각한다"(JGB, 31) 또는 "너에게 일어난다! 매 순간마다! 인류는 매 시대마다 능동태와 수동태를 뒤바꾸었으며, 그것은 인류의 영원한 문법적 실수다!"(M, 115) 겉보기에는 프로이트가 니체와 거리 두기 태도를 보였음에도 불구하고, 억압 현상을 심리학적 증명까지도 포함해서 그 누구도 니체보다 더 완벽하고 더 인상 깊게 서술한 사람은 없었다고 고백한 사람도 역시 프로이트 자신이었다고 전해진다(참조: Kaiser-El-Safti 1987, 45). "'내가 그 짓을 했어'라고 나의 기억은 말한다. 내가 그 짓

을 했을 수는 없어― 라고 나의 자존심은 말하며 가차 없는 태도를 유
지한다. 마지막에 가서 ― 기억은 양보하고 물러선다."(JGB, 86) 심층
철학에 대한 자신의 이중적 관계에도 불구하고, 프로이트는 인간 심리
를 병리학으로 몰고 가는 무의식적 작동 기제를 어떻게 기술하였으며,
그가 실제로 적용한 심리치료적 조처들은 어떤 것이었는가?

프로이트 자신의 고유한 업적을 우리는 이렇게 요약할 수 있다; 즉
프로이트는 "쇼펜하우어와 니체가 철학적 사변을 통해 선취한 것을 이
제 우리 모두에게 익숙한 현상들에 대해서 그 자신이 참을성 있게 수행
한 임상적 분석과 해석 작업을 통해서 발전시켰으며,"(Schnädelbach의
서문, Heise 1989, 14) 또한 그는 그것을 "인격에 관한 하나의 종합적
이론으로 통합했다."(Koppel 1994, 35): 인간 의식의 세 차원을 프로
이트는 이렇게 구별한다; 즉 하나는 *의식*(das *Bewusste*)이고, 또 하나
는 *선의식*(das *Vorbewusste*)으로서 언제든지 쉽게 의식의 차원으로 가
져올 수 있는 무의식이며, 셋째는 본래적인 의미의 *무의식*(das *Unbe-
wusste*)으로서 우리의 통제를 완전히 벗어난, 오직 어렵게만 접근할 수
있는 무의식이다. 인간 의식의 이들 세 차원의 구별을 배경에 놓고, 프
로이트는 인간 인격을 세 영역(drei Bereiche der Persönlichkeit)으로
나눈다: 인격의 첫째 부분은 자극에 대한 무의식적 반응과 본능적 행
동으로부터 형성된 "그것"(Es, *id*)이다. 이 영역은 쾌락의 원리에 의해
지배되고, 그렇기 때문에 그 무의식 층의 깊은 곳에 자리 잡고 있는 욕
구와 충동들은 즉시 충족되기를 원하며, 그곳의 지배적 원리는 프로이
트에 의하면 이렇다: "'그것'의 힘은 개체적 존재의 본래적인 생명력
과 생활 의지를 표현한다."(Freud 1944, 44) 정신분석학에서 특히 도
발적인 요소는 그 처음 출발에서부터, 그리고 "좁은 의미에서도 또 넓

은 의미에서도, 오직 성적인 것으로만 지칭될 수 있는 이 무의식적인 충동적 욕구가 엄청나게 강하다는 것과 또한 신경증과 정신질환을 일으키는 원인으로서의 그것의 의미와 역할이 그 이전에는 한 번도 제대로 인정된 적이 없었다"는 것이다(상게서 1991, 20). 인간의 정신질환과 관련해서 프로이트가 성적 충동에 집중시켜 부여한 특별한 의미는 그의 후계자들에 의해 점차로 상대화되었으며, 그가 주로 일상적 생활 압박에서 상당 정도 자유로워진 비엔나의 상류층 여성들을 참조했음을 그 근거로 삼았다(참조: Ulrich 1993, 85). '그것'으로부터 발생하여 인격의 둘째 영역을 형성하는 것은 지각 활동과 사고 활동과 운동 기능을 발휘하는 "나"(Ich, '자아', ego)이며, 이것은 "'그것'과 외부 세계를 중계한다"(Freud 1994, 42); 즉 현실성 원칙에 복종하면서 '그것'(id)의 욕구가 외부 세계에서 충족됨에 관해 결정을 내려야 하며, 때로는 욕구충족을 적절한 시기와 상황이 올 때까지 연기하든가, 아니면 그 충동을 완전히 억제한다. 프로이트 인격 모델의 제3의 구성 요소는 "초월적 나"(Über-Ich, 초자아, super ego)이며, 사회적 규범과 행동규칙, 그리고 사회적 제재의 대변자로서, 인격 성장기의 사회화 단계에서 형성된다. 인격성의 유기적 전체를 구성해 나가는 '나'(Ich)의 행위는 이제는 그 "행위가 '그것'(Es)의 요구와 동시에 '초월적 나'의 요구와 외부 현실의 조건 모두를 충족시킬 때, 즉 그 요구조건들을 상호 조정할 수 있을 때 옳은 행위가 된다."(상게서 43)

인격의 전체적 구조를 이들 세 단계의 심급들로 구성되는 하나의 역동적 체계로서 파악하면서, 프로이트는 '나'에 의해서 자동적이고 무의식적으로 수행되는 여러 가지 방어기제를 서술하며, 이것들의 도움에 힘입어서 '나'는 '그것'으로부터 발생되는 격렬하고 제동장치도 없는 충동적 욕구들에 대항하여 자신의 의지를 관철시키려 한다. 이러한 무의식적 방어기제들 중 가장 중요한 것은 자주 인격구조의 병리학적 변화를 초래하는 "억압"(Verdrängung)이다. 이것은 '초월적 나' 또는 외부 현실의 요구와 충돌하는 충동적 욕구, 그리고 그와 연관된 관념이나 기억 등을 — 의식적으로 대결하고 결연한 포기로 마주 대하는 대신에 — 지속적으로 무의식 안으로 되돌려 가두어 버리는 것을 의미한다. 꿈, 부적응 행동, 시기심 등은 의식되지 않은 채 남아 있는 그와 같은 억압된 소망과 불안들을 증명해 주며, 이것들은 줄기차게 의식으로 회귀하려는 경향을 유지하면서, 히스테리나 신경증적 증상들을 일으킬 수 있다. 그와 같은 사례로서 한 여성은 어린 시절에 그녀의 가정교사가 개에게 컵으로 물을 마시도록 하는 것을 보면서도 그 여선생에 대한 두려움 때문에 아무런 항의도 감히 하지 못하고 메스꺼움을 참으며 보고만 있었던 이후로, 더 이상 물을 마실 수 없었다. 정신분석적 치료의 목표는 원칙적으로 "무의식적으로 되어 버리거나 억압된 것을 전의식 대상으로 전환함으로써(in Vorbewusstes [zu] verwandeln) '나'에게 다시 되돌려 주는 것이다(상게서 76). — 마치 "과거의 그것이 미래의 나다"(Wo Es war, soll Ich werden)라는 요술 주문처럼 말이다. 억압되어 있던 원치 않는 내용들을 다시 의식화시킴이 '나'에게 불러일으키는 "저항"을 극복하기 위해서, 환자는 치료사와 마주 보지 않은 채 그 유명한 '침상'(Couch)에서 자유 연상을 시연하며, 여러 가지 하찮은 일과 괴로운 마음의 상처에 대한 기억과 떠오르는 생각에 대해서, 자신을 탓하거나 자책함은 배제시킨 채, 치료사와 대화한다. 환자의 꿈과 실패 경험에 대한 분석, 그리고 "전이" 현상들, 즉 잊은 지 벌써 오래된 과거의 관계 인물에 대한 소망이나 불안을 현재의 치료 담당 분석가에게 투사하는 현상 등을 분석함으로써 치료사는 병의 원인과 발생

과정을 해명하고 재구성함을 시도한다. 이 과정에서 오래전의 기억하기 힘든 체험들, 예를 들어 개가 컵에서 물을 마시던 일 등을 단지 온전한 의식으로 다시 일깨움에만 그치지 않고, 그 체험과 함께 일어난 감정까지도, 예를 들면 그때 이후에도 계속 유지되었던 메스꺼움도 다시 일깨워진다. 일종의 "카타르시스", 즉 불쾌한 트라우마적 체험의 정화됨, 그리고 그것과 접목되어 일어나는 증세들이 사라짐은 오직 그 트라우마의 현장에서 억압되었던 감정들이 자유롭게 되살아나고 그 갈등 상황이 정서적으로도 능동적으로 다시 "재체험"(nach-erlebt)될 때에만 실현된다.

알프레트 아들러(Alfred Adler)는 성적 갈등을 심리질환의 원인이라고 보는 프로이트의 핵심 전제에 전혀 동의하지 않았으며, 이런 이유에서 자기 스승과 결별한 그는 심층심리학의 다음 단계로의 발전에 근본적인 업적을 수행했다. 그는 심리적 장애를 "병"이라기보다는 오히려 "잘못된 생활방식"으로 고찰하였으며, 특히 다른 사람들과의 불충분한 협력 관계로 파악했다. 아들러가 시도한 심리학과 철학과 윤리학의 종합, 그의 "응용 윤리학으로서의 개인심리학"(Mackenthun 1997, 121)은 심층심리학을 프로이트식의 자연과학적-유물론주의적 고찰 방식의 구속으로부터 해방시켰으며, 초기의 생물학주의적 단계 이후에는 줄곧 심층심리학의 정신과학적 토대를 굳혀 갔다고 평가된다: "아들러는 프로이트보다 14세 더 젊었으며, 이미 그때 시작 단계였던 자연과학으로부터 문화과학으로의 패러다임 전환 안으로 '새롭게 태어났다'고 볼 수 있다."(상게서 125) "환자" 또는 "병든" 사람을 설명하기 위해서 생물학이나 물리학의 엄격한 인과법칙과 자연법칙의 범주를 적용하는 대신에, 아들러는 해석학의 인문과학적 방법론을 적용하여 한 개인을 그의 일회성과 유일무이성의 관점에서 이해하려 했으며, 이 목적을 위해 그는 한 개인의 삶의 방식 전체를 공감적이고 동시에 비판적으로 관찰하였다. 아들러가 프로이트로부터 벗어난 자신의 심층심리학적 방향을 가리켜서 "개인심리학"이라는 명칭을 선택할 때, 이것은 이중으로 오해의 여지가 있다; 왜냐하면 첫째로, 아들러에게는 인간은 항상 그리고 본질적으로 사회적 존재이기 때문이며, 둘째로, "개인심리학"이라는 용어는 때로는 "사회심리학"의 반대 개념이라는 의미가 부과될 수 있기 때문이다. 콘드라우도 아들러 자신의 진술에 의하면, 그는 "프로이트의 '설명하는 심리학'에 반대하여 '이해하는 심리학'"을 추구했다고 결론짓고 있지만(1989, 170), 이미 프로이트의 심리치료적 해석 절차는 정신과학의 해석학적 처리 방식을 강하게 상기시키며, "정신분석학은 도리어 정신과학적 토대 위에 세워진 것이라는 가설"을 끌어들이게 만든다(Lück 1986, 100). 프로이트는 자연과학에서 흔히 통용되는 실험적 연구 방법론과 표준화된 검사양식을 거부하면서, 그 자신은 그의 여성 환자 안나 O가 "말하기 치료"(talking cure; Gesprächskur)라고 부른 것을 "대화 과정을 통한 치료"(Heilung durch das Gespräch)로서 정식으로 확정 지었으며, 바로 이 과정에서 혁명적인 "의사-환자-관계의 반전"이 일어났다고 알프레드 로렌쩌(Alfred Lorenzer)는 평가한다(Lorenzer 1984, 53); 이전에는 의사가 환자의 과거 병력에 대한 보고를 받아 내고 병의 증상을 확인하고 분류하기 위해서 목표가 분명한 질문들을 고정된 의학적-진단학적 분류체제에 맞게 나열한 틀로서 환자에게 부과하였다면, 이제는 환자가 스스로 시행하는 자유 연상을 따라서 의사와 함께 다룰 주제와 대화 절차를 제시한다. "의술적 치료 방식의 학문적 지위가 단번에 변해 버렸다. 자연과학적 관찰과 증명으로부터 정신과학적 해석학의 기법을 따라 수행되는 해석하기로 바

뀐 것이다."(상게서 54) 프로이트 심리학과 관련하여, 원칙적으로 "이해하는 심리학"임에도 그것을 '설명하는 자연과학의 용어법' 안으로 강제했다는 "방법론적 자기오해"가 반복적으로 지적된 이후(참조: Warsitz 1990, 63), 정신분석학을 "심층해석학"(Tiefenhermeneutik)으로 읽어 낸 폴 리꾀르(Paul Ricoeur)의 시도는 정신분석학을 해석학적 학문으로서 이해하는 일련의 새로운 해석들뿐만 아니라, 정신분석학적 이해 방법론을 "정신과학적 이해하기"와 "자연과학적 설명하기" 사이의 중간 위치로 (예를 들면 프랑크푸르트학파의 대표자들의 경우) 정립시킴에도 자극제가 되었다: 다시 기억해 냄, 재구성적 해석, 그리고 자기반성 등과 같은 해석학적 과정 안에서 인과적으로 기능하는 병리학적 증상들을 통해 자신을 비로소 객관적으로 드러내는 무의식의 충동적 사건들이 해독되고 종국에는 해소된다는 것이다(참조: 상게서 130 이하).

  기존의 정신분석치료와 달리, 개인심리학적 치료 환경에서는 정신분석가가 환자의 시선을 피한다거나, 그의 자유 연상을 가능한 한 중단시키지 않는다는 등의 절제 원칙도, 그리고 환자의 누워 있는 자세도 환자와 치료사의 협동적이며 동반자적인 상호작용을 위해 작별을 고한다. 아들러는 그의 전체론적(holistisch) 관점과 인간 삶의 목적지향성을 강조함으로써 현대 심층심리치료의 인본주의적 인간관을 앞질러 갔다: 원소주의를 지향하는 분석적 사고에 대항하여 그가 적극 옹호하는 것은, "정신적 삶의 개별적 현상들 각각을 그 자체로서 고립된 전체처럼 다루어서는 안 된다. 그에 대한 이해는 오히려 한 개인의 정신적 삶의 모든 현상을 하나의 분리 불가능한 전체성의 부분적 측면들로서 받아들이며, 그리고 나서 그 한 인간의 행동 방향들, 고정적인 행동틀, 삶의 태도와 방식 등을 찾아내야만 가능하다"는 것이다(Adler 1966, 21). 프로이트의 정신분석학이 "세계도피"의 경향성을 안고 있다면, 개인심리학의 관심은 한 인간이 자신의 삶의 문제를 해결하기 위해서 취하는 행동에 관심을 기울이고, 그 행동들에서 드러나는 운동법칙과 목적지향적인 삶의 계획을 여기에 수반되는 일관된 삶의 세부 목적들과 함께 찾아내려 하며, 이런 성격의 삶의 계획성은 4세 또는 5세 정도의 나이에서 이미 형성된다고 본다(상게서 1973, 109). 정신분석학의, 그토록 "지나치게 중요시해서는 안 될" 성적 충동 대신에, 아들러는 니체의 "권력에의 의지"에 기대어서 인간 삶의 보편적인 추동력으로서 "극복, 완전성, 안정성, 우월성" 등 4개의 추구 목표를 요청하며(상게서), 이것은 니체의 경우와 달리, 어린아이가 자기보다 압도적으로 우세한 어른들의 세계를 마주 대하면서 겪을 수밖에 없는 자연스러운 열등감이 그 발원지다(참조: 상게서 1966, 73). 그리고 실제로 아들러가 파이힝거(Vaihinger)의 『알스-오프의 철학』(*Philosophie des Als-Ob*)에서 — 진리는 생활 목적에 유용한 허구라는 의미에서 — 영감을 얻어 공표한 바와 같이, 건강한 사람이나 신경증적인 사람이나 모두 그들의 삶의 기초를 "허구" 위에 세우고, 삶의 목적을 찾아가기 위한 방향정위의 지침으로 이것을 활용함으로써, "목적 달성을 통해 자기우월감을 느끼거나 또는 자신의 인격을 충분히 고양함으로써 삶이 살 만한 가치가 있는 것으로 체험된다"는 것이다(상게서 74). 그와 같은 삶의 목표 가치의 "배열"과 그에 따라서 결정되는 바 권력과 우월성을 추구함이 병적인 것은 오직 그것이 신체적 열등성 또는 매정하고 거부적인 환경에 의해 조성된 열등감에서 분출되고, 그 어린아이 스스로 비생산적이고 공격적인 형태로 힘을 과시하거나, 아니면 그 허구들을 현실 자체로 간주하면서 자기기만 속으로 도주해 버리는 경우에만 해당된다(참조: Lück

1996, 109 이하). 그와 같이 비현실적이고 부적응적-경직성의 판타지 형태로 나타나는 "잘못된 보상"은 현실적 문제 해결에서, 그리고 특히 인간관계의 갈등에 대처함에 전혀 유용하지 못하고 파괴적이기까지 하며, 이 점에서 문화와 사회에서 전반적으로 인정받는 생활 목표와 생활 방식과 차이를 보인다. 이와는 반대로, 건강한 생활양식 또는 건강한 인간상에 대한 판단 기준이 되는 것은 열등감과 상보적인 공동체적 소속감이며, 이것은 '이웃'과 '직업'과 '사랑'의 세 가지 중심적인 생활 영역에서 수행되는 생산적인 교제 관계에서 명백히 드러난다(참조: Adler 1973, 45).

개인심리학적 치료의 일차적 목표는 인간으로 하여금 자신의 과도한 열등감을 감소시킴으로써 비생산적인 공격성이나 백일몽으로 도피함 대신에, 자신의 삶의 과제와 창조적 관계를 형성해 갈 용기와 자신감을 얻도록 돕는 것이다. "오직 용감하고, 자신감 있고, 세상 현실에서 안정감을 누리는 사람들만이 삶의 여러 장점을 누릴 때와 마찬가지로, 삶의 어려움 속에서도 상황을 이용하는 능력을 발휘한다."(Adler 1978, 19) 아들러가 치료에 대한 격려책으로서 "진지하게 받아들임, 수용적 태도, 이해심, 공감, 형평성, 그리고 협력적 관계 형성을 치료 수행에 필요한 기본 원칙들로 천명함으로써 그는 새 시대의 치료가 나아갈 방향에 대한 근본적인 통찰을 예비해 주었다."(Heisterkamp 1984, 142) 치료 과정에서는 격려를 위한 이러한 직접적 방법들 외에도 사회적 훈련과 공동체적 소속감의 강화 방법도 적용되어야 한다. 왜냐하면 사회적 소속감의 증가에 상응하여 열등감이 감소하기 때문이다: "사회적 부적응으로부터 열등감이 성장하는 만큼, 사회성 훈련은 우리 모두가 자신의 열등감을 극복하도록 도울 수 있는 가장 근본적인 방법으로 간주될 수 있다."(Adler 1978, 32) 프로이트는 자신의 유물론적 관점에서 인간 삶의 의미와 가치가 결코 "객관적" 대상으로 확인될 수 없고, 따라서 그와 같은 형이상학적 물음은 심리치료 보다는 도리어 종교가 담당해야 할 것으로 생각한 반면에, 아들러는 자신의 긍정적 인간관에 근거하여, 인간들 각자는 자연적으로 형성되는 공동체적 소속감의 강화에 힘입어서 사회적 가치와 도덕적 행동방식을 배울 수 있고 또한 치료와 회복도 가능하다고 본다. 교육학적 경향이 강한 개인심리학자들은 응용 윤리학의 관점에서도 강한 윤리적 개입의 요구를 꺼리지 않으며, 이로 인해서 환자를 조작적으로 다룬다는, 내가 보기에는 적절치 않은 비난을 받았다(참조: Heisterkamp 1997, 142). "교육과 환경이 미처 하지 못한 것을 경험 많은 정신과 의사가 환자에게 뒤늦게 공급해 주라는 것이다: 의사는 환자에게 환자 자신의 소망과 욕심과 희망을 인간 공동체의 (더 나쁜 부분이 아니고) 더 좋은 부분과 합치하도록 계획하고 실천하도록 가르쳐 주어야 한다는 것이다."(Mackenthun 1997, 130 이하) 그 때문에 환자의 모든 감정과 지각과 사고에 제약을 가하는 무의식적인 삶의 계획이 밝혀지고 그가 속한 공동체의 도덕적 원칙들에 비추어서 비판적인 검열과 수정을 거치지 않고서는, 단지 격려 한 가지만으로는 아무런 회복 효과를 거둘 수 없다. 치료 대상을 찾아 과거로 파고드는 정신분석학의 치료는 위기 상태에 빠져 비생산적으로 되어버린 과거를 해석하고 정화시키는 방향으로 해명해 냄으로써 이미 그 치료 목표에 도달한 듯 보이지만, 치료 방향을 미래로 잡는 개인심리학자는 "환자와 함께 미래를 위한 새로운 행동방식을 개발하고 몸에 익히도록 훈련해야 한다는 의무감을 가지게 된다."(Ringel 1984, 27) 아들러는 자신이 개발한 '격려'의 교육학적-심리교사적(pädagogisch-psychagogisch) 처방들을 제시하고 사회적 가치 수용을 요구함으로써

의심의 여지없이 "초기 자아심리학자"(früher Ich-Psycholog)로서의
면모를 나타냈으며(Elhardt 2001, 166), "무의식적"이란 단어는 거의
더 이상 사용하지 않음으로써 심층심리학으로서의 자격 여부가 문제시
될 위기에 빠지게 되었다. 경직되고 비생산적인 생활방식은 그 기저에
자리 잡고 있는 불안, 열등감, 절망 같은 정서적 고통이 밖으로 표현되
도록 이끌어 줌으로써만이 활력과 본래적 자유를 회복하면서 창의적
자기변화로 나아갈 수 있다. 이런 이유 때문에, 개인심리학자들은 (무
의식을 다루는) 심층심리학으로부터 (의식을 다루는) 표층심리학으로
의 전면적인 전환에 대해서 정당한 이유를 가지고 경고하지만(참조:
Ringel 1984, 29), 그러한 전환이 아들러의 의도가 아니었음은 명백하
다: "의식과 무의식은 함께 같은 방향을 향해 나아가며, 흔히 사람들이
가정하는 것과 달리, 결코 상호 간에 꼭 반대를 일으키는 것도 아니다.
오직 중요한 것은 의식과 무의식 양쪽 움직임들의 공통된 목적과 목표
가 무엇인지를 알아내는 것이다."(Adler 1987, 28)

아들러와 마찬가지로, *카를 구스타브 융*(Karl Gustav Jung)도 다른
모든 것을 압도하는 의미를 성적 욕망에 부여한 프로이트의 도그마를
거부한 결과 이분법의 갈등에 빠지게 되었으며, 그 대신에 그 자리에
넓은 의미로서 보편적 생명력을 지칭하는 '리비도'(Libido)를 놓고,
아들러처럼, 그도 정신적 삶에 대한 단호한 전체론적 고찰을 전개한
다: "도대체 정신과 인간의 인격을 단지 여러 조각으로 분할하여 취급
한다는 것은 실제로 불가능하다."(Jung 1995, 104) 그는 다시금 무의
식에 더 큰 의미를 부여하면서 그것을 더 확장된 개념으로 발전시킨다.
그에 따르면, 한 개인에게서 억압의 결과로 형성된 "개인적 무의식" 외
에도 개인을 초월하는 "집단적 무의식"이 모든 인간의 공통적인 정신

적 토대로서 존재한다. 이 집단적 무의식에 내재하는 선천적인 "원형"
(Urbilder) 또는 "고태형"(古態型, Archetypen)은 문화권마다 전승해
온 신화와 개인적 꿈 체험에서 항상 다시 나타나며, 인간의 생각과 느
낌의 공통된 기본 형상들로서 인간적 삶의 문제 극복과 성취에 기여한
다. 프로이트와 거리를 두면서, 그는 자신의 학설을 "분석적" 또는 ―
더 정확하게 ― "관념복합적 심리학"(Komplexe Psychologie)이라고 부
른다. 왜냐하면 "개체화"를 치료 목표로 잡음에서 개인적 무의식의 내
용과 집단적 무의식의 내용이 상호 보완적으로 통합될 것이며(상게서
1990, 38), 그 외에도 환자의 사회문화적 주변 환경이 함께 시야에 들
어올 것이기 때문이다. "세계는 (개인 차원을 넘어서는) 초개인적 소여
성(주어진 여건)이며, 개인주의적 관심사에만 초점을 두는 심리학에게
는 정당하게 다루어지거나 평가될 수 없다."(상게서 1990, 104) 융의
방법론은 목적론적 개인심리학의 치료 모델과도 비교 가능한 것으로
서, 정신적 장애를 일으킨 오래전 과거의 충격적 상처의 배경 원인을
적발해 내는 일에 중점을 두는 것이 아니라, 미래를 열어 갈 인격의 새
로운 발전 전망을 찾아냄에 중점을 두며, 여기서 "개체화 과정"이 의미
하는 것은: "개체(Einzelwesen)로 되어 가는 것이며, 우리가 개체성
(Individualität)을 우리의 가장 내면적이고 최후적이며 비교 불가능한
유일무이적 고유성으로서 이해하는 그런 의미에서의 *고유한 본래적 자
기됨*"(zum *eigenen Selbst werden*)을 의미한다."(상게서 1990, 59) 개
인심리학의 목표는 현실과 분리된 부적응적 생활방식의 교정이며, 이
런 생활방식은 환자의 의식적 삶과 무의식적 삶 모두에 부정적인 영향
을 끼친다고 보지만, 반면에 융은 그런 병적 상태의 원인을 "의식적으
로 취하는 태도와 무의식적으로 가지고 있는 경향성 사이의 불일치
(Diskrepanz)에서 찾는다. 이러한 분리(Dissoziation) 상태는 무의식

내용들의 동화(Assimilation)를 통해서 서로 연결된다."(상게서 1995, 32) 융의 치료 프로그램은 결코 대부분 사적 영역에서 수행되는 무의식적이고 억압된 소원이나 약점("그림자")들의 의식적 편입에서, 또는 우리 자신에 내재하는 서로 반대되는 측면이나 기능들의 (예를 들면 외향적 기질과 내향적 기질, 남성형 "아니무스"와 여성형 "아니마") 화합에서, 또는 ("현명한 노인" 또는 "위대한 어머니" 등) 중요한 원형들과의 대결에서 멈추지 않는다. 왜냐하면 그의 치료 프로그램은 도리어 "고백-해명-교육-변화"의 네 단계를 거쳐서 진행되기 때문이다. 그의 견해에 따르면, 환자는 "그 개념의 가장 충족된 의미에서 다른 궤도로 '옮겨져야' 하기 때문이며, 이것은 오직 교육자적 의지를 통해서만 수행될 수 있다." 이런 점에서 볼 때, 아들러와 함께 융도 역시 프로이트를 넘어선다. 그런 의미의 '밖으로 이끌어 냄' 또는 '위로 끌어올림'(Er-Ziehung)은 "통찰을 얻고 난 후, 이제는 정상적인 삶의 길로 찾아 나서려는 환자의 욕구"를 통해서 정당화된다(1991, 23). 그러나 그도 마찬가지로 역사-문화적으로 전승되는 도덕적 가치를 자신의 치료법을 위한 교육자적 규범으로서 전제하는가?

프로이트는 그 어떤 윤리적이고 세계관적인 입장들에 대해서도 거리를 두었으며, 철학도 단지 사변에 그치는 것으로서 그에게는 불신의 대상이었던 반면에, 아들러와 마찬가지로 융에게도 이것은 확고하다:

세계관적 논쟁은 심리치료가 스스로 필연적으로 받아들여야 하는 과제이며, 모든 환자가 다 어느 원칙적인 문제에까지 꼭 나아가지는 않는다 해도 마찬가지다. 모든 측량의 기준이 되어야 할 척도에 대한 물음과 우리의 행동을 결정할 윤리적 판단 기준의 물음에 대해서는 어떻게든 답이 있어야 한다. 다시 말해서, 심리치료의 기술은 심리치료사 자신이 진술 가능하고, 신뢰할 만하고 방어할 만하며, 최종적이고 가장 심오한 의미에서 포괄적인 그러한 신념을 소유하고 있으며, 그의 이 신념이 심리치료사 자신에게서도 신경증적 분리 증세를 해소하거나 중지시킴으로써 그 유용성이 증명될 것을 요구한다 … 나는 우리 심리치료사들 자신이 당연히 원래 철학자이거나 철학적 의사이어야 함을, 또는 더 나아가서 우리가 그것을 인정하려 하지 않으면서도, 우리는 이미 철학자라는 것을 감추어 둘 수는 없다.(상게서 1995, 89)

좀 더 정확히 관찰하면, 융이 대체로 "세계관"으로서 언명한 윤리적 신념은 아들러가 말하는 "생활방식" 대신에 우리의 의식적 체험과 무의식적 체험을 구성하는 것으로서, 종교적일 수도 또는 실용적이며 또한 철학적일 수도 있다. 그는 "세계관"이 "개념적으로 서술된 내면적 태도"로서 이해되기 원하며, 여기서 "내면적 태도"(Einstellung)는 "하나의 심리학적 개념으로서, 목적 또는 소위 말하는 상위표상(Obervor-stellung)을 지향하는 정신적 내용들의 특별한 위계를 가리킨다."(상게서 1991, 185) 융에 의하면, 모든 심리적 장애는 의식과 무의식 사이의 분열(Dissoziation)의 결과로서 일어나지만, "세계관을 통해 정당화된 가치 범주들이 존재하고, 이것들이 무의식의 분석에서 드러난 성향들을 때로는 촉진하고, 때로는 억제하면서 환자의 생활계획에 편입되어야 할 것이므로"(상게서 1995, 127), 의식적 성향과 무의식적 성향 사이의 화해로서 실현되는 치유는 오직 윤리적 신념의 변화와 조정을 통해서만 가능하다. "잘못된" 주관적 가치관은 일반적인 가치 범주들과 신념들의 관점에서 극복되어야 한다. 왜냐하면 억제되고 통합되지 못한 무의식의 영역들은, 그것들이 공동체 안에서 "비밀에 붙여지는" 한,

결코 우리의 정신에 해를 입히지는 않기 때문이다(상게서 1991, 14).
비록 한 집단의 공통된 신화적-종교적 근본 신념이 오래전부터 그 영
향력을 상실함으로써 공동체적 제식의 "억압"(Verdrängung) 효과는
전적으로 쓸모없어 보임에도, 융은 모든 종교를 "정신적 치료체계"로
서 칭송하고(1995, 129), 집단적 무의식에 내재하는 원형들에 대해서
재숙고할 것을 권면하며, 이 원형들이 모여서 "수백만 년 동안의 경험
들이 합류되고 응축되면서 자연스럽게 형성된 세계상"을 형성한다고
본다(1991, 206): "모든 종교에 대한 나의 관계는 긍정적이다. 환자들
의 꿈과 환상을 통해서 내가 알게 된 형상들을 나는 종교가 가르치는
내용 안에서 재발견한다. 종교가 가르치는 도덕에서 나는 내 환자들이
겪어 내야 하는 정신적 역동성에 대처하는 올바른 길을 찾기 위해서 자
력으로 만들어 내거나 영감을 통해 발견하는 대응책과 같거나 또는 비
슷한 시도들을 확인한다."(상게서 54) 심리치료와 인간의 세계관적, 윤
리적 문제들 사이의 긴밀한 연관성을 융이 올바르게 인식했으며, 근본
적인 관점에서 우리 시대의 호모 *사피*엔스에게도 자동적으로 작동하는
세계관적 전제들에 대한 개념화된 숙고가 요구되고 있기는 하지만(참
조: 상게서 187 이하), 모든 원시적-신화적이고 종교적인 체계들에 대
한 그의 평등주의적 열광은 계몽주의적 합리성 이전으로의 복귀라는
의심을 불러일으킨다(참조: Fromm 1995, 10).

심층심리학의 이 세 가지의 고전적 체계들로부터 벗어나서 실존적-
인본주의적(existenziell-humanistische) 치료법들에게로 우리의 관심
을 돌려본다면, 한편으로는 무의식이, 아들러의 경우처럼, 여기에서도
부분적으로는 완전히 시야 밖으로 사라지며, 또 한편으로는 자신을 둘
러싼 구체적 환경과 사회적 맥락 속에 존재하는 건강한 인간에게로 관

심이 집중된다. 흔히 말하듯, 이 "현대 심리치료의 완전히 새로운 근본입장"(Dienelt 1973, 40)은 의심의 여지없이 철학의 두 방향인 현상학과 실존철학을 상대로 폭넓은 전선에서 펼쳐진 논쟁을 통해서 작동되었다. 그럼에도 여기에서도 융의 심리치료와, 그리고 무엇보다도 특히 아들러의 치료 모델과의 일치점들은 간과될 수 없으며, 이 점에 대해서는 본 장의 마지막 부분으로 다루어지는 심층심리학적 치료 프로그램의 유형학적 성격 규명에서 자세히 밝힐 것이다. 후설의 현상학적 방법론이 제시하는 "본질직관"(Wesensschau)은 하이데거로 하여금 인간 존재의 새로운 근본규정을 제시하도록 자극하였을 뿐만 아니라, 하이데거의 중계를 거쳐서 정신의학자이며 프로이트학파였던 루트비히 빈스방거(Ludwig Binswanger)로 하여금 새로운 치료 방향을 개척해 나가도록 한 추진력이 되었다: 이제 우리의 첫 관심 대상은 "현존재분석"(Daseinsanalyse)이 되어야 마땅하다.

현존재분석은 그 자체의 요구에서 보면, 정신분석학의 근간이며 데카르트적–자연과학적 토대 위에서 "그것"(Es), "나"(Ich), 그리고 "초월적 나"(Über-Ich, super ego)의 세 심급들로 체계화된 "초심리학"을 철학적 인간학으로 대체시킴으로써 고전적 형태의 정신분석학을 극복하려 한다. 하이데거의 『존재와 시간』이 제시한 현존재분석으로부터 빈스방거가 철학적 인간학을 재구성하려 할 때, 그는 하이데거의 근본존재론을 인간학적으로 잘못 해석한 것으로 보이며, 그런 와중에 그 자신도 비판자들을 상대로 줄곧 그것을 "생산적인 오해"라고 말해 왔다 (참조: 1993, 4 이하). "존재자적"(ontisch)인 것, 즉 현사실적으로 "존재하는 것"과 "존재론적"(ontologisch)인 것, 다시 말해 존재와 그 구조를 다루는 학설에 관한 것 사이의 차이는 논쟁의 여지없이 누구에게나

부과되는 과제다: 정신의학자인 빈스방거는 특정 현존재의 현사실적 형식 또는 그 변화 과정의 병리학적 전환에 관심을 가졌던 반면에, 근본존재론자인 하이데거의 우선적인 관심사는 인간 존재의 선험적이고 불변적인 구조 그 자체였다. 인류학은 확정 가능한 인간의 본질과 인간 고유의 속성들을 탐구하지만, 그와는 달리 하이데거는 그보다 훨씬 더 근본적인 차원에서 존재의 의미에 대한 물음을 제기하며, 이 물음에 대해서 그는 인간 특유의 존재방식에 주목하여 — 즉 유일하게 자기의 존재와 관계 맺는 존재자로서의 존재방식에 주목하여 — 해답을 찾으려 한다. 여기에서 그는 "실존범주들", 즉 인간 현존재의 구조로서 작용하는 염려, 역사성, 또는 불안과 마주친다. 빈스방거의 "생산적인 오해"는 그 자신의 설명에 따르면, 이 "실존범주들 그 자체로서, 그리고 존재론적인 것으로서가 아니라, 단지 우리의 탐구를 이끌어 갈 — 그리고 가장 효과적이기도 한 — 범주적 길 안내로서만 이해한다"는 것이다 (1993, 5). 더 나아가서 그는 "우리 자신의 탐구를 위한 실존론적 분석론은 오직, 그리고 또한 우회할 수 없는 존재론적 근거와 지반을 형성한다. 이 분석론 자체는 철두철미하게 오직 특정의 실존적 현존재 형식들과 현존재의 변화 과정들만을 다룬다"고 밝힌다(1992, 237). 존재론적 현존재분석론(ontologische Daseinsanalytik)과 존재자적 현존재분석(ontische Daseinsanalyse) 사이의 차이가 절대적으로 신중히 다루어져야만 하는 경우라 할지라도, 여기에서 서로 독립적인 이 두 영역 사이의 구별을 애초부터 전제하고 나아간다는 것은, 현존재분석가인 메다르 보스(Medard Boss)에 의해 조직되었고, 취리히에서 개최된 "졸리콘 세미나"(Zollikoner Seminaren)에서 하이데거도 분명히 말했듯이, 다시금 하나의 오해 사례가 될 것이다: "실존범주들"은 정신의학에서 수행하는 현존재분석적 고찰에 아무런 자극이 되지 못한다. 오히려

그것들은 바로 그 정확한 내용이며, 바로 그것들도 함께 어느 특정 인간의 불안 상태에 대한 구체적인 서술 내용을 결정한다."(1987, 255) 이로써 실존범주의 의미는 전적으로 "이중적"이어서 근본존재론의 차원과 존재자적-인간학적인(ontisch-anthropologische) 차원을 모두 보여 주며, 그래서 근본존재론은 존재구조의 해명(Klärung der Struktur des Seins) 외에 (예비적 단계의) 인간학의 기능도 마찬가지로 훌륭하게 감당할 수 있을 것이다: 그러나 이에 반하여 루크너(Luckner)는 정당한 물음을 던진다: "만약 근본존재론이 현존재와 다시 재결합되지 않으며, 거기에 모든 인간학적 시도들과 마찬가지로 아무런 방향정위도 제시하지 못하고, 담론 영역을 열어 주지도 못하며, 효과적인 사고 가능성을 제시하지도 못한다면, 도대체 무엇 때문에 근본존재론이 필요한가?"(1995, 96) 마침내 사람들은 『존재와 시간』에서도 다음의 구절을 읽게 된다: "하나의 가능한 인간학을 위한 의도에서, 또는 존재론적 기초 세움을 통해서, 다음의 해석은, 비록 비본질적이지는 않은, 단지 몇몇의 '조각들'만을 제시할 뿐이다."(1986, 17)

하이데거의 실존범주를 인간학적으로 적용한 빈스방거에게는 — 꼭 완전히 잘못된 적용이라고만 볼 수는 없지만 — 그 외에도 남이 보기에 괴로운 다른 잘못도 저질렀다는 주장이 있으며, 그것은 "불안"과 "염려"의 우울한 관점들에 추가로 "사랑"을 인간 현존재의 본질규정으로서 보완했다는 것이다(참조: Binswanger 1993, 61). "사랑"을 하이데거에서의 "보살핌" 개념의 구조적 요소로서 '타자를 위한 자기-제공'(Sich-Freimachen für den anderen)의 의미로 포함될 수 있다고 인정해 주는 경우라 할지라도(참조: Heidegger 1986, 121 이하), 원칙적으로 하이데거는 그의 실존론적 분석론을 위해서 완전함을 요구할 수도 없고, 그 분석을 — 비본질주의적 방식으로 — 종결지을 수도 없다: "도대체 '염려'가 실제로 현존재의 근본구조라는 것을 어디서 알 수 있는가? 그가 소위 '예비적' 분석이라고 이름 붙인 것이 그래서 확정되어야 하며, 다시 말하면: '근원적으로 해석'되어야 한다. 거기에는 여러 가지 가능성이 있을 것이며, 하이데거는 그중 하나를 선택한 것으로 보인다."(Luckner 1995, 94) 현상학적 탐구 수행이 여기에서 그 한계에 부딪혔으므로, 현존재의 기초존재론적 구조를 두고 본질적인 것과 비본질적인 것을 구별함은 단지 독단적 교설로서만 가능할 것으로 보인다. 현존재분석론의 원칙적이고 개념적인 문제들이 안고 있는 이 어려움들에도 불구하고, 현존재분석이 추구하는 치료적 목표는 인간 현존재의 구조적 계기들에 대한 해명의 도움으로 환자에게 자신의 감추어진 삶의 가능성들에 대한 이해를 열어 주며, 이 가능성들을 향해서 나아갈 수 있도록 환자의 정신병리학적이고 세상과의 연관성이 최소한으로 축소된 존재방식에서 그를 해방하는 것이다. 정신의학의 임상적 징후학 대신에 세계 안에서, 그리고 세계와 함께 일어나는 인간의 역사적 현존재 수행(Daseinsvollzug)에 대한 현상학적-해석학적 분석이 시행되며, 이 과정에서 병적 상태는 건강한 상태에 비추어서 해석된다: "모든 병적 상태가 건강한 상태의 결핍이라면, 병적 상태는 본질적으로 그리고 항상 건강한 상태에 상관적이다. 그러므로 모든 병적 상태는 항상 오직 건강한 상태를 기준으로 해서 파악된다. 결코 그에 반해서 건강한 상태가 여러 가지 결핍 상태로부터 구축될 수는 없다. 결핍 상태들 각각은 모두 건강한 상태로부터 뭔가를 빠트린 상태들이기 때문이다."(Boss 1999, 41) 병은 단지 생물학적인 문제이거나 또는 정신적 기능 장애가 아니라, 주변 세계와의 (사회적) 관계가 방해받거나 심히 제한됨으로써 일어난 실존적 문제다: 의학적-자연과학적 관점에서,

예를 들어 사타구니 탈장으로 진단 내려질 때, 그 해당 환자는 원래부
터 복막 뒤집힘으로 고통받는 것이 아니라—현존재적 관점에서 볼 때
—그의 생활세계적 상황이 침해받게 되어, 예를 들면 그의 아들과 더
이상 같이 놀 수 없거나, 건설 노동자로서 자기 직업을 더 이상 수행하
지 못함에 고통받는다(참조: 상게서 525 이하). 마찬가지로 언행에서
과장되고 허황됨, 괴팍함, 일부러 꾸며 댐 등과 같은 정신적 장애들은,
빈스방거에 의하면, "인간적 현존재의 실수나 실패의 양태들로서 고
찰"되며, 이들의 공통된 징후를 만들어 내는 것은 "세계-내-존재"로서
의 현존재의 진정한 역사적 활동성의 "정지" 또는 "종말에 다다름"이
라고 본다(참조: 1992, 237 이하). 현존재분석적 치료가 환자를 그 자
신의 고유한 세계연관성과 행동가능성으로 인도할 수 있는지 여부는
본질적으로 의사와 환자 사이의 신뢰 관계와 실존적 소통의 질에 따라
결정되며, 의사와 환자는 프로이트식의 번역적 해석 상황(Übertra-
gungssituation)을 벗어나 함께하고 배려하는 상황에서 사랑의 마음으
로 만난다:

> 심리학의 대상은 현존재가 자신과 펼치는 놀이이며, 특히 그것이 사랑의
> '객관성' 안에서 인식되는 한 그렇다. 심리학적으로 인식하는 사람은 현
> 존재의 놀이를 단지 '응답하면서' 함께 수행할 뿐만 아니라, '책임감을 가
> 지고' 함께 결정을 내려야 함을 우리는 보았으며, 이 주장은 그가 당신 혼
> 자만이 아니라 당신과 함께 그도—서로 사랑하는 '우리'로서—결정함 또
> 는 판단함에 동참해야만 함을 의미한다. 따라서 심리학적 판단은 단순한
> 판단 그 이상이다. 즉 '내면의-정립'(Ein-Bildung), '내면의-변화'(Ein-
> Wandlung), 그리고 그로부터 생성되는 책임 있는 행동이다.(1993, 511)

무의식에 대해서는 현존재 분석가들이 명시적으로 하나의 독립된 주제로서 다루지는 않았지만, 그래도 무의식은, 예를 들면 인간의 "유쾌함" 또는 신체적 고통이나 위기 상황을 통해서 체험되는 "불쾌함" 안에 존재하며, 감정의 정조 변화와 허락된 또는 금지된 세계연관성들에 대한 합리적 선택을 책임진다(참조: 상게서 1992, 44 이하).

   빅토르 프랑클(*Viktor Frankl*)의 "실존분석"(Existenzanalyse)이 영어, 프랑스어, 스페인어 번역 모두에서 동일하게 발음되며, 따라서 "현존재분석"(Daseinsanalyse)과 일치하는 듯 보일 수도 있는 반면에, "실존분석"과 밀접한 연관성을 가지고 발전된 그의 "로고테라피"(Logo-therapie)의 치료 방법론은 이미 개념적으로도 근본적 차이를 분명히 드러내 보여 준다: 현존재분석은 자세히 보면 하나의 완성된 치료 개념을 포기하였고, 또한 성공적인 치료 효과의 사례도 별로 제시할 것이 없음에 반하여(참조: Wyss 1991, 415), 실존분석은 한 개인의 구체적이고 역사적인 현존재연관성(Daseinbezug)에 대한 현상학적 실존해명(*Existenz*erhellung)은 강조하지 않고, 오히려 그와 같은 개인적 실존방식의 의미가능성(Sinnmöglichkeiten)과 가치연관성(Wertbezüge), 즉 *의미*해명(*Sinn*erhellung; 그리스어로는 logos)을 강조한다. 현존재분석과 마찬가지로, 실존분석 역시 "프로이트의 근본 입장으로부터 벗어나려는 더 크고 더 포괄적인 시도들 중 하나로서 고찰될 수 있다."(Dienelt 1973, 44) 프로이트가 첫 번째 비엔나학파의 창시자로서 과거와 인과성에 집중했으며, 개인심리학자 아들러는 두 번째 비엔나학파의 대표자로서 미래와 목적성에 주목했다면, 이에 반하여 이 연속적 발전 단계에서 프랑클은 제3의 비엔나학파 창설자로서 '무시간적-초시간적'(Zeitlos-Überzeitliches)인 것을 위해 헌신했다고 요약할 수 있다. 따라서 그가 인간 실존의 상층부를 가치 차원의 형태로 끌어들임으로써, — 사실 그것은 이미 아들러에게서 가시화되었다 — 그는 자신의 심리학적 발상을 위해 "상층심리학"이라는 명칭을 요구하였으며, 이로써 유물론과 범성욕설에 사로잡힌 프로이트의 "심층심리학"에 대조시켰다(참조: 1994, 17 이하). 동시에 그는 어떤 경우에도 "쾌락 추구 의지"(Wille zur Lust)의 자리에 "의미 추구 의지"(Wille zum Sinn)를 대신 끌어들이지는 않음으로써, "상층심리학"은 "심층심리학을 보완해야 마땅한 것이지, 그것을 대신할 수는 없음"을 분명히 했다(상게서 1997, 41). 그는 아들러를 "실존적 심리치료의 선구자"로서 인정하면서도(상게서 1994, 249), 한편으로는 신경증에 대한 자신의 학설을 가지고 아들러와는 분명히 다른 입장을 취한다. 즉 정신적 장애가 항상 그리고 단지 환자가 자신의 열등감을 극복하기 위해서 취하는 수단 또는 "조정반응"(Arrangements)의 징후만이 아니라, 오히려 예를 들면 얼마든지 환자가 안고 있는 '의미위기'(Sinnkrise)의 표현일 수도 있다는 것이다(참조: 상게서 245). 또 다른 한편으로 프랑클이 아들러에게 제기하는 비판은, 그의 개인심리학이 인간의 목적추구적 삶의 목표로서 자기초월적 목표(selbst-transzendierende Ziele) 대신에 단지 정신 내적인 목표들만을 고찰 대상으로 삼는다는 것이지만(참조: 상게서 252), 아들러가 인간 삶의 근본적인 목표 영역들로서 밝혀낸 세 가지 조건이 이웃과의 인간관계, 직업, 그리고 사랑임을 감안할 때, 그의 비판은 초점이 빗나간 것이다. 마지막으로 실존철학에 관련해서 본다면, 실존주의 철학자들은 프랑클의 저작에서는 단지 주변적으로만 다루어질 뿐이며, 모든 사람의 기대와 달리, 그는 무엇보다도 먼저 그 명칭을 차용한 것으로 보인다(참조: Wiesenhütter 1979, 85): "실존분석"의 조어 과정에서 실존은 "존재양식"을 의미하며, 더 자세히 말해서 특히 인간으로서 존재함의 고유한 특징들을 가리킨다. 인간 현존재의 특별한 이 존재양식을 위해서 당대의 철학은 '실존'이라는 표현을 때마침 적용해 왔으며, 우리의 '실존분석' 또는 '로고테라피'(의미치료)에서도 앞의 내용을 가리키기 위해서 이 표현을 차용했다."(Frankl 1994, 58) 다른 한편으로 그는 그의 『의미와 실존』(Logos und Existenz, 1991)의 서문에서 실존철학자들이 현존재 내부의 상호작용을 도외시한다는 이유를 들어 그들을 비판한다. 다시 말하면, 인간 실존의 "자유"와 "결단"만을 찬미할 뿐, 인간적 자유의 긍정적 "목표 대상"(무엇을 원할 자유)과 부정적 "거부 대상"(무엇을 거부할 자유)으로서의 "책임"과 "의미"에 대해서는 주의를 기울이지 않음을 지적한다. 그렇지만 바로 그 실존철학자들이야말로 자기의 본질에 앞서서, 즉 자신의 본질규정과 가치 선택보다 먼저 전제되는 자신의 실존에 대한 책임을 열정적으로 요구한 당사자들이며(참조: Sartre 1989, 12, 18 이하), 아울러 그들은 실존하는 세계-내-존재(In-der-Welt-Sein)의 자기-기투(Sich-Ent-werfen)에서도 목적과 이유("무엇-때문에"; Worum-Willen)를 제시할 것을 요구한다(참조: Heidegger 1986, 143 이하). 하이데거의 전문 용어인 "실존범주"에 적응하면서(참조: Frankl 1997, 71), "정신성", "자유", 그리고 "책임"이 인간 현존재를 구성하는 실존범주들로서의 역할을 수행한다(참조: 상게서 1994, 72).

프랑클은 인간을 '자극-반응-자동기계'로 격하시키는 행동주의의 환원주의적 모델도, 그리고 인간을 '욕구충족기계'로 격하시켜 버리는 정신분석학도 배척하고, 현존재분석가들과 함께 온전한 인간상을 구현해 내려는 근본적인 관심사를 실현시킴에 동참한다. 그는 임상 현장의 경험 자료들로부터 출발하면서 일종의 "정신치료적 인간학"(psycho-

therapeutische Anthropologie)을, 즉 인간에 대한 "임상초월적 이론"
을 발전시킨다. 왜냐하면 실존분석은 "단지 존재적 실존을 설명함에
그치는 것이 아니라, 실존이 무엇인가에 대한 존재론적 해석을 의미하
기 때문이다."(1994, 59) 비록 "로고테라피"에서 "로고스"(Logos)는
"의미" 또는 "정신적인 것"을 가리키며, 단지 "심리적인 것"에 대해서
는 자기발견적 깨달음의 관점에서 반대되는 것으로서(참조: 상게서
58), 일방적인 합리주의나 관념론을 표방한 듯 보이지만, 거기에는 특
히 유의할 점이 두 가지 있다: 한편으로 여기서 말하는 "정신적인 것"
은 결코 프로이트의 "무의식적인 것"과 대립적인 것으로 볼 수는 없다.
왜냐하면 오히려 무의식적인 욕구들 외에도 그와는 독립적으로 존재하
는 '무의식적인 정신성'(unbewusste Geistigkeit)에게도 주의를 기울
여야 하며, 실존분석도 "결국은 의식되지 못한 정신적인 것을 의식화
하는 것"이기 때문이다(Polak 1949, 12). 둘째로 정신적인 것은 프랑클
에 의하면, 인간에게 고유한 차원을 이루는 것이며, 그 이유는 인간의
실존(Ex-sistenz), 즉 자기-자신-밖으로-나감(Aus-sich-selbst-Her-
aus-), 그리고 자기와-마주 섬(Sich-Gegenübertreten)은 필연적으로
정신 안에서 일어나는 사건이지만, 정신이 전적으로 인간 존재의 유일
한 차원은 아니다. 원칙적으로 "인간은 육체적-영적-정신적 통일체이
고 전체성"이며, 거기에서 정신적 차원 없이 단지 영적-육체적 종합만
으로는 결코 인간의 전체성을 이루지 못한다는 것이다:

> 인간에게 영적-신체적 통일이 아무리 밀접하다 해도, 그것만으로는 인간
> 의 전체성을 이루지 못한다; 인간이 비록 유일하게는 아니지만, 본질에 있
> 어서는 정신적 본질로서 드러내 보이는 만큼, 그의 최종적 전체성에는 오
> 히려 정신적인 것이 포함되며, 정신적 차원이 (유일한 차원은 아니지만,

그 대신) 그의 실존의 고유한 차원을 대표하는 만큼, 정신적 차원은 인간에게는 본질적 구성 요소이므로, 이제 인간에게 이 정신적인 것은 현상학적으로 그의 인격으로서, 또는 인간학적으로 그의 실존성으로서 요약해도 될 것이다.(1994, 64)

비록 프랑클의 실존분석이 이 부분에서도 실존철학과의 연관성을 명시적으로 언급하지는 않음에도, 이 철학자는 어렵지 않게 쇠얀 키에르케고어의 『죽음에 이르는 병』(*Krankheit zum Tode*)의 유사한 구절을 상기시키며, 거기에서 인간은 정신(Geist)으로서, 그리고 정신은 자아(Selbst)로서 규정된다. 마찬가지로 인간과 인격성의 본질을 이루는 정신은 긍정적인 제3의 것, 즉 신체와 영혼 사이의 관계에서 작용하는 자기연관성(Selbstbezüglichkeit)이다:

둘 사이의 관계에서 그 관계 자체는 부정적인 단일체(negative Einheit)로서 제3자이며, 그 둘 각각은 그 관계에 대해서 행동하며 또한 그 관계 안에서 각각 상호 간의 관계에 대해서도 행동한다; 따라서 영혼에 대한 의미 규정 아래에서 영혼과 몸 사이의 관계도 하나의 관계다. 반면에, 관계가 자기 자신에 대해서 관계를 가진다면, 이 관계는 긍정적인 제3자이며, 이 것이 자아다.(1991, 13)

프랑클의 실존분석은 이 인간 고유의 정신적 차원에 우선적으로 관심을 기울이며, 그는 이 차원을 인간의 가장 본질적인 욕구의 출처로 잡는다: 즉 그동안 수차례에 걸쳐 경험적으로 검증된 "의미를 향한 욕구"의 장소다(참조: Frankl 1997, 42). 인본주의 심리학에 의해서 널리 증명된 동기 이론의 근본적 사실들 외에도, 검사지와 통계 자료를 통해

서 추가로 확인된 것은 서양의 수준 높은 복지사회들이 의미 결핍으로
인해서 가장 심하게 욕구불만에 시달린다는 것이다. 약간 단순화해서,
프랑클은 이러한 "실존적 진공상태"(existent-ielles Vakuum)가 "한 번
은 본능상실(Instinktverlust) 때문에, 그리고 또 한 번은 전통에 의지하
던 안정감의 상실에서 그 원인을 찾아야 하며", 이것이 "청소년 범죄의
증가와 마약 중독의 확산, 그리고 주로 대학의 젊은이들에게서 자주 일
어나는 자살 사례들"에 대해서도 책임이 있다고 설명한다(상게서 28).
더 나아가서 그는 쇼펜하우어를 직접적으로 본받으면서 기술화된 우리
시대를 점령해 가는 자동화 경향을 고발하며, 이것이 "정신병의 가장
대표적인 원인이 되었다"고 판단한다(상게서 1994, 117). 이것에 상응
하는 실존적 좌절감의 징후가 "소위 말하는 일요일 신경증과 우울증이
며, 이것은 바쁘게 돌아가는 주중의 활동성이 멈추어 버린 그 즈음에,
자기현존재의 구체적 의미에 대한 자각이 결핍된 상태로 인해서 이제
껏 추측에 불과하던 자신의 삶의 무의미성이 때마침 본격적으로 분명
해지자마자" 발발하는 것이다(상게서 118). 여기에서 우리는 다시금
당연히 요구되어야 할 실존철학의 선구자 알베르 까뮈와의 연관성이
언급되어야 함을 지적하게 되며, 까뮈야말로 의미에 대한 인간의 진정
한 욕구, 그리고 불합리하고 침묵하는 세계와 그 속에서 되풀이되는 무
의미하고 단조로운 일상에서 "인간의 조건"(condition humaine)을 직
접 대면했기 때문이다. 까뮈 자신은 다른 "불합리성의 논리"를 도출하
였지만, 그도 마찬가지로 인정하는 것은, "모든 물음 중 가장 긴급한
것은 삶의 의미에 대한 물음"이라는 것이며(1971, 9), 무의미성의 어쩔
수 없는 실재 사실로부터 도피하기 위한 자살과 의미-포기는 모두 단
호히 거부되어야 한다는 것이다(참조: 상게서 29-46). 정신의학적 관
점에서 볼 때, 정신적 의미 위기 또는 윤리적 가치관 갈등이나 양심 충

돌도 충격적인 정신적 외상이나 정신적 위기와 마찬가지로 정신적 장애와 "심인성" 노이로제를 유발할 수 있고, 모든 정신병 사례 중 이들이 차지하는 비중은 프랑클에 의하면 20%에 달하며(참조: 1997, 25), 심지어 융의 환자들 중에는 30%를 차지한다: "내가 다룬 사례들 중 3분의 1은 도대체가 임상적으로 확정 지을 수 있는 신경증과는 전혀 상관이 없었고, 오히려 자신의 삶의 무의미성과 무대상성(Sinn- und Gegenstandslosigkeit) 때문에 고통받는 사람들이었다"고 이미 융은 증언했다(1991, 64). 인간의 정신은 원칙적으로 병들 수 없으며, 정신의 모든 실존적 위기가 (심적-)신체적 질병을 초래하는 것도 아니기 때문에, 말하자면 "심신상관적 질병이 실존적 좌절감 안으로 들어와 문을 닫아걸어야 하고," 정신적-물리적 존재인 유기체에게도 함께 피해를 입혀야 한다(Frankl 1994, 149). 그러나 어떻게 그 잃어버린 삶의 "의미"가 다시 찾아질 수 있으며, 그와 함께 그 심인성 질병이 치료될 수 있을까?

"의미"란 인간의 삶에서 임의로 지어내는 것이 아니며, 환자에게 즉석에서 "처방해 줄" 수도 없고, 각각의 역사적 삶의 상황에서 환자 자신이 스스로 발견해야 하는 것이다. 의미의 특징을 막연하게 "현실을 변화시킬 수 있는 하나의 가능성"으로서 이해한다면(Frankl 1997, 59), 하나의 구체적인 의미는 원칙적으로 각각의 모든 삶의 국면에서 찾아질 수 있을 것이다. 프랑클은 형태심리학(Gestaltpsychologie)과 '형태-지각(Gestalt-Wahrnehmung)의 법칙들'에 유사하게, "의미의 요청적 성격이 어떻게 삶의 각 상황에 개입하며, 어떻게 우리의 현실 대응에 동반해 줄 것인지"에 대해서 말한다(상게서). 비록 이러한 호소적이고 상황적인 '의미'가 필연적으로 일시적이고 불안정할 수 있지만, 즉 매 순간마다 다시 다른 의미가 나타날 수 있고, 또 다른 한편으

로 각 개인마다 자신만의 세계관과 가치관을 가지고 그때그때의 상황
에 따라 다른 요구를 찾아낼 수도 있기에, 프랑클은 상대주의에 빠질
것을 염려하면서 그의 '의미-제안'의 "객관적 성격"을 강조한다(참조:
1996, 15). 그러나 이 때문에 그는 의미를 찾는 자에게 일종의 일회적
인 "본질"(Wesen) 같은 것을 가정해야 했으며, 그것을 그 개인이 (본
질은 그대로인 채) 단지 가능태(Potentialität)로부터 현실태(Aktual-
ität)로 전환해야 한다고 주장함으로써(참조: 상게서 199 이하), 그가
내세운 일반적인 반-결정론주의적 프로그램과 모순에 빠진다. 원칙적
으로 보아서 의미를 찾을 수 있는 세 가지 길이 있다고 본다면, 놀랍게
도 의미실현은 가치실현으로서 자기의 정체를 드러내고 만다: 1. 우리
가 무엇을 만들어 내거나 무엇을 실현함으로써 "창조적 가치"를 실현
시킬 수 있거나, 2. 어떤 것을 관조적으로 체험함으로써 우리 자신을
변화시키거나 다른 사람 사랑하기를 배우며, 이를 통해서 "체험가치"
를 실현시킬 수 있다. 3. 우리가 아무 도움 없이 절망적 상황에 희생당
하는 경우일지라도, 여전히 우리는 이런 상황에 대한 우리의 태도를
"태도가치"(Einstellungswert)의 관점에서 바꿀 수 있으며, 이를 통해
서 우리는 인간적으로 성숙한다(참조: 상게서 202 이하). 의미와 가치
사이의 이렇듯 납득할 만한 연계 가능성에도 불구하고, 프랑클은 의미
는 "어떤 일회적이고 유일한 것이며, 그때마다 새롭게 발견되어야 하
는 것임에 반해, 가치는 의미-보편자(Sinn-Universalien)"로서 초시간
적이며 보편적인 정당성을 가진다는 잘못된 견해를 유지한다. 그래서
"세상의 전통들이 모두 사라지고, 최후의 보편 가치마저도 없어져 버
린다 해도, 인간의 삶은 여전히 의미 있는 삶일 수 있다"는 것이다(상
게서 16). '의미탐색'(Sinnsuche)은 전적으로 각자 개인에게서 자신의
타고난 재능과 능력을 바탕으로 해서 이루어져야 함을 실존철학자들도

이미 올바르게 인식했다 하더라도, 프랑클 역시 간과하는 것은, '의미실현'(Sinnerfüllung)이 목표로 삼는 가치는 간주관적이고 사회문화적인 "객관성"이어야 하며, 그 외에도 "의미"가 경험적으로도 확고한 토대를 가지기 위해서는 간주관적 현실 검증도 이겨 냄으로써 우리가 그어떤 주관적 허구나 공상적인 의미부여(Sinnangebote)를 뒤쫓지 않도록 해야 한다는 것이다(참조: Gasiet 1981, 210 이하). 플라톤을 상기시키는 "의미와 가치의 객관적 세계"를 염두에 두면서 프랑클이 요청하는 "형이상학적 객관성" 대신에(1996, 172), 도리어 사회-역사적 객관성을 적용하여 인간적 활동과 생산물 평가에 임하는 것이 후기 형이상학 시대에서의 주관주의에 대한 더 신뢰할 만한 대책일 것이다(참조: Gasiet 1981, 215). 비록 사회적 현실이 보편적으로 인정된 가치와 세계관을 토대로 우리에게 의미 판단의 전거틀을 제시함에도 불구하고, 의미충족의 욕구를 어떻게 만족시키는가 하는 것은 각 개인이 감당해야 할 지속적인 과제로 남는다.

명목상으로 정신분석학이 본능적 욕구와 충동에 이끌리는 개인이 어떻게 현실에 적응할 것인가에 주목하며, 개인심리학은 어떻게 개인이 용기를 발휘하여 자기의 현실을 만들어 갈 것인가에 주목한다면, 로고테라피는 의미발견을 치료의 목표로 택함으로써 가치실현을 지향하는 삶의 탁월성을 온전히 새로운 벡터적 구조로서 심층심리치료에 도입했다(참조: Frankl 1994, 17 이하). 이미 아들러와 융이 심리치료적 노력을 철학적-세계관적 차원과 결합시키는 작업에 착수한 것은 사실이지만, 프랑클이 최초로 "가치부여의 필요성과 가치승인의 불가능성" 사이의 방법론적 딜레마를, 즉 심리치료사에 의한 특정 가치신념 강요의 문제를 심도 있게 다루었다(상게서 19). 로고테라피 방법론의 가장 중

심적 요소인 세계관 주제의 대화와 프랑클이 가장 선호한 "소크라테스
식 대화"에서(참조: Lukas 1998, 195 이하) 치료사는 환자로 하여금
현존재의 제3의 실존범주인 '책임의 존재' (Verantwortlichsein)로서의
깊은 자각에 이르도록 이끌어야 한다. 만약 환자가 책임성(Verant-
wortlichkeit)에 대한 호소를 듣고, 그것이 말하자면 "윤리적 한계개념"
으로서 윤리적으로 중립적임을 알게 되고, 실존적 '책임의 존재'로서
의 자기 자신을 체험하면, 그는―프랑클의 아마도 너무나 낙관적인 예
측에 의하면―자신을 위해서 올바른 "객관적" 가치가 무엇인지도 자
동적으로 깨닫게 될 것이다:

> 심리치료사의 진료에 힘입어 자신의 책임성을 자기 실존의 본질적 특성으
> 로서 깊이 자각하게 된 환자는, 그리고 나서는 자동적으로, 그리고 자발적
> 으로 자신과 자기만의 유일무이한 인격과, 자기의 단 한 번뿐인 운명의 장
> 소에 상응하는 가치부여에 도달하게 될 것이다 … 오직 그가 어떤 가치를
> 선택할 것인지 스스로 결정*한다는 것*, 그리고 그 결과에 대한 책임을 직접
> 경험한다는 것이 본질적이다.(상게서 43)

많은 환자는 자기 재량에 따라 응답하도록 제시된 질문, 즉 '*무엇에 대
해서(wofür)* 그들이 책임을 져야 한다고 느끼는가?', 그리고 이에 못
지않게 중요한, '*누구에 대해서(vor wem)* 책임을 져야 한다고 느끼는
가?' 라는 질문이 그들에게는 전적으로 과도한 부담을 지우는 것으로
다가올 수 있다. 그 외에도 내가 보기에, 한편으로는 신체와 영혼과는
독립적으로 작용하는 정신의 자기법칙성과 "저항력"을 인정하면서도
(참조: 상게서 62), 또 한편으로는 생물학적 토대로서 우리에게 선천적
으로 부여된 "양심"을 오류를 범하지 않는 "의미―기관" (Sinn-Organ)

으로서 요청하며, 그것이 우리의 의미발견의 방향과 가치부여 방식의 판단 기준을 제공해 준다고 보는 프랑클은 명백히 모순에 빠져든 것으로 보인다. 여기서 그 "의미-기관"은 가치들에 대해서는 "검정 과정을 거쳐 정통하였고, 우리 자신의 심층에 확고히 뿌리내리고 있어서, 우리가 자신을 속이지 않고 자신을 배반하려 하지 않는 한, 우리는 그 가치들에 복종할 뿐, 결코 달리 행동할 수 없을 것"이라는 입장이다(상게서 1996, 58). 만약 세계관 문제를 다루는 대화에서 무의미하고 무가치한 것으로 경험된 운명에 관련해서 어떤 태도 변경이 시도되는 경우라면, 그 뜻이 모호한 '의미-기관'을 무조건 신뢰하기보다는, '의미발견'(Sinnfindung)을 거실에서 잃어버린 바늘 찾기에 대비시킨 엘리자베트 루카스(Elisabeth Lukas)의 유비가 오히려 더 큰 도움이 될 것이라 생각된다:

1. 오직 실제로 찾는 행동을 실천하는 사람만이 그것을 발견한다. 따라서 많은 정신병 환자나 마약 복용자에게서는 '의미탐색'이 먼저 새롭게 일깨워져야 한다.

2. 많은 환자의 경우, 그들의 활동 반경과 그들의 '의미탐색'은 오랜 반복으로 익숙해진 것이나 이미 오래전에 효과가 다 소진해 버린 것에만 제한되기에, 마치 바늘 찾기의 경우에 그렇듯, 의미탐색의 공간 영역을 확장할 필요가 있다.

3. 바늘이 거실 안에 존재할까에 대한 모든 의심, 또는 절망스러워 보이는 생활환경 안에 구체적인 의미가 존재할까에 대한 모든 의심은 제거되어야 한다. 왜냐하면 '의미탐색'을 위해서는 한 인간의 모든 잠재력 전체가 투입될 것이 요구되기 때문이다(참조: Lukas 1998, 196).

로고테라피에서는 소크라테스식의 대화하기를 넘어서, "역설 의도"(paradoxe Intention)와 "탈반추"의 방법들이 활용되며, 이것들은

유머나 상상력처럼 인간이 갖고 있는 '자신과 거리 두기 능력'을 활성
화하거나, 끝없이 맴도는 순환 사고로부터 자신을 해방함으로써 자신
의 건재함을 회복하도록 돕기 위한 것이다(참조: 상게서 194 이하;
Frankl 1994, 161-184). 프랑클은 로고테라피의 수혜자로서 일차적으
로 정신적 불안정에 시달리지만 세계관 문제로 토론이 가능한 지식인
타입의 인구 층을 꼽으며, 또한 피치 못할 힘든 운명에 고통받지만, 흔
히 오직 자기의 태도가치를 실현함에만 관심을 보이는 사람들을 꼽는
다(참조: 상게서 28).

교류분석(Transaktionsanalyse)의 창시자인 에릭 번(Eric Berne)은
현존재분석가나 실존분석가들보다 훨씬 더 강하게 외부 세계에 대한
인간의 지배력 확대욕구(Ausgerichtetheit)를 자신의 치료 개념의 중심
에로 끌어들였다. 교류분석은 사회정신의학(Sozialpsychiatrie)의 영역
에 속하는 치료법으로서, 모든 성숙된 인간이 지니고 있는 세 가지 자
아-상태(Ich-Zustände)에 대한 연구도 포함하는 구조분석의 기초 위
에 세워진 것이다:

1. 부모-자아-상태(Eltern-Ich-Zustand) 또는 축약해서 "부모-자
아"는 우리가 어린아이로서 지각하고 경험하는 바와 같은 지시, 도덕
규칙, 그리고 부모의 행동 표본을 반영한다.

2. 성인-자아-상태(Erwachsenen-Ich-Zustand) 또는 "성인-자아"
라고 이름 붙이는 자아-상태는 인간이 감정을 개입시키지 않고 마치
컴퓨터처럼 자신의 환경을 객관적으로 평가하고, 자신의 과거 경험을
근거로 하여 자신의 행위 가능성을 정확히 예측하고 기대하는 주체로
서의 자아다.

3. 아동기-자아-상태(Kindheits-Ich-Zustand) 또는 "아동기-자아"

로서의 인간은 그가 두 살에서 여섯 살 사이의 연령 시기에 행동했던 것과 똑같은 방식으로 느끼고, 행동하고, 반응한다(참조: Berne 1996, 26 이하).

세 가지로 구별되는 이 기능들은 정신분석학의 '상위-자아', '자아', 그리고 '그것'의 세 심급과는 단지 외형적으로만 비슷하다. 왜냐하면 그것들 모두가 다 "자아"의 표현들이기 때문이다. 구조분석의 과제는 환자가 교류분석의 여러 과정마다에서 자신의 어느 '자아-상태'로서 임하고 있는지를 확인하는 것이며, 거기에서 대부분의 정신질환은 성인-자아를 억눌러 배제시켜 버린 부모-자아 또는 아동기-자아에 의해 촉발된다(참조: Schlegel 1979, 54 이하). 프로이트의 심급 모델과 유사하게, 오직 성인-자아만이 전적으로 긍정적이고 호의적인 부모-자아와 빈번히 파괴적인 부모-자아의 억압 밑에서 제멋대로 즉흥적으로 행동하려는 아동기-자아 사이를 중재함으로써 자율적 주체로서 "통합된 성인-자아"로 이끌어 갈 수 있기 때문에, 모든 치료는 성인-자아를 강화함에서부터 시작되어야 한다. 교류분석에서는 이러한 자아-상태들의 구조분석이 일종의 의사소통 이론의 방식으로서 적용되며, 그때그때의 상호작용에 관여하고 있는 상태들이 먼저 확인되고 상호 간의 (대등한 또는 대등하지 못한 자아-상태들 사이의) 대칭적 또는 비대칭적 의사소통 등과 같은 범주들에 의거해서 그들 사이의 교류 관계가 사정되고 평가된다. 이와 같은 방식에 의해서 결손 상태에 빠진 관계들의 전형적인 교류 유형들이 밝혀지고 서로 다른 자아-상태들의 교체가 통제되지 못한 채 일어나고 있음이 분명히 알려지고 나면, 바람직한 협력 관계나 부모-자식 관계로 나아가도록 목표가 분명한 변화들이 치료 과제로 결정될 수 있다(참조: Berne 1996, 26-36).

자아-상태들에 관한 교류분석이 그 본질에서 자아와 의식을 상대로 대화함으로써 문제를 해결하려는 것인 반면에, 역시 번이 개발한 대본분석(Skriptanalyse)에서는, 철학자들이 일반적으로 즐겨 전제해 왔던 우리의 의식적 자아의 자율성은 단지 널리 확산된 환상으로서 그 정체를 드러내고 만다: 인간은 자신의 삶을 단지 의식적으로 수년 전 또는 수개월 전에 계획을 세울 뿐만 아니라, 그의 삶은 이미 여러 해 전에 전(前)의식적으로(vorbewusst) 설계한 인생계획(Lebensplan) 또는 "대본"(Skript, Drehbuch, "시나리오", "각본")을 통해서도 말하자면 미리 설계된다는 것이다(참조: Berne 1996, 449).

> 우리 각자는 자신의 이른 아동기에 그가 어떻게 살고 죽을 것인지에 대한 결정을 이미 내렸으며, 그가 어디를 가든 항상 지니고 가게 될 이 인생계획도를 우리는 '대본'이라고 부른다. 그의 매일매일의 행동은 이성에 의해 규정될 수 있지만, 그의 가장 중요한 결정들은 그 이전에 이미 내려진 것이다: 예를 들면, 누구와 결혼할지, 몇 명의 자녀를 둘지, 어떤 종류의 상황에서 사망할지, 누가 그의 삶의 마지막 시간에 그의 곁을 지킬 것인지 등이다.(상게서 47)

아들러의 개인심리학에서와 비슷하게, 현실에 (더 이상) 적응하지 못한 자기파괴적 인생계획들이 환자와의 대화에서 재구성되고, 의식화되며, 변경된다. 교류분석에서는 사전에 프로그래밍된 병적인 인생계획의 경우, 대부분 부모에 의한 구속적 훈계나 책임 떠맡기기(예를 들면, "너, 나보다 더 잘하면 안 돼!", 또는 "너, 이 멍청아!")가 그 원인으로 지목되기 때문에, 부모에 의해 부여된 "대본강제"(Skriptzwang)로부터 해방시키기 위한 "결정적 개입"이 중심적 역할을 수행한다: 환자가 실제로 성인다운 태도를 견지하면서 자신의 파괴적 행동방식을 벗어나려는 의지를 가지는 한, 치료사는 그의 '부모-자아'와 함께 그 환자의 '아동기-자아'에게, 부모의 지시가 그에게 금지했던 바로 그것을 행하라는 명령적인 "허락"을 발부해도 좋다. (예를 들면: "네 아빠를 한 번 이겨 봐라!") 원칙적으로 인생 진로의 대본을 가진 모든 사람이 다 치료가 필요한 것은 아니고—왜냐하면 "아무 대본도 없는 인생 행로들이 다수의 예외들이므로"— 오히려 오직 부모의 압력에 밀려 일찍이, 즉 충분한 세계인식과 자기인식에 도달하기 이전 상태에서 자신의 삶의 방식을 결정해야만 했었고, 그로 인해서 자신의 능력들을 독립적으로 발전시킬 기회가 차단되어 버린 자들이 치료 대상이다(참조: Steiner 1982, 126 이하).

프로이트 이후 형성된 심층심리학적인 또는 심층심리학적 방법론을 지향하는 치료 경향들에 공통적인 특징들을 여기에서 다시 요약한다면, 단지 외적인 태도에서 볼 때 치료사-환자-관계가 양쪽 대화 파트너 모두의 정직하고 올곧은 태도에서 진행되는 협력 관계라는 것이 공통적이다. 총체적 인간상에 대한 일반적인 요청으로 인해서, 환자는 일차적으로 그의 사회적 관계성의 맥락 안에서 관찰되며, 그의 정신적 장애는 잘못된, 또는 역사-사회적 현실에 부적합하거나 자기파괴적인 생활방식으로서 고찰된다. 인간의 삶은 무의식적인 인지 구조들(인생 계획 또는 대본)의 토대 위에서 본질적으로 목적지향적이고 역동적으로 진행될 것이며, 여기에서 추동력을 제공하는 것은 더 이상 성적 욕구가 아니라, 삶을 완성시키기, 인정받기, 또는 의미실현을 향한 노력이라고 전제된다. 공동체 안으로 편입되기 위해서는 간주관적으로 함께 나누는 가치와 세계관이 필수적이므로, 많은 치료 방법론이 철학적-세계관적 대화 방향으로 기울어지지만, 그렇다고 해서 사회적 적응력 습득을 위한 행동치료적 방법이나 또는 불안감이나 열등감 극복을 위한 정신분석학적 정화 방법들도 배제되지 않는 것이 일반적인 현실이다. 근본적인 치료 목표는 결국 환자의 전(前)의식적인 삶의 틀을 재구성하고, 그것을 의식화하고 변화시킴으로써 환자의 실존가능성과 세계와의 관계 형성을 확장하려는 것이다.

2.2.3 인지심리치료의 유형들

자주 언급되는 바 심리학에서의 인지주의적 전환 이래로, 치료 영역에서도 위에서 요약한 인지주의적 패러다임(참조: 3.1, c)에 상응하여, 마음속에서 일어나는 상상, 정보처리 과정, 그리고 사고과정의 여러 가지 형태로서 정신질환의 근저에 놓여 있는 "인지내용들"(Kognitionen)에게 점점 더 크게 관심이 집중되고 있다. 인지심리치료사는 원칙적으로 대부분의 정신적 장애나 특이한 행동들이 잘못된 사고 과정들, 현실에 부적합한 인지 유형, 또는 우리의 포괄적인 세계상과 자화상 형성 과정의 체계적 왜곡에 기인한다는 데에서 출발한다. 그래서 그는 환자의 잘못된 생각을 찾아내고, 환자와 함께하는 대화에서 새롭고 현실에 더 적합하며 추구하는 목적에 더 잘 부합하는 인지 내용들을 만들어 내는 것이 자신의 과제라고 본다. 앞의 장에서도 드러난 바와 같이, 최근의 여러 심층심리학의 경향도, 그리고 특히 인본주의-실존주의적 심리치료 모델들도 관심의 초점을 한 인간의 의식적 사고와 의도하는 목표, 그리고 개인적 입장과 견해에 맞추며, 이것들을 가장 직접적인 작업 과제로 받아들인다. 프로이트를 추종하는 정신분석가가 숨겨진 의미들과 억압된 본능적 욕구들과 무의식적 상상들을 찾아내려 할 그런 사례에 대해서, 인본주의적 현존재분석가와 실존분석가뿐만 아니라 인지치료 사도 마찬가지로 인간의 의식적 경험으로부터 직접 도출해 낼 수 있는 인지(내용)들에 집중한다(참조: Beck 1979, 22 이하, 262 이하). 한편으로는 인지치료의 출발점이 "인본주의적"임을 그들 스스로 강조하지만, 다른 한편으로 그것은, 비록 그 출발점이 행동과학(Verhaltenswissenschaften)의 근본적인 변화에 힘입어 가능했을지라도, 의심의 여지없이 행동치료로부터 발전해 나왔고 또한 이것에 포함된다(참조: 상게서 5). 행동주의 이론가들은 원래 인간의 모든 인지 과정을 "암흑 상자" 안에 감추어진 것으로 , 과학적 고찰 대상에서 철저하게 배제시킨데에 반하여, 오늘날에 와서는 순전히 행동치료에만 의존하는 방법론이나 체계적인 둔감화 또는 자신감 강화 훈련도 환자의 인지 기관 내에서의 지속적인 변화에 의존해서만 그 효과가 나타난다는 인식이 점점 더 확산되고 있다(참조: 본서 2.2.1장). 그래서 결국 "이 치료법을 '행동변화' (Verhaltensmodifikation)라기보다는 '인지 변화' (kognitive Modifikation)라고 명명함"이 더 정확할 것이다(상게서 270). 행동치료의 기법들이 직접 관찰 가능한 행동들을 목표로 삼으며, 그래서 명백히 "행동에 치중하는" 방식이지만, 이 목적을 이루기 위해서는 불안감에 빠진 사람의 현실해석과 기대태도, 또는 자신감 결핍자의 자화상 자체가 현실에 더 부합되도록 형성되어야만 가능하므로, 인지주의자 아론 벡(Aaron Beck)은 행동치료 전체를 통틀어서 "인지치료의 하위 분과"로 평가 절하한다(상게서 266). 실제로 이 통찰은 현행법상의 의료보험 신용장을 부여받은 "행동치료"의 명칭을 내걸고, 오늘날 대부분은 "인지적 행동치료"(kognitive Verhaltenstherapie)가, 다시 말해서 일종의 "인지적 심리치료"(kognitive Psychotherapie)가 시행되고 있으며(참조: Scholz 2001, 22), 추측컨대 이미 지배적인 현행 심리치료 체제의 절반은 인지적 행동치료인 것으로 간주되어야 할 것이다(참조: 상게서 20). 행동치료사들과는 대조적으로, 인지치료사들은 "그들의 치료 모델을 적용함으로써 중요한 경험적이고 자연과학적인 질적 표준과 요구들을 훼손한다는 지적을 부인하지는 않지만, 별 의미는 두지 않는다. 왜냐하면 그들에게는 일차적으로는 자연과학보다는 인문과학에 대한 의무감이 더 중요하다고 보기 때문이다."(Stavemann 2002, 110)

심리치료 영역에서 매우 높은 인기를 누리며 독자적인 치료 방향으로 전진해 나간 인지심리치료를 행동치료와 심층심리학적 경향의 학파들로부터 온전히 분리하려 하기보다는, 심리치료에서 다루어지는 일반적인 중점 연구 대상들의 경우, "경계선이 상대적으로 더 분명한 개별 증상들로부터 시작해서 복합적인 정신장애에 이르기까지" 어떻게 그 위치가 변경되어 갔는지에 주의를 기울이는 것이 과학이론의 관점에서 볼 때 나에게는 더 효과적일 것으로 생각된다: 행동치료, 정신분석학, 그리고 인본주의적 대화심리치료 등 고전적 형태의 치료법들로부터 출발하면서 이러한 "개별적 전략들을 연계시켜서 치료패키지(Behandlungspaket)로 확대함으로써 복합적 증세를 보이는 장애에 대해서도 적절한 대응책이 될 수 있을 것이다."(Hautzinger의 서문; Beck 1999, 17) 그 점에서는 인지치료 프로그램들이 "통합적이고 촉매적인 기능"을 떠맡을 수 있을 것이다. 인지치료는 "이미 그 설계 구조에서 초학파적 연계성과 통합성 능력을 겸비하고 있기 때문"이다(상게서). "단일 방법론(monomethodisch) 중심형으로부터 다중양상형(multimodal)과 더 폭넓은 통합형(integrativeren) 치료법들로" 이동해 가는 일반적 추세들은(Scholz 2001, 23) 인지치료를 "더 포괄적 의미를 가진 통합적 심리치료"로서, 즉 다중양상적으로 작업을 수행함으로써 학파들 사이의 경계를 넘나들 수 있도록 열어 주는 치료법으로서 인정받을 수 있다(상게서 2002, 312). 비록 인지주의 치료법들이 항상 "문제를 따라 대응하고, 구체적이며, 개별적 특수성을 중요시"하지만(상게서 114), 환자를 대함에서는 결코 단지 당면 문제만의 해결에 매달리지 않고, 오히려 "심도 있는 인생철학적 변화를 시도하려는 발전 의지의 지원"을 목표로 삼으며, 다른 말로 해서, "의미를 살리며, 현명하게 처신하는 자율적 자기결단"으로의 인도자로서 평가받는다(Scholz 2002, 33, 43). 따라서 사람들은 인지심리치료사의 자격 요건으로서 한편으로는 '활동성 키우기'(Aktivierung), 능력 범위 넓히기(Kompetenzerweiterung)와 모범형 배우기(Modelllernen) 등과 같은 행동치료적 요소들, 또 한편으로는 인본주의적 내담자중심 상담이 요구하는 정직성, 공감력, 그리고 수용적 태도 외에도, 실제로는 소크라테스식 대화법을 "주된 방법론적 출발점"으로 받아들이며(Scholz 2001, 77), 때로는 소크라테스를 "심리치료의 창설자" 그 자체로서 전면에 내세운다(참조: Stavemann 2002, 10). 그들은 소크라테스적 방법론을 이렇게 정의 내린다:

그것은 상호작용의 한 형태로서, 자유롭게 제기되는 세부적 질문들로 구성됨으로써 환자로 하여금 모순된 생각들과 자기의 신념에 어긋나는 경험들을 인지하고, 보고하고, 허용하도록 함을 목적으로 수행된다. 이렇게 해서 환자들은 먼저 독립적으로 여러 가지 대안적 관점과 해결 방안을 숙고하고, 뒤이어서 이들에 대한 검증과 사고 훈련을 몸에 익히도록 이끌어진다.(Hautzinger 1998, 145; 참조: Stavemann 2002, 88 이하)

각 회기 면담에서 집요하게 파고드는 치료사의 소크라테스식 질문 방식은 이상적으로는 환자 스스로 매일매일 지속적으로 수행해야 할 자기검증이나 자신과의 대화로 이어져야 할 것이고, 이것은 "생각 없는 사고"(gedankenloses Denken)에 대한 선전 포고이며(참조: Beck 1999, 35), 철학 실천가에게도 눈엣가시와 같은 것이다(본서 2.1장). 환자의 의식적이거나 무의식적인 평가 기준, 내면화된 규범, 그리고 세계관적인 근본전제에 대하여 치료사는 환자로 하여금 "구체적이고 연속적인 질문을 따라 목표를 향해 나아가는 고찰 방식과 숙고 과정"을 수행하도록 함으로써 환자에게 "새로운 지식이나 새로운 진리를 가르침 없이도, 자신의 일상 체험에서 출발하여 스스로 새로운 통찰을 얻어내도록"(Stavemann 2002, 88) 인도할 것이다. 인지심리학은 환자가 빠져들어 헤어나지 못하는 특정 사고들에 대한 체계적 반성을 치료 목표로 택함으로써 진정으로 인간의 사고 활동에 전념하는 철학에 명백히 접근해 간다(참조: 본서 1.1장). 생각들에 대한 포괄적인 검사와 자기검증을 목표로 삼는 소크라테스적 대화하기는 (인지주의) 심리학과 철학 실천 사이를 연결하는 결코 부정할 수 없는 다리를 놓아 주는데, 이에 대한 가장 강력한 대변자는 하를리히 슈타브만(Harlich Stavemann)이다(참조: 2002, 243 이하).

현대 인지심리치료의 철학적 뿌리로서는 소크라테스적 산파술의 질문하기 대화술 외에도 헬레니즘 철학자 에피쿠로스와 스토아 철학자들의 정신지도법(Seelenführung)이 항상 언급된다. 이에 대한 연구는 횔렌(Hoellen)과 라우(Laux)의 공동연구에 의해 체계적으로 공표되었으며(참조: 1988), 그중에서도 에픽테토스 1.1장에 드러나 있는 격언, 즉 사물들 자체가 인간을 불안하게 만드는 것이 아니라, 오히려 사물에 대한 인간의 생각이 인간을 불안하게 만든다는 문구는 "오늘날 임상심리 학에서 가장 많이 인용되는 문구로 인정"될 수도 있다: 이렇게 에픽테 토스는 "현대의 치료 방법론의 출발점으로서", 심지어는 "구성주의적 경향들 모두의 수호성인"으로 과대평가되기까지 했다(Ellis/Hoellen 1997, 50). 인지심리치료 내에서는 세 가지 주된 경향이 구별된다: 알 버트 엘리스(Albert Ellis)의 "합리-정서적 행동치료"(Rational-emotive Verhaltenstherapie), 아론 벡이 설립한 좁은 의미의 "인지치 료"(Kognitive Therapie), 그리고 도날드 미첸봄(Donald Meichen-baum)과 마이클 마호니(Michael Mahoney)가 그 주된 대표자인 "인지 적 행동수정"(Kognitive Verhaltensmodifikation)이며, 이들의 경우 말 그대로 인지 구조뿐만 아니라 사고 구조의 변화까지도 중요한 목표로 삼는다(참조: Scholz 2002, 17). 인지치료 방법론이 특별히 효과적임 을 입증해 보인 것은 우울증 장애의 치료이며, 이 영역에서는 다른 누 구보다도 마틴 셀리그만(Martin Seligman)과 아론 벡이 설계한 설명 모델들이 유용성이 높다. 이들의 공통된 출발점은 우울증 환자들이 자 신의 경험을 체계적으로 왜곡하여 부정적으로 해석하며, 모든 실패를 그들 자신의 결정적이고 지속적인 인격적 결함 탓으로 돌린다는 것을 관찰한 것이었다. 우울증을 촉진하는 전형적인 "사고오류"로서는, 예 를 들면 '과도한 일반화'(한 번 실패하면 항상 실패한다.), 선택적 추 상화(긍정적인 것은 안 보고 부정적인 것만 본다.), 이분법적 사고(무 엇이든 성공 아니면 실패일 뿐이다.), 억압적 의무감(스스로에게 감당 못할 절대적 요구를 부담 지운다.). 미성숙한 사고가 저지르는 이와 같 은 인지적 오류들 때문에 다양하고 변화가 풍부한 인간적 경험들이 불 과 몇 안 되는 조야한 범주들로 축소되지만, 그와는 달리 성인의 "성숙 된 사고"에 있어서는 삶의 상황들이 이미 항상 여러 가지 다른 차원과 질적 차이의 관점에서 다루어진다(참조: Beck 1999, 44 이하). 현실과 화합된 삶을 영위하기 위해서는, 환자는 대략적일 뿐 세분화되지 못한 판단들, 그리고 근거가 박약한 전제로부터 도출된 비논리적 추론들을 알아채고 자기 힘으로 수정하기를 배워야 한다. 그러기 위해서는 현실 검증을 위한 자신의 인지체계를 다시 발동시킴이 절대적으로 필요한 조건이다. 여기에는, 예를 들면 일기장을 활용하여, 환자가 매일매일 겪는 사소한 사건들을 지속적으로 기록해 봄으로써, 이전의 잘못된 판단들이 반박됨을 체험하게 된다: 예를 들어, 어떤 사람이 "나는 무능하고 아무 쓸모없어"라고 믿는다면, 그로 하여금 여러 가지 작업별 분류 칸들 안에서 사전에 치료사가 환자에게 가르쳐 준 방식을 따라서 부모 역할로부터 혼자만의 상황에 이르기까지 자신이 잘할 수 있었던 일들을 새롭게 관찰하여 기록하게 한다(참조: Beck/Freemann 1993, 72 이하). 이렇듯 직접적 경험을 통해서 반박되어야 할 인식적 오류들 외에도, 환자 개인의 가치체계, 행동 원칙들, 그리고 삶의 목표들에 있어서도, 그것들이 "절대적인 것으로 전제되거나, 비현실적이거나, 또는 부적절하거나 과장된 방식으로 적용"될 때에는 교정이 불가피하다(Beck 1979, 205). 예를 들어서, 목표가 분명한 소크라테스식의 질문하기에 힘입어 "모두 날 사랑해야 해", "난 뭐든지 다 알아야 해", 또는 "난 세계적으로 유명해져야만 해, 안 그러면 내 삶은 아무 의미도 없어" 등과 같이 경직되고 절대화된 삶의 원칙들이 밝혀지고 나면, 그 환자는 그와 같은 광적이고 지나치게 극단적이며, 그래서 거의 실현 불가능한 요구들 때문에 그 자신이 모든 활동의 자유를 상실하게 되고, 실사실적인 삶의 환경에 유연하게 적응하려는 노력도 수포로 돌아갈 수밖에 없음을 스스로 깨달아야 한다. 함께하는 면담 대화에서 그런 신념과 태도들은 그보다 덜 자기중심적이고 덜 완고하지만, 그 대신 더 현실적이고

더 유용한 생활규칙과 삶의 목표들로 대치되어야 한다. 그와 같은 인지
적 구조변화(kognitive Umstrukturierung)가 성공적으로 이루어지기
위해서는 치료사와 환자 사이의 긴밀한 협력을 위한 작업동맹이 그 방
식, 기간, 그리고 치료 과정 등에 대한 사전 결정과 함께 전제되어야 하
며, 이것은 환자에게 협력 의지와 신뢰감을 심어 줄 것이다(참조: 상게
서 184 이하).

3

심리치료에 대한
철학의 비판적 관점들

사회적 인지도에서, 그리고 부분적으로는 법제화를 통해서도 승인받고 개업의로서 오래전부터 성업을 누리며 사회적 입지를 굳힌 심리치료사들을 상대로, 이제 자신들의 새로운 직업 요람을 수립하고 사회적으로도 인정받기 위해 분투하고 있는 철학자들이 심리치료사들을 상대로 제기하는 수많은 비판적 혐의점은 종종 점잖기만 하지는 않다. 자문과 도움을 원해서 찾아온 사람을 가리키는 "환자" 개념부터도 벌써 충돌의 화근이 되었으니, 철학자가 보기에 이 개념은 환자를 아무 도움도 받지 못하고, 병들었으며, 타율적인 존재로 애초부터 낙인찍어 버림으로써, 그를 온정주의적이고 비대칭적 관계로 들어오도록 강요한다는 것이다. 우리가 이 장에서 어차피 다루게 될 것인바, "환자"(Patient), "의뢰인"(Klient), "고객"(Kunde), "방문객"(Besucher) 등에 대해서 개업의들이 보여 주는, 대부분 근거가 박약하고 임의적인 개념의 혼란에 우리 자신이 빠져들지 않기 위해서, 여기서는 제기된 혐의점들에 앞서서 먼저 그 개념들의 의미부터 해명해 보자: 철학상담치료사들이 가장 원하기는 "환자" 대신에 일상적으로 친숙한 호칭인 "방문객"으로 (참조: Thurnherr 1998, 363; Teichel 1991, 112), 또는 드물게 "고객"으로(참조: Blasche 1991, 18) 대치하려 하며, "환자" 명칭에 대한 그들의 혐오감을 설명해 주는 유일한 이유는 그것이 "치료" 개념과 마찬가지로 임상-의학 영역에서 유래된 것이기 때문이다. "심리치료"가 정신장애에 시달리는 "환자"를 치료하기 위해 오랫동안 '자연과학적으로 설명하는 의학'의 한 영역임을 표방해 왔으나(참조: 본서 2장 서문), 오늘날에 와서는, 이미 알려진 바와 같이, '이해하는' 정신의학자나 심리치료사들도 마찬가지로 이 습관화되어 버린 "환자" 명칭의 획일화에 거부감을 가진다(참조: 본서 2.2장 시작 부분). 실제로 "환자" 개념은 일반적으로 의학교육을 받은 의사와 정신의학자들, 또는 정신분석가로 활동하는 치료사들에 의해 사용된다. "환자" 개념에 부수적으로 포함되는 의미들이 이미 언급된 "병든", 또는 "필요한 도움을 받지 못하는" 등의 수식어이며, 또한 이 개념의 의미에는 '건강한 전문가'와 그의 치료 혜택을 필요로 하는 '병든 대상' 사이의 불평등한 권력 관계가 포함되며, 그가 처해 있는 복합적인 삶의 상황들을 개의치 않고서도 이 '객체'에게서 확인과 분류가 가능한 증세들이 근절된다(참조: Koppel 1994, 26). 이와는 달리, 심리학자와 사회사업가들은 그들의 도움을 구하는 "의뢰인" 호칭을 더 선호하며, 의뢰인들은 비-의료적 관심사에 대한 조언과 지원을 찾는다. 그들에게는 건강한 상태와 병든 상태, 또는 정상과 비정상에 대한 일반적 판단 기준이 동일하게 적용되기보다는, 오히려 의뢰인과 치료사가 함께하는 면담 대화를 통해서 의뢰인 각자마다 그때그때의 구체적인 생활세계의 맥락에 따라 적절히 적용될 수 있는 치료의 목표와 방법이 확정된다(참조: 상게서 26 이하). 그럼에도 "고객" 개념은 ― "고통받는 사람" 또는 "참아야 하는 사람"을 뜻하는 ― "환자" 개념에 비해서도, 그리고 또한 ― "피보호자"를 뜻하는 ― "의뢰인" 개념에 비해서도 어원학적으로 볼 때 우선권을 가질 권리가 있다. 왜냐하면 "고객"에 해당하는 (11세기 중엽 이전의) 고고독일어(Althochdeutsch)의 어근인 "kund"('알려진', '알고 있던') 또는 "kundo"('아는 사람', '같은 지역 사람')는 자율성과 상호 신뢰적인 작업동맹(Arbeitsbündnis) 파트너 사이의 대등한 협력 관계를 강조하기 때문이다(참조: Ludewig 1997, 195). 마지막으로 "방문객" 개념에 관해서는, 비록 여기서도 타율성을 연상시킬 위험은 배제될 수 있겠지만, 내가 보기에는 실천하는 철학자의 임무수행을 불필요하게 은폐해 버릴 것으로 생각된다. 왜냐하면 우리가 경험이나 지식을 교환하기 위해서 친구나 친척을 "방문하기"는 하지만, (개업 중인) 실천가를 찾는 것은 대개의 경우, 그저 아는 사람의 도움만으로는 더 이상 해결이 불가능한 그러한 특정 문제들에 부딪친 경우일 것이기 때문이다(참조: 본서 2.1장).

나는 이제 "고객" 개념을 하나의 통일된 개념으로서 결정했으므로, 철학상담치료사들이 제기하는 다음과 같은 반론의 정당성을 더 자세히 조사해야 하며, 그 비난들은 아래와 같이 세 장에서 각각 다루어진다:

3.1 심리치료에서 환자는 후견받을 대상으로, 심지어는 전적으로 금치산자로 선고됨으로써 임의적으로 조종당한다는 비난,

3.2 심리치료사들이 제시하는 치료 약속들은 대부분 전적으로 부적절하며, 따라서 진지하지 못하다는 비난,

3.3 허락될 수 없는 하나의 고정된 특정 인간상을, 그리고 정상성과

비정상성에 대한 일반화된 하나의 규범적 체계를 환자에게 뒤집어씌운다는 비난이다.

제3장의 부분을 이루는 각 장들에서 내가 다룰 과제의 방법적 절차는 다음과 같다:

a) 심리치료사들을 향해서 제기된 철학 실천가들의 비난들을 간략히 요약하고,

b) 현대 심리치료의 최근 발달상을 고찰함으로써 이 비난들을 입증하거나 또는 반증하며,

c) 뒤이어서 철학상담치료사들의 반대 제안들을 면밀히 검토하겠다.

3.1 심리치료의 타율성 조장과 후견하기

a) 철학상담치료의 아버지 아헨바흐는 "(환자에 대한 심리학의) 마지막 후견하기의 시대는 이제 곧 끝난다"라고 승리의 확신에 찬 태도로 진단 내린다(Achenbach 1984, 5): 교회로부터 임명받은 사제들이 신앙심을 잃어버리고 세속화된 사람들의 모든 인생 문제에 대해서 더 이상 규격에 맞추어 생산된 일반적 해결책들로 돌보아 줄 수 없게 된 이후로, 심리학의 "상품공급형 인간구제 경제학"의 호경기가 시작되었지만, 엄밀히 말하면 이것은 도리어 그들이 선호하는 후견감독 방식의 (bevormundend) 치료 규범과 전략, 그리고 치료 구상에 적합한 증세들을 만들어 내는 효과를 일으켰다는 것이다. 실제로, 그 자체로서 정당성을 인정받아야 하는 이론과 그 이론에 맞추어서 적절히 판단되어야 할 특정 치료 사례 사이의 모순, 그리고 이러한—치료사와 환자 사

이에서 일반적으로 숨겨진 채 진행되는— '복종시키기'와 '처리 대상으로 다루기'의 관계 상황은 사람들의 경험에서 확인되고 또 계속 증가되고 있다(상게서). 의사들, 또는 "의료 제공 선로의 본선보다는 그 측선(側線)에 거처를 잡은" 정신의학자나 심리치료사가 환자를 "다루거나" "치료할" 때에는, 그 환자를 치료가 필요한 부분들로, 즉 비정상적인 부분들과 결함을 가진 부분들로 분해함으로써, "'주체'로서의 그 상대를 파괴해 버린다"는 것이 그 비난의 핵심(in nuce)이다:

> 모든 치료 행위(Behandlung)는 마치 사물처럼 다루어질(quasi-dingliches) 어떤 대상이 있어야 하며, 그렇지 않을 경우, 치료는 시작될 수조차 없다. 치료의 모든 임무수행은 인간을 환자로, 환자를 결핍자로, 그리고 결핍자를 치료를 통한 구제 활동의 대상으로 만들어야만 하는 강제적 요구에 지배된다: 병적 증세는 인간을 장애자로 전환해 버리며, 진단은 그를 치료 대상의 한 사례로 규정한다.(상게서 29)

소위 말하는 치료 단계들의 경직된 역할 분담 절차는(참조: 상게서 10), 일부 철학상담치료사들이 보기에는, 치료사들의 시장 경제적 이익관심 때문에, 그리고 또한 고객의 기대에 부응해야 한다는 압박감 때문에 점점 더 견고해져 왔다(참조: Dill 1990, 15 이하). 그보다 더 근본적인 관점을 취하는 또 다른 철학자들은 그 타율성 자체가, 말하자면 고객의 정신적 장애 자체에 자연발생적으로 근거하는 것이라고 본다. 왜냐하면 그 병이 내면적으로나 외부로 향하는 행동에서 나타내 보이는 강제성과 충동들은 그의 행위 자발성과 책임 능력을 광범위하게 제한할 것이기 때문이다. 심리치료는 일반 심리학 영역에 속하는 치료처방 위주의 응용과학으로서, 심리학으로부터의 변이 과정을 거쳐 그러한 자유의지의 손실과 같은 정신병리학적 증세에 대처할 수 있다는 점에서, 철학 실천을 위해서도 하나의 전 단계로서 환영받을 만하다:

> 성공적으로 효과를 내는 경우, 심리치료는 일차적으로는 인간으로 하여금 그 어떤 덫으로부터, 또는 그 어떤 병적인 속박으로부터 스스로 해방되도록, 그리고 자율적 존재로서의 자신의 지위에 도달함으로써 외상적 쇼크 체험의 정신적 압력으로부터 영향받지 않은 채 자신의 독립적 결정을 내릴 수 있도록 도울 것이다. 심리학자들의 작업에서는 자유를 획득하도록 지원함을 앞세우며, 철학 실천에서는 자신의 자유를 활용하도록 돕는 것이 전면에 부각된다.(Thurnherr 1998, 366 이하)

b) *정신분석학*의 치료 현장에서는 치료사의 "대화 상대자"인 '피분석자'가 자신의 무의식을 서술하지만, 치료가 효과적으로 수행되기 위해서는 피분석자 자신의 자율적 의식은 도리어 배제되어야 한다는 것이 투른헤르의 주장이다. 하지만 이것은 프로이트 본인의 치료에 해당될 사안일 뿐, 그 이후에 이루어진 정신분석학의 발전 단계에는 적용되지 않는다. 정신분석가 오토 랑크(Otto Rank)와 하인츠 하르트만(Heinz Hartmann)이 이루어 낸 근본적인 업적들은 실로 프로이트식의 정통적인 '그것'-심리학(Es-, *Id*-Psychologie) 또는 '성충동' 심리학(Trieb-psychologie)으로부터 '자아'-심리학(Ich-Psychologie)으로의 전환을 확연히 보여 주며, 이것은 '그것'과 '상위 자아'(Über-Ich, *super ego*)에 대한 '자아'의 자율성을 훨씬 더 크게 인정한다: 자신과 세계의 분리를 가능하게 만드는 첫째 조건인 자아의 인지 기능은, 프로이트의 가설과는 반대로, '그것'(Es)으로부터 파생되는 것이 아니라, 그 자체가 "일차적 자율성"의 주체로서 다른 것의 방해를 받지 않고 활동하는 '지

각'(Wahrnehmen)과 '사고'(Denken) 영역을 형성하며, 이것이 환경과의 대결에서 개인의 행동을 결정짓는 "이차적 자율성"의 단계로 나아간다는 것이 그들의 해석이다(참조: Wyss 1991, 142 이하; Dienelt 1973, 21 이하). 분석가-고객 사이의 관계에도 변화를 가져온 이러한 '그것'-심리학으로부터 '자아'-심리학으로의 정신분석학적 개혁 운동은 본질적으로 20세기 50년대와 60년대의 일반적인 치료 경험으로부터 유발되었는데, 즉 윤곽이 분명한 증세를 가지고 개업의 진료실을 찾아오는 고객들, 그리고 주로 억압된 성적 에너지의 고착화 또는 변형으로 인한 신경성 장애 때문에 프로이트를 찾았던 상류층 여성 고객들은 갈수록 그 수가 더 줄어든 반면에, 오히려 정체가 불분명한 기분 장애나 삶에 대한 총체적이고 막연한 불만족, 또는 허무감을 호소하는 고객이 두드러지게 증가했기 때문이다(참조: Lasch 1995, 66 이하). 결국 정신분석적 치료의 이론적 토대가 '그것'-심리학으로부터 '자아'-심리학으로 재배치된 것은 "증상노이로제로부터 성격장애로의 전환"이 경험적으로 확인된 것에 근거한 것이며, 특히 자기도취적 인격장애가 대표적이다(참조: 상게서 73 이하). 이러한 고객 유형의 변화와 함께 부득이하게 정신의학적 치료의 성격과 방법도 바뀌었으며, 치료의 대상도 이제 더 이상 '그것'이 아니라 '자아'가 되며, 따라서 대화의 상대자도 "피분석자의 무의식"이 아니라, 철학상담치료사와 마찬가지로, 고객의 "자율적 의식"에서 찾아져야 한다.

 인본주의적-실존적(humanistisch-existentiellen) 심리치료사들도 신경증의 구조적 특성 또는 통상적인 정신질환 증상에 대한 이해의 이와 같은 근본적 전환을 그들의 치료 방법론의 출발점으로 삼으며, 인간의 권위와 자율성을 명시적으로 그들의 이론과 실천의 중심에 놓는다:

우리 시대의 신경증은 삶의 무의미성, 안정감상실, 그리고 인간적 관계의 빈곤에 기인한다. 단지 우리의 산업 사회가 지향하는 거대하고 복잡한 생산과 소비 체계의 한 연결 마디의 역할을 더 이상 넘겨받지 않겠다는 한 청소년의 항의도 이 사실을 가리킨다. 그러므로 그 항의는 하나의 '형이상학적' 목표를 가진다. 그것은 전체 인류에게 인간의 본질에 대한 새로운 성찰을, 그리고 인류의 삶의 방식의 새로운 가능성을 찾아 재구성하도록 일깨우려는 것이다. 이 점에서 볼 때, 다른 무엇보다도 사르트르의 실존철학이, 또는 마르크스와 프로이트의 중간에 자리 잡은 마르쿠제의 구원이데올로기(Erlösiungsideologie)가 우리 시대의 청소년 층을 사로잡은 매력이 무엇이었는지도 명확해진다.(Condrau 1989, 79)

새로운 전체적인 모습의 인간상을 찾아 나서면서 사람들은 '자연과학적으로 설명하는' 심리학에 작별을 고하고, 또한 프로이트에 의해서도 암시된 "영적 기관의 자동기계"(Automatie eines seelischen Apparats)의 자리에 "정신적 실존의 자율성"(Autonomie der geistigen Existenz)을 대신 앉히며(Frankl 1994, 87), 개별 증상에 집중하는 원소주의를 극복하고 인격을 하나의 "불가분적인 통일체"(unteilbare Einheit)로서 고찰하며, 그것의 의식적이고 무의식적인 사고와 감정과 행동이 하나의 통일된 목표 실현에 참여하는 그런 존재로 이해한다(Liebling 1980, 93 이하).

여기에서 사람들은 한편으로는 14세기 이래 지속적으로 인간의 포괄적인 정신적 및 도덕적 교양을 인간적인 자유와 완전성의 표준으로서 요구했던 인본주의적 사상가들을 기억에 되살린다. 또 한편으로 기억되어야 할 것은, 이미 우리가 확인했듯이, 실존철학자들이 현상학적 방법론을 적용하여 각 개인의 구체적 실존에 다가가는 통로를 열어 주었으며, 인간의 자율적 결정권과 자유의지의 중요성을 강조함으로써 심리학자들을 매료시켰다는 것이다. 정신분석학과 (초기) 행동치료의 환원주의적 인간관에 대비되며, 흔히 "제3의 집단"이라는 명칭으로 불리는 인본주의 심리학의 기본 원칙들이 우리의 일상적인 자기이해 방식에 훨씬 더 가까이 다가오는 것으로 생각된다:

1. 인간은 기본적으로 자신의 관점에서 출발하면서 당면 과제 수행의 목표를 달성하려는 노력을 기울이는 과정에서 자유로운 자기결정에 따라 행동하며, 과거의 생애 기록을 통한 학습 과정이나 갈등 경험에 의해 자동적으로 미리 결정되지는 않는다.

2. 개인의 자기정체성 형성의 본질적 구성 요소가 되는 높은 차원의 인간적 자질, 목표, 가치와 관련해서 볼 때, 이 모든 행동은 인격과 개성의 형성 발전에 기여한다고 보아야 한다(참조: Revenstorf 1993, 9 이하; Wehner 1990, 44 이하).

인본주의 심리학자들이 그토록 정신적 특성과 그것의 지향적 본성을 "인간 존재의 본질적 차원"으로서 강조함을 감안한다면(Frankl 1994, 63), "이와 같은 철학-심리치료-공생(Philosophie-Psychotherapie-Symbiose) 관계는 현시대 철학상담치료의 관점에서는 *아무런 선호할 만한 철학적 관심사*"가 되지 못한다는 아헨바흐의 선고는 잘못된 것이다(1984, 83). 그러나 바로 그런 만큼 투른헤르의 정당성도 인정받아야 하지 않을까? 또한 분명하게 질병 분류가 되기 힘든 "정신인성 노이로제"(noogene Neurose; Frankl)나 또는 (자기도취적) 인격장애의 경우에도 고객의 자율성이 그토록 심하게 약화될 수밖에 없는 상태라면, 치료사와 고객의 대등한 관계 원칙에 기초하는 대화심리치료(Gesprächs-psychotherapie) 방식은 애초부터 실패할 것이 뻔하지 않은가?

(환각 또는 기억상실 같은) 중증 정신병들의 경우와 달리, 노이로제도 포함하는 대부분의 (예를 들어 인격장애나 우울증 등과 같은) 정신장애에서는 지각 활동과 사고 활동 등의 정신 기능이 아직 정상적이지만, 그런 상태가 오랜 기간 지속되다 보면 외부 세계에 대한 왜곡된 해석으로 나아가거나 고정관념들과 고착성의 욕구나 희망 등에 빠져들거나, 심지어는 강박적 행동으로까지 발전한다. 그런 경우에는 내면으로부터의 (신경증적인) 또는 외부로부터의 (강제성의) 강요를 벗어난 상태에서 자신의 의지를 따라 "행동할 수 있는 자유"(Handlungsfreiheit)는 강한 제약을 받게 된다. "행동의 자유"는 대안적 행동 가능성을 상상하거나 발전시키는 지적 능력에만 의존하는 것이 아니라, 건강, 재산, 권력 등 다양한 현사실적 조건의 영향도 받는다는 점에서 볼 때, 그것은 원칙적으로 상대적 (비교) 개념으로서 이해되어야 한다(참조: Höffe 1997, 76 이하). 정신적 장애가 우리 행동의 자유재량권을 강하게 침해할 수 있다 할지라도, 인간의 "정신적 인격"(die geistige Person)은 본래적이고 실제적인 "자유의 담지자"(Träger von Freiheit)로서 여전히 자신의 강박적 희망과 강제된 행동방식을 거부할 수 있다:

사물보다 더 높은 위치에 설 수 있는 인간의 능력에는 또한 자기 자신보다 더 높은 위치에 서는 능력도 포함된다. 나 자신이 나의 모든 것을 꼭 수용하고 견뎌야 하는 것은 아니다. 나는 내 안에 있는 것들 중, 정상적인 정신 현상뿐만 아니라, 어느 정도까지는—그때마다 정도의 범위는 다르지만—비정상적인 정신 현상도 밀쳐 낼 수 있다.(Frankl 1994, 94)

"정신-심리 사이의 대립관계"(noo-psychischer Antagonismus) 덕분에, 그리고 "정신의 저항력"(Trotzmacht des Geistes)에 힘입어서 인간

은 원칙적으로 자신의 신체적 장애와 정신적 장애에 대해서 행동을 취할 수 있으며, 그것에 대해서 합리적으로 대처하고 대응할 수 있다:

> 인간은 배에서, 피부와 머리카락에서, 그리고 신체와 영혼에서 우울해지지만, 정신이 우울해지지는 않는다. 오히려 자극을 받는 것은 심리-물리학적 기관(der psycho-physische Organismus)일 뿐, 그 자체로서 정신적 존재인 '정신적 인격'은 전혀 자극받는 대상이 될 수 없다. 동일한 상황에서 어느 한 사람이 자기 내면에서 발생한 내인성(endogen) 우울증으로부터 거리를 두는 반면, 다른 한 사람은 자기 우울증에 매몰되어 버리는 경우, 그 차이는 그 내인성 우울증 자체에 기인하는 것이 아니라, 정신적 존재인 그 개인(die geistige Person)에게서 찾아지는 것이다. 실로 이 정신적 존재가 — 다른 말로: 그 인격(die Person)이 — 실존분석에서 우리가 *정신의 저항력*이라고 이름 붙인 그 힘을 발휘하여, 자기 자신을 넘어서는 특징적 성격의 실존적 도약(existentielle Aufschwung)을 감행한다. 그래서 이제 우리는 그 심리물리학적 평행현상(psychophysischer Parallelismus)에 대치되는 *심리정신적 대립관계(psychonoetischer Antagonismus)*를 확인한다.(상게서, 62)

이제 여기에 "의지의 자유"(Willensfreiheit)가 주제로서 대두되며, 이것은 주어진 물리적, 심리적, 또는 상황적 조건들을 규범적 자기관(normatives Selbstbild)의 기준에 비추어서 평가하는 능력, 즉 우리 자신이 어떻게 되고 싶은지에 대한 그 관념에 비추어서 평가하는 능력이다. 만약 우리가 그 조건들을 거부하는 경우라면, 우리는 적어도 우리가 원치 않는 방해 요인들을 변화시키기 위한 작업을 추가로 수행할 능력이 있어야 할 것이다(참조: Höffe 1997, 78).

신경증적 고통이 인본주의-실존적 치료법에 의해 다루어지는 경우
라면, 치료사는 환자의 대화 상대자로서 오히려 고객의 "정신적 인격"
과 "자율적 의식"을 전제하거나 치료의 목표로 삼아야 하므로, 고객에
대한 치료사의 후견감독이 정당화될 수는 없는 반면에, 정작 심각한 문
제들이 제기되는 것은 정신병의 경우에서처럼 사고와 지각 기능 자체
가 붕괴된 상태이거나 병적 증세에 대한 환자 자신의 자각이 결여된 경
우다. 그럴 경우, 정신장애는 환자의 의지가 자율적으로 대처할 대상이
라기보다는, 오히려 환자의 의지 자체를 약화하는 주체가 된다. 정신의
학자 프랑클은 자신의 경험을 통해서 이렇게 확인한다: "신경증 환자
가 자신에 대해서 말할 때는 항상 자신의 개인적인 '본질-존재'(So-
Sein)를 말하고, 또한 그것을 실체화하는 경향을 보이며, 그리고 나서
는 그 '본질-존재'가 마치 본질적인 '변화 불가능성'(Nicht-anders-
Können)을 포함하고라도 있는 듯이 행동한다."(상게서 95) 예를 들면,
자기도취적 인격장애를 가진 고객은 자신에 대해서 의문을 품거나 질
문을 던질 그 어떤 동기도 인정하지 않는다. 왜냐하면 그는 문제와 고
통의 원인을 오직 자신에 대한 찬미와 숭배를 반대하는 주위 사람들의
저항에서만 찾기 때문이다(참조: Beck/Freemann 1993, 6 이하). 그러
나 진지한 심리치료의 포기할 수 없는 전제조건은 치료의 필요성에 대
한 치료사와 고객의 합의이며, 이 합의는 사실로서 확인된 환자의 주관
적 고통 상태, 그리고 그 고통을 유발하는 환자의 행동방식과 성격구조
에 대해서 환자 자신이 정신적으로 거리를 둘 수 있다는 근거 위에서
이루어져야 한다. 그러므로 치료의 종결이 아니고, 오히려 치료가 비로
소 시작될 수 있기 위한 조건은 다음의 두 가지다: 고객이 주위 사람들
이나 자기의 성격을 희생양으로 만들어 버리는 대신, 외부 세계와 자기
의 타고난 인격적 성향에 대한 자신의 자유를 인식하고 인정함이 한 가

지 조건이며, 또 하나의 조건은 그가 자기 행동에 대해서, 또는 그가 얻어 내고자 하는 자신의 행동 변화와 자신의 '본질 존재' 또는 현실에 더 적합하도록 수정된 세계관과 자기관에 대해서 전적인 책임을 받아들이는 것이다. "결국 인간의 그 내면적 거리 두기, '심리물리적 존재'에 대한 '정신적 존재'의 거리 두기, 그리고 '정신-심리 대립관계'의 토대가 되는 이 거리 두기 — 이 거리 두기는 우리의 치료적 관점에서 볼 때 엄청난 효과를 약속한다. 결국 모든 심리치료는 '정신심리 대립관계'에 기초를 두어야 한다."(Frankl 1994, 96) 그러므로 "완전한 책임 능력의 회복을 위해서는 치료가 불가결의 조건"(Höffe 1997, 240)이며, 치료를 통해서 비로소 처음으로 "자율적 상태가 회복되도록"(Thurnherr 1998, 367) 도울 수 있다는 선에서 적당히 심리치료와 철학상담치료의 경계선이 규정되기는 어려우며, 이렇게 해서는 치료는 단지 철학상담치료의 전 단계로 강등될 것이다.

많은 경우에 심리치료도 행동 차원에서 (역할연기 방법으로서; Rollenspiele), 그리고 감정 차원에서도 (해제반응 효과로서; Abreaktion) 치료 작업을 수행해야 하므로(참조: Beck/Freemann 1993, 9), 심리치료가 결코 정신적 차원에만 제한되는 것은 아니지만, 인본주의-실존적 대화심리치료가 효과를 내고 의미를 살리는 것은 (심리물리학적인) 질환의 배후에 한 인간이 자유로운 정신적 존재로서 대화 상대가 될 수 있을 때에만 가능하다. 치료사-고객-관계에서 제기되는 자율성/타율성 문제의 관점에서 볼 때, 인본주의적 치료법의 발전을 위해 특히 크게 영향력을 끼친 것은 칼 로저스(Carl Rogers)의 "내담자중심의 대화심리치료"다. 로저스는 그의 "학문적 토대가 확실하고 다수의 경험적 연구를 통해 그 탁월한 효력이 입증된 치료법"(Gerl 1998, 183)을 가지고 현대 심리치료에 "담론주의적 전환"(diskursive Wende)을 끌어들였으며, 그것은 특정 치료의 방법적 절차나 기법보다는 치료 수행을 위한 의사소통적 관계에 더 가치를 부여하는 것이다. 특히 철학자 마르틴 부버(Martin Buber)의 "대화의 원칙"(dialogische Prinzip)에 자극받은 그는 치료사가 비대칭적 관계에서 혼자 고객에게 무엇이 좋은가에 대해 결정을 내리는 "지시적 방법"을 극복하고, 그 대신에 치료사는 단지 필요한 여건들만 조성해 줌으로써 고객 자신이 독립적이고 자유롭게 올바른 결정을 내릴 수 있도록 지원하는 "비지시적 방법"을 옹호한다. 온전히 "고객중심적인" 대화심리치료의 목표가 아니고, 오히려 그 토대가 되는 조건 중 하나는 고객의 자율성이며, 또 하나는 치료사가 우월한 위치에서 그의 고객을 조종하고 평가하는 전문가로서가 아니라, 실질적이고 공감적이며 이해력이 풍부한 한 인간으로서 자신의 고객과 만나게 될, 상호 동등한 권리를 가지는 대칭적 관계가 그것이다. 고객이 자기반성과 자기표현 또는 충분한 "자기탐구 수준"을 충족할 만한 자율성이 결여된 경우를 위해서 로저스의 제자들은 본격적인 치료 과정으로 인도해 줄 "예비심리치료"(Präpsychotherapie)를 개입시킴이 온당하다고 본다.

고객에게서 현실적으로 일어나는 심리물리학적 사건들에 대한 치료사의 정신적 관심과 주의 집중을 의미하는 '긍정적 자유'는 로저스에 의하면, 치료사의 이론적 독단과 규범적 척도에 대한 '부정적 자유'와 필연적으로 상관관계에 놓여 있다: "이 자유는 관계의 중요한 조건이다. 여기에는 의식적 차원에서든 무의식적 차원에서든, 그 위험한 시도를 감행할 가능성이 있기만 하면 즉시 자기 자신을 탐구할 자유도 포함된다. 이것은 또한 그 어떤 도덕적이거나 또는 진단을 내리기 위한 평가로부터 전적으로 자유로울 수 있음도 의미한다. 왜냐하면 그러한 평가는, 내가 생각하기에는, 항상 위협적이기 때문이다."(상게서 1998, 48) 그와 같은 "치료적 관계의 자유, 즉 위협으로부터의 자유와 결정을 내릴 자유"(상게서 181)의 조건들을 로저스는 치료사의 세 가지 변형을 통해 체계적으로 묘사했으며, 이것은 내담자중심 심리치료의 방법적 지침이자 동시에 바람직한 인간관계 자체를 위해서도 유의미한 조건으로 인정될 수 있다:

1. 관계에 있어서의 *온화함*과 *수용적 태도*는 치료사가 내담자에게 깊은 존경심과 충만한 수용적 태도로 다가가며, 그를 자신의 모든 문제를 가진 채로, 있는 그대로의 내담자를 맞아들임을 의미한다(참조: 상게서 85).

2. 다른 사람을 단지 "이해함"의 수준을 넘어서는 *공감*은 "내담자가 매 순간 경험하는 감정과 개인적인 의미 해석을 치료사가 파악하고, 나아가서 이들이 내담자의 '마음속에서' 체험되는 것과 같은 방식으로 치료사도 지각할 수 있고, 또한 내담자에 대한 자신의 이해 정도를 내담자에게 알려 줄 수 있을 때" 비로소 실현된다(상게서 75).

3. 로저스가 *진정성* 또는 *적합성*에 대해서 말하는 것은 치료사가 자신의 감정을 의식하고 그것을 행동으로 나타내고 표현함으로써 자신의 감정과 행동을 일치시키는 경우다(참조: 상게서 74 이하).

다른 모든 인본주의−실존적 치료 프로그램에서보다 더 분명하게 로저스에게서 치료적 관계를 실현하기 위한 목적으로 제시된 영향력이 큰 근본 요청들에서는 하나의 확고한 신념이 나타나고 있으니, 즉 고객에게 충고와 지시 사항들을 명령조로 덮어씌우는 치료 방식은 도움을 구하려 찾아온 사람이 도리어 위협받고 봉쇄됨에 반하여, 정신적 치유는 오직 고객에 대한 치료사의 무조건적인 수용과 공감을 전제로 해서만이 비로소 시작될 수 있다는 것이다. 왜냐하면 이렇게 강요되지 않는 분위기에서만이 고객은 자유롭게 자신의 기능장애적인 감정과 생각 또는 행동방식을 거부감 없이 인정하고 받아들임으로써 동시에 그것들에 대해서 자신과 거리를 둘 수 있기 때문이다.

따라서 인본주의-실존적 심리치료가 고객에 대한 후견인 역을 맡으려 한다거나, "자율성의 상태에 도달함"을 치료 목표로 삼는다고 간주해서는 안 된다(참조: Thurnherr, 앞의 인용). 왜냐하면 여기에서는 여러 증상으로 분리된 부분들이 치료되어야 할 대상으로서 논의되는 것이 아니고, 부분들로 분리되지 않고 모든 정신적 장애도 포함된 상태의 자유로운 인격을 하나의 전체로서 온전히 존중하면서 만나기 때문이다. 그와 같은 대칭적인 치료 관계의 구체적 치료 목표와 내용의 물음에 대해서는, 심리적 압박으로부터의 해방과 고객의 자아개발이라는 통일된 추진 방향에도 불구하고, 인본주의적 치료사들 사이에는 서로 다른 다양한 의견이 현저하게 나타난다. "심리치료는 발전이나 개발을 위한 동기를 주입해 주지 않는다"고 로저스는 위에서 해설한 인본주의-실존적 치료의 두 번째 가설에서 확인시켜 준다: "그러한 동기가 인간에게 아마도 본성적으로 내재한다는 것은 분명하며, 이것은 인간이 물리적으로도 최소한의 조건만 갖추어지면 자신을 발전시키고 성숙시키는 그 경향과도 유사하다. 그러나 이 경향성이 그 어떤 상황 때문에 막혀 버린 경우, 치료는 자신을 물리적으로 발전시키거나 성숙시키는 이 경향성의 발현과 촉진에 매우 중요한 역할을 수행한다."(Rogers 1998, 73 이하) 로저스에 의해서 기획되었고 내담자중심적이며 그 어떤 조정이나 지시도 없이 수행되는 치료 개념의 범위 안에서의 자유로운 자기-개방(Sich-Öffnen)과 자기-개발(Sich-Entfalten)의 내용적인 목표에 대해서 비판의 소리가 높아진 것은 정당하다고 보아야 하겠다. 왜냐하면 그것은 의심스러운 방식으로 인류학적 낙관주의를 윤리적 주관주의와 합성시키기 때문이다(참조: Dienelt 1973, 24). 왜냐하면 여기에서 보호받는 고객의 자유는 모든 타인의 판단으로부터의 자유일 뿐만 아니라 자신의 내면적 충동과 소위 말하는 유기체적 선호도 평가를 따르는 자유이기도 하며, 이것은 선과 악의 기준도 넘어서는 임의적 자유(Willkürfreiheit)로 나아가도록 자극함으로써 가치와 규범에 대한 결정권을 전적으로 각 개인의 것으로 돌려 버리고 마는 듯이 보인다: "의뢰인은 이 평가의 권한이 자기 자신에게 주어져 있다는 느낌을 점점 더 강하게 가지게 된다. 그가 어떻게 살아야 하며, 어떤 선택과 결정을 내려야 할 것인가에 대해서 그가 다른 사람들의 의견을 따르고, 그들의 동의나 거부, 그리고 그들의 규범에 의존하는 정도는 점점 더 감소한다."(상게서 125) 자유의 결핍이 아니라, 오히려 책임감 있는 의지 형성과 윤리적 판단력 향상의 노력을 소홀히 하는 것이 나에게는 그와 같은 인본주의-실존적 치료 방법론이 안고 있는 위험으로 생각된다(참조: 본서 3.3장). 로저스에 의해서 선구적으로 공표된 치료사-고객-관계 안에서의 자유는 실로 필요불가결의 것임이 정당한 평가지만, 성공적인 치료 결과를 얻어 내기 위한 충분조건으로 평가되지는 않는다(참조: Kanfer 2000, 62 등등).

우리가 이미 본서 2.2.1장의 *행동치료* 해설에서도 경고한 바 있듯이, 여기서 우리가 다루는 이 치료법에 대해서도 후견하기 또는 심지어 고객에 대한 금치산선고(Entmündigung) 등과 같은 일괄적 비난 방식은 최근의 발달에서부터 광대역 프로그램을 거쳐 본서 2.2.3장에 개략적으로 소개된 인지행동치료에는 별로 적합한 방식이 되지 못한다: 여기

에서도 마찬가지로 요구되는 것은 치료사와 고객이 함께 치료의 지속
기간, 목표, 그리고 치료 과정에 대해서 먼저 합의를 한 이후에도, 고객
이 자유롭고 능동적이며 지속적으로 협력한다는 것이며, 특히 *인지주
의 심리치료사*들의 경우에는 상호 간의 신뢰, 온화함, 그리고 공감에
기초하는 작업동맹 관계가 조건이다(참조: Hautzinger 2000, 47 이하,
53 이하). "특정 요소들은 실제로 모든 형태의 심리치료에서 중요하지
만, 인지치료에서는 결정적인 의미를 가진다"라고 벡은 결론짓는다:
"효력 있는 심리치료의 명백한 제1의 본질적 요소는 치료사와 환자 사
이의 진정한 협력이다."(1979, 184) 인지주의 심리치료의 주된 네 가지
방향 외에도, 주요 저자 프레데릭 칸퍼(Frederick Kanfer) 중심의 연구
단체는 그들이 개발한 '자기경영치료'(Selbst- management-Therapie)
를 가지고 설득력 있게 이전의 행동치료의 한계를 깨트렸다. 자주 "인
본주의적 형태의 행동치료"라고도 불리는 이 방법론의 발단은 여기서
도 논의 대상인 고객의 자율성을 목표로 설정하였다: 우리는 "모든 잘
못 이해된 전문가의 자세를, 또는 치료사가 치료 조처들을 (당사자의
의사에 반해서) 권위주의적으로 강요하는 방식에 엄격히 반대한다"라
는 것이 그들의 선언이다. "따라서 우리는 우리 의뢰인들의 자율성을
받아들이며, 그들에게 반항할 권리를 허용하며, 별도의 음험한 속임수
를 써서 사람들로 하여금 치료사들이 원하는 바를 하도록 만들려는 모
든 시도를 반대한다."(상게서 7) 이러한 혁신적인 치료 프로그램은 그
의도가 명백한 인간학적 전제 위에 토대를 두고 있으며, 그것은 자신이
처해 있는 환경 자체가 복합적이어서 단지 부분적으로만 변화가 가능
한 그런 상황에서도 자율권을 수호하고자 노력하는 인간을 옹호하려는
것이다: "중요한 주도적 모티브는 자율권, 자기책임, 그리고 자기조절
능력을 확보하는 것이며, 이것이 자신의 삶의 운명을 결정하는 능동적

역할 수행과 병행하도록 이끄는 것이다. 그래서 우리의 구상은 자기책임을 감당할 수 있도록 인간을 도우려는 것이다. 그러나 아무리 효과적인 치료법을 적용한다 할지라도 극복하기 어려운 생물학적·사회적·문화적으로 조건 지워진 한계들이 있다는 것을 부정하지는 않는다."(상게서 4 이하) 한편으로는 고객의 인격적 영향력을 원칙적으로 벗어나 있는 인간적인 행동의 자유에 대한 명백한 내면적 제한과 외부적 한계를 존중하지만, 이 인격적 영향력을 부정하지 않음으로써 인격의 자결권과 자유의지를 박탈해 버리지 않는 것이, 또 한편으로는 행동의 자유 개념의 본질적인 비교가능성도 모두 내게는 아래에서 해명하게 될 절대적 (독립적) 자유의 철학적 반정립보다 인간학적으로 더 적절해 보인다. "우리는 이러한 능동적 방향 설정의 틀 안에서 의뢰인과 함께 그들의 *인격적 자유*를 *최대한*으로 *확대함*을 목표로 작업한다."(상게서 16) — 즉 그들의 삶의 목표, 행동 원칙, 가치관 등에 대해서 함께 대화를 통해서 논구하고, 욕구 대상과 필요 대상을 명확히 하며, 선택과 결정을 동반하는 갈등을 해결함으로써 고객으로 하여금 그들의 일상생활을 더 독립적이고 자주적으로 영위해 나갈 수 있도록 지원한다(참조: 상게서 5).

c) "오늘날 제시되는 치료-광고들이 많은 경우에 비록 모험주의적 과장에 빠지지 않는다 해도, 자주 신뢰감이 떨어지며, 여하튼 걱정스러운 지경이라는 인식이 — 공공 매체들이 효과적으로 지원하는 계몽 캠페인을 통해서 — 확산된 이래로", 이에 대응하여 기치를 들고 나선 철학상담치료사들은 다른 치료들에 비해서 "더 진지하고", "더 깊이 숙고하며", "더 철저하다"는 수식어로 무장하고 나서면서 그 어떤 후견자적 태도도 부정함으로써 도움을 구하는 사람들의 신뢰를 일깨운다:

철학이 특별한 견고함, 책임감 있는 철저함, 그리고 — 또한 비록 지혜는
아닐지언정, 그러나 — '사려 깊음'의 명성을 누려 왔다는 것은 결코 근거
가 없지 않다. 그 외에도 특히 철학상담치료는 단지 필요한 요구만을 충족
시키는 수준 이상의 교양이 부여하는 신비로운 기운의 카리스마를 발휘할
것이며, (이것은 수명이 짧은 즉석-깨달음의 유혹에 대한 면역력을 부여
해 주며) 이로써 철학상담치료는 (그와는 반대로) 치료사들의 활동 무대
에서 활성화된 신조어를 날려 버릴 자신감을 얻을 것이라고.

아헨바흐는 인본주의적으로 "완화된 치료-전략들의 통합 운동", 특히
"사이비-철학적 포장"으로 옷 입힌(Achenbach 1984, 53) 로고테라피
를 곁눈질로 보면서 선언한다. 명목상으로는 단결심과 책임 의식을 목
표로 삼는 그들의 교육 과정 때문에 마치 사전에 이미 운명 지워진 듯
이, 상담과 치료 활동을 수행 중인 철학자들이 취하는 왜곡되지 않고,
대칭적이며, 후견인처럼 군림하지 않는 소통 방식을 그들의 실천 활동
의 상표로 내세움으로써 그들의 활동이 결코 "새로 만들어 낸 치료"가
아니라고 단호하게 주장한다: "철학은 마땅히 실천이 되어야 하고, 의
사소통적 행위이며, 대화를 통한 문제의 탐색과 구성이고, '왜곡된 의
사소통'에 대한 끊임없는 비판이며: 결국 언제 어디서도 수행될 수 있
는 모든 '진단'과 '치료'마다 모범 사례가 될 수 있다."(상게서 29) 모
든 실제의 철학적 대화가 그렇듯이, 상담대화(Beratungsgespräch)도
대칭적 대화의 조건들을 요구하며, 다시 말해서 "대화자는 모두 대등
하며, 각자 의견의 경중을 다룸에서도 상대를 대등한 파트너로 간주해
야 한다. 상담의 시작 단계에서는 이 원칙은 별로 지켜지지 않는다. 왜
냐하면 대부분의 내담자는 상담사를 존경심으로 우러러보기 때문이다.
철학적 상담치료사로서, 당신은 이 권위를 파기해야 한다."(Prins-

Bakker 1995, 136 이하) 프린스-바커(Prins-Bakker)의 경험에 의하면, 권위의 격차는 한편으로는 상담사가 고객보다 어떤 것은 비록 더 잘 알겠지만, 그 자신도 많은 삶의 문제와 질문을 가지고 있음을 분명히 밝힘으로써 해소할 수 있다. 다른 한편으로, 상담사는 고객의 세계관이나 인생관에 대한 자신의 견해나 입장 표명을 항상 그리고 분명히 자기의 개인적인 해석 방식이라고 명시적으로 밝혀야 함을 지적한다 (참조: 상게서 137).

그리고 보면 철학자들은 마치 현대 심리치료에서는 "담론적 전환"이 전혀 이루어지지 않은 듯이, 그리고 수많은 저명한 인본주의적 개척자들이―진지하게 그리고 경험적 근거를 가지고―치료사와 고객 사이의 의사소통 관계의 질적 향상에는 노력을 기울이지 않은 듯이 행동한다. 철학자들은 자신이 더 견고하고 더 철저하게 훈련된 체계적 사색가라고 자랑함에도 불구하고, 자유롭고 성숙한 사람들 사이의 철학적 상담 대화를 위한 완성된 의사소통 모델로서, 로저스가 제창한 기본 규칙들의 명확함에 필적할 만한 것을 찾아보았자 헛수고일 뿐이다. "철학상담치료에 진입하기 위한 예비 조건에 대해서도, 효과적인 대화의 진행 경과에 대해서도, 그리고 상담을 찾아오는 방문객을 위해서도, 또한 상담을 주관할 상담사를 위해서도 아무런 근거 지침이 없으며,"(Teischel 1991, 110) 그 어떤 특정 전략이나 정해진 프로그램과 방법론도 모두 포기될 수 있다고 생각하는 한, 기본 원칙으로서 남을 수 있는 것은 기껏해야 로저스의 '일치성 요구'(Kongruenzforderung)를 상기시키는 "진정성"(Ehrlichkeit)뿐이다: "전문적 능력과 자격을 꾸며 대기 위해서 내세우는 객관성과 진리 대신에 오히려 필요한 것은 자기 자신을 향한 요구로서 진실성(Wahrhaftigkeit, realness, genuineness)이다."(상게서) 이와 비슷한 요구를 아헨바흐도 염두에 두고서 이렇게 말했을 것이다. 즉 철학 실천가는 "자신의 생각에 대해서 스스로 책임을 지는 경우, 그의 내담자의 파트너가 된다. 다른 말로 한다면: 내가 나의 실존적 존재 전체를 가지고 정당화할 수 없는 어떤 생각이나 사상을 이용하는 것이야말로 아마도 가장 큰 위험일 것이다."(1984, 10) 그러면 모든 생각을 자신의 존재 전체를 가지고 정당화하라는 절대적인 요구가 어떻게 충족될 수 있을지를 곰곰이 따져 보려는 중에 벌써 그다음의 별로 납득이 가지 않는 결론과 마주치게 된다. 즉 이 공감적인 진실성이 그 달갑지 않은 "치료적 격차"를 해소하기 위한 보증이라는 것이다: "철학상담치료의 실천을 위해서는 본질적인 요소인 이러한 자기개입의 요구와 자신을 연루시킴은 치료적 격차를 원칙적으로 해체한다."(상게서) 진지하지 못한 사상가나 종파주의자들도 역시 아무 문제 없이 그와 같은 자기개입의 요구로 무장하고 나설 수 있음이 명백하므로, 아헨바흐는 자신의 요구를 자기 의도에 따라 더 정확히 표현하여, 철학상담치료사는 자신을 "어떤 요구도 감당할 수 있는" 존재로 평가할 수 있어야 한다(!)고 말한다(참조: 상게서).

프린스-박커도 포함하는 다른 여러 철학상담치료사도 역시 앞서 언급한 상담사의 권위를 완화하기 위한 구체적 지침을 제시하면서도, 상담사-내담자-관계의 분명한 질적 성격의 판단 기준을 유보하였으며, 그로 인해서 고객의 자율성을 확보해 줄 수 있는 조처를 명시적으로 제시하지는 못했지만, 분명히 그들은 고객을 항상 현실적이고, 정직하며, 일관성을 유지하는 인간으로서 상대하라는 근본적인 요구를 인본주의-실존적 치료사들과 공유한다: "철학자의 상담소를 찾는 사람은 이론 관리자를 만나는 것이 아니고, 오히려 한 인간을 상대하게 될 것이

다."(상게서) 마지막으로 루쉬만은 로저스가 명시적으로 제시한 치료
의 세 가지 유형을 참조하였으며, 여기서 문제가 되고 있는 상담사의
질적 보장의 결정적 요소로서 "정직 공명함", "수용적 승인", 그리고
"심층적 이해"를 내세웠다(참조: 1999, 350 이하).

철학 실천가 권터 비짜니는 그가 "아직 미해결인 채 완결되지 않은
체계적 철학 실천 이론"을 마음속에 품고 있다는 점에서(1991, 115) 부
분적으로는 이론 거부적 태도를 취하는 동료들 중에서는(참조: 본서
2.1장) 하나의 예외일 뿐만 아니라, 철학상담에서 제기되는 왜곡되지
않은 의사소통 문제와 관련해서 위르겐 하버마스와 카를-오토 아펠
(Karl-Otte Apel)에 의해 발전된 담론윤리학적 언어실용주의(diskurs-
ethische Sprachpragmatik)의 이론틀에 주의를 환기했다는 점에서도
예외적이다: "철학상담치료사가 그에 준거해서 실천 방법론의 지침을
얻을 수 있고 궁극적으로 실천의 의미를 도출해 낼 수 있는 그런 윤리
학은 그에 필요한 규범들을 기호매개인 상호작용의 분석으로부터 얻
어 내며, 이 상호작용은 행위이론적으로 방향정위된 언어실용주의의
경우와 유사하다."(상게서 143) 의사소통 행위에 참여하는 사람은 그
의 진술로서 항상 그리고 이미 그의 대화 상대자를 염두에 둔 상호적
기대태도(reziproke Erwartungshaltungen)와 함께 네 가지의 인정 요
구(vier Geltungsansprüche)를 제기하는 것과 마찬가지로, 하버마스에
의하면 다음과 같은 형식실용주의적 규칙들이 모든 의사소통적 상황의
선험적 아프리오리를 형성한다:
   1. *이해가능성*: 진술에는 *이해가능성*이 요구된다. 왜냐하면 이해 불
가능한 진술의 경우 진술의 화자는 "그 진술이 향해진 그 청자로 하여
금 그 진술에 따라 행동할 것을 기대할 수는 없기 때문이다."(상게서)

2. *진리*: 주장된 사태의 *진리*가 의심의 대상이 되어야 하는 경우라면, "청자는 진술하는 화자에 대한 신뢰를 전제하지 않고서는 그 어떤 행위도 시도할 수 없다."(상게서)

3. *올바름*: 언어 행위의 *올바름*은 언어 행위가 속한 "언어공동체의 현행 규범을 따라야 한다. 그렇지 않을 경우, 표현의 선택은 그것에 의해 전달되어야 할 내용 또는 그것이 의미하는 바를 매개함에 적합하지 않기 때문이다."(상게서)

4. *진실성*: 마지막 규칙은, 한 진술의 '표현'이(wie sie geäussert wird) 그 진술의 '의미'(wenn sie so gemeint ist)와 동일한 경우에만 그 진술의 *진실성*이 인정되어야 하고 또 항상 인정되어야 한다는 것이다.

"철학상담치료사가 애초부터 항상 (꼭 '동의' 또는 '합의'가 아닌) '소통'과 '상호 이해'를 추구해 왔고, 대화의 방법론적 절차를 건설적으로 조직하였으며, 의사소통적 행위를 개인과 공동체적인 행위 방식의 근거이자 목표로서 체험함으로써", 그리고 이들 네 가지 '보편실용주의적 규범'을 실천함으로써 대화 상황이 왜곡되고 훼손됨을 막았어야 했었다고 비짜니는 진단한다. 그러나 이상하게도 비짜니는 하버마스가 한 걸음 더 나아가서, 퇴행과 불평등의 위험을 비로소 근본적으로 차단할 수 있도록 확립한 절차적 대화규칙(prozessuale Gesprächsregeln)에는 더 이상 동의하지 않는데—이것은 아마도 철학적 토론이 불가피하게 하버마스가 목표로 삼았던 "합리적 동기에 의한 합의"(즉: "Konsens")로 귀결되어 버리지 않기를 원했기 때문이었을 것이다. 자문 또는 협의 상담에서 일반적인 대칭적 상황이 보장되기 위해서는 다음의 추가적 조건들을 통해서 의사소통의 구조가 "더 좋은 논증에 의한 강제 이외의 그 어떤 외부로부터 의사소통 과정에 개입되는 강제도, 또는 소통 과정 자체에서 발생하는 강제도 배제될 것이 보장되어야 한

다."(Habermas 1996, 99):

5. "언어 능력과 행위 능력을 갖춘 모든 주체는 담론에 참여함이 허락된다."(상게서)

6. 모든 대화 참여자는 앞의 1-4로 제시된 요구에 따라서 각자의 언어 행위를 수행할 기회가 허락되어야 한다.

7. 앞서 제시된 모든 언어실용주의적 규범들의 의미에 입각해서, "그 어느 대화자도 담론 내부나 외부로부터의 지배적인 강제에 의해서 자신의 [의사소통적] 권리를 행사함에 방해받지 않아야 한다."(상게서)

결국 철학상담치료사들의 입장에서는 적어도 담론윤리학자들에 의해 기획된 이상적이고 강압적이지 않으며 대칭적 대화 상황(symmetrische Sprechsituation)을 지향하는 개인적이고 이론적인 발전적 시도들이 모든 대화 참여자의 자율성 요구가 보장된다는 조건과 함께 기록될 수 있는 반면에, 사람들은 동시에 자기반성적 주체를 다루는 인지심리학의 진영에서도 "개인의 (인지적) 활동의 자유, 자율성 등을 극대화하는" "규범비판적인 교육-심리학적 자문상담(Beratung)"을 위해서 하버마스식의 "이상적 언어 상황"(ideale Sprechsituation)을 구상해야 한다는 시급한 필요성을 인식한다: "그와 같은 방법론은 (우리가 알기에는) 아직 세분화된 형태로 완성되지 못했다; 그것은 논증이론과 (사회-심리학적 또는 사회학적) 커뮤니케이션 연구를 함께 연결시켜야 할 것이다."(Groeben-Scheele 1977, 176 이하) 그와 같은 "논증과 자문상담을 위한 방법론"의 일반적인 부족 상황과 관련해서 대응책을 찾으려 한다면, "'이상적 언어 상황'을 위한 규정들을 설득적인 (이 단어는 '논증적인'과 동의어로 사용된다.) 의사소통을 실현하기 위한 규칙들로서"(상게서) 활용하는 것과 함께, 대부분 선입견들 때문에 굳어져 버린 적대적 태도 대신에 오히려 협력적 태도를 갖는 것이 더 적절한 대안이 아니겠는가? 철학과 심리학이 실천적 적용을 지향하면서 이상적인 대화나 이상적인 자문상담의 조건들을 찾아 평행선을 달리고 있는 상황에 직면해서 본다면, "심리학자들의 작업에서는 자유에 도달하려는 목표가 전면에 부각되며, 철학상담치료에서는 자기의 자유를 활용함이 전면에 내세워진다"(참조: 앞에서)는 투른헤르의 주장은 더 이상 인정받지 못한다. 왜냐하면 양쪽 모두를 흑과 백으로 단순화해서 평가하는 것보다는, 칸퍼 또는 그뢰벤/쉘레(Groeben/Scheele)를 따라 "자유의 최대화"(Maximierung der Freiheit)라는 표현이 더 적절해 보이기 때문이다(참조: 위). 아른트 마이(Arnd May)도 "실제에서 자율성이란, 칸트의 견해와는 반대로, 대부분 점차적으로 나타난다"고 지적한다(2000, 21). 물론 다음과 같은 경우에는 몇 가지 질문이 추가로 제기된다: "자율성"과 "타율성"은 상호 모순적인 개념쌍이어서, 그중 한 개념의 부정은 반대 개념과 의미가 같아지거나, 그 두 개념은 단지 가능한 모든 등급이 포함된 한 척도의 양극단을 가리키는 것이 아닌가? 한 인간이 언제라도 한 번 절대적으로 자율적일 수 있는가? 아니면 항상 단지 더 또는 덜 자유로울 수 있을 뿐인가? 도대체 "자율적"이라거나 또는 "타율적"이라는 것은 무슨 의미인가?

이 질문들을 심리학적 치료 현장에서 흔히 지적되는 바 그 후견인 행세에 대한 그들의 대응책 구상들에 대해 특히 우리의 관심을 끄는 그 철학상담치료사들에게 묻는다면, 알렉산더 딜은 한 장 전체를 "성숙"/"미성숙" 주제에 할애하며, 이것을 그는 명백히 "자율성"/"타율성"과 동의어로 사용한다(1990, 39-51에서). 투른헤르(1998, 369)의 해석에 의하면, 딜은 "미성숙의 현상으로서 단지 다른 사람들을 통해서 유발된 타율성뿐만 아니라, 인간의 자율성을 부정하는 모든 이론의 논증적 개입도 마찬가지로 미성숙의 현상으로 파악한다." 따라서 인간의 자율성은, 예를 들면 "DNS-사슬 안에서 유전인자가 결정된다고 보는" 생물학적 이론을 통해서도 부정되며(Dill 1990, 40), 또는 성격상의 특징들과 행동방식들이 가정 안에서 어린 시절의 일차적 사회화 과정으로부터 형성된다고 보는 사회심리학적 설명 모델을 통해서도 부정된다(참조: 상게서). 딜에 의하면, 결국 타율성은 "결코 사회적 또는 정치적 성격의 굴복이나 복종 행위에서 비로소 시작되는 것이 아니라, 인과관계에 따라서 복종할 때 이미 타율성은 시작된다. 인과적 복종은 자기 스스로 결정할 수는 없지만, 자기의 삶을 결정하는 것으로서 경험되는 그런 외부적 요인을 받아들임이 그 본질이다."(상게서 39 이하) 미성숙한 사람은 말하자면, 특정의 운명적인 타격, 부모, 또는 부채 등과 같은 외부적 요인을 고통스러운 강제, 불안, 또는 행위불능 등의 인과적 원인으로 간주한다(참조: 상게서 41). 딜에 의하면, 그러한 타율성 또는 미성숙함은 철학상담치료사와 나누는 대화에서는 "하려고 해도 안 된다"(Ich-will-aber-ich-kann-nicht)는 관용적인 문장형 진술로 정체를 드러내며, 예를 들면 이렇게 구체화된다: "난 정말 남프랑스로 가고 싶어도 못 가요. 왜냐하면 돈이 없거든요"(상게서 40)라든가, 또는 어떤 작가는 쓰기는 엄청 많이 쓰지만, 아무것도 출판을 못 하는데, 그 이유는 "아는 사람이 없으면 그 어디서도 자기 이야기를 받아 주지 않기 때문"이라는 것이다(상게서 44). 이 고객들은 인과적 복종을 수단으로 이용해서 그들 자신의 자유와 책임을 떨쳐 버린다. 예를 들면 그 자칭 작가가 자기의 실패 원인이 "혹시 그의 작품 때문일 수도 있을 텐데"(상게서)라고 자인함으로써, 즉 그 실패가 어떤 외부적 조건 때문이 아니고, 자신의 무능함에 기인한 것일 수도 있음을 인정할 기회를 제외해 버리는 것이다. 하지만 딜은 그의 상담소에서 실제로 있었던 대화를 이렇게 해석함으로써, 결국 자유의 의미를 누구든지 자신의 삶의 조건과 관련되는 모든 것을 스스로 결정할 수 있다는 의미의 절대적 "자립"과 같은 뜻임을 암시하는 듯하다. 그러나 *사실상*, 자기경영치료가 올바르게 청구서에 올려놓았듯이(앞부분 참조), 우리는 우리 삶의 대부분의 사안을 결코 우리 스스로 결정하지 못하며, 난처한 재정 형편이나 수많은 기고문이 넘쳐나는 편집부의 난처한 상황에 직면해서는 적지 않게 인간적 관계가 주목을 받는 마지막 기회가 될 것이며, 이런 경우라면 우리의 행동의 자유와 자유재량권의 여지는 노골적으로 제한되어 버릴 것이다. 결국 인격적 성숙과 "자율성" 또는 "의지의 자유"의 상실에 대한 논의가 가능한 것은 인간이, 프랑클이 말하는 노이로제 환자처럼(앞부분 참조), 원칙적으로 변경이 가능한 내적 또는 외적 요인들에게 자신을 복종시키면서, 그것들을 인과적으로 사태를 결정짓는 요인으로 잘못 체험하고 옹호하는 경우다.

비록 짧게 받아 쓰인 대화록의 한 부분에만 근거해서 확인하기가 물론 쉬운 일은 아니지만, 딜의 고객들이 "하려고 해도 안 된다"는 문장을 가지고 정말로 자신을 "인과적으로 복종시킨 것인지"에 대해서는 적어도 유형학적인 대화 상황에 대한 대안적 해석이 가능하다: 재정적 곤경이나 인간적 관계망의 결핍에 자신을 인과적으로 의존시키지 않은 채로도, 그들은 그들이 자유롭게 선택한 남프랑스로의 여행 또는 독립 작가로서의 삶 등의 행동 목표와 관련해서 이것들을 (즉 재정적 곤경과 인간적 관계망 결핍을) 부정적으로 평가한다. 모범적 사례로 선택된 이 고객들을 비난해야만 할 이유가 있다면, 그것은 단지 그들이 한 편으로는 — 도달할 수 없는 자립-자유의 이상에 골몰하면서 — 그들의 재정적 또는 문학 시장의 현실 상황에 대한 충분한 고려 없이 지나치게 비현실적인 행동 목표를 잡았다는 것이며, 또 한편으로는 이 요인들이 전혀 변경 불가능한 것으로 잘못 평가되었다는 것이다. 명백히 그들은, 자유로운 선택으로 강요된 채, 그들의 주관적 희망을 삶의 객관적 상황들과 중재함에 실패함으로써 해결책을 찾아 결정을 내림에 있어서 문제에 봉착했고, 철학상담치료사로부터 "그에 상응하는 자문과 지원"을 받음으로써 투른헤르의 말처럼, 개별 사안들마다 "각각의 방향정위를 밝히고 목표 설정의 과정에서 추구되어야 할 합리성이 찾아질 것"을 기대한다(1998, 367). 투른헤르가 설득력 있게 제시한 철학상담치료의 목표에 상응하도록 적극적인 관심과 참여 의식을 가지고 대화함으로써 고객으로 하여금 자신의 구체적이고 복잡한 삶의 상황 안에서 각각의 사안에 대한 때로는 상호 경쟁적인 방향정위들도 분명히 파악하도록 돕는다면, 그의 자율성은 반드시 극대화되고, 자유에 대한 절대적 자립 이상형과는 결별하게 될 것이다(Groeben/Scheele, 위 참조). 그의 자기인식과 세계인식, 그리고 개인의 기질적 성향과 외면상의 불변적 한계에 대한 의식화, 그리고 또한 추가적인 행위 능력의 획득을 위한 가능한 전략과 어려운 삶의 상황의 극복을 위한 자격 취득 등을 통하여 환경과의 관계에서의 그의 통제력과 탁월성, 그리고 자기결정 능력은 성장한다.

일단 이러한 대안적 숙고를 뒤로 하고, 다시 딜의 일반화된 미성숙-정리(Unmündigkeits-Theorem)로 되돌아가면, 혹자에게는 그가 내던지는 미성숙성 비방이 그의 부분적으로 불손한 대화 방식과 결합하여 때때로 교만한 인상을 준다. 다음의 예를 들어 보자:

그녀: 전 제발 좀 조용히 살고 싶지만, 전화벨 소리가 계속 울려요.

상담사: 그럼 전화를 끊어 버리세요.

그녀: 하지만 전화가 자주 필요는 해요. 단지 사람들은 항상 내게서 뭘 바라서 그러지요.

상담사: 그래도 당신은 다행이라고 생각하세요.

그녀: 하지만 내겐 너무 힘들어요. 내 몸이 더 이상 견뎌 내지를 못해요.

상담사: 그렇다면 당신은 전화를 꼭 매번 받지 말아야겠네요.

그녀: 단지 그 벨 소리만도 내겐 벌써 거슬려요. 내가 전화를 받건 말건, 조용히 쉬는 건 이젠 끝난 거지요.

상담사: 그러면 당신에게는 지금 하는 일이 별로 중요하지 않은가 보군요.

그녀: 오, 아니요. 저는 정원 일을 아주 즐겨요; 저를 아주 안정시켜 주지요.(1990, 41)

딜의 해석틀을 따르면, 여기에서는 생활필수품인 전화기에 대한 '인과적 복종'이 진단 내려졌으며, 그 (복종) 주체의 참기 힘든 고통 상태에 대한 책임이 전화기에게 부과되며, 이를 통해서 그 고객의 미성숙함의 증명이 이미 밝혀진 것처럼 보인다. 그와는 달리 나의 대안적 해석을 적용한다면, 여기에는 단지 전화기의 거슬리는 벨 소리와 전화기의 유용성 사이에 고전적 형태의 이해 충돌이 존재할 뿐이며, 자신의 삶의 여정에 지나치게 말려든 고객이 혼자 힘으로는 벗어날 수도, 또 해결할 수도 없어서, 그는 철학상담치료사를 찾아온 것이다. 그러나 이와 같이 특정한 삶의 외부적 조건의 이로움과 해로움에 대해서 토론하고, 자신의 자아관을 염두에 두면서 자율적으로 평가할 수 있는 사람은, 딜의 관점에서도 그렇듯, 분명히 성숙된 인간이거나 "의지의 자유" 관점에서도 자율적인 인간이다(참조: 상게서 43).

이상하게도 여기에서 딜은 성숙된 인간들 사이에서 행해지는 철학적 대화가 목표로 삼는 '선택 가능성 찾기'와 '문제 해결하기'를 "미성숙의 단계로 되돌아감으로 간주하여" 단호히 거부하며(상게서), 이 때문에 많은 철학상담치료사가 그들의 활동의 전제조건으로서 제시해 온 고객의 성숙함이(참조: Thurnherr 1998, 367 또는 Berg 1992, 109) 동시에 이미 상담의 목표인 것처럼 보인다:

> 여기에서 순환은 끝나며, '문제 해결'의 목표는 단지 미성숙으로의 복귀로 드러날 뿐이다. 왜냐하면 '단점'[전화벨 소리]이 '장점'[전화]을 위해 희생되어야 하겠지만, 그 과정에서 장점도 함께 희생될 것이고, 그 장점의 가치는 오직 그 단점을 거쳐서만 실현될 수 있기 때문이다. 결국 이것은 성숙의 문제가 가치문제의 영역 밖에 자리 잡고 있음을 상기시킨다: 그러므로 어떤 경우에도 전화기와 정원 가꾸기에 대한 '긍정적' 관점을 찾으려 하거나, 이 두 가지를 놓고 우선순위를 정하는 것이 문제의 핵심이 될 수 없다. 성숙함이란 도대체 이런 문제를 제기하는 그런 마음 상태 이외의 그 무엇도 아니며, 결국 여러 가지 해석과 평가에 대해서 논의하는 그 자체다.(Dill 1990, 43)

이로부터 놀라운 결론이 도출되어야겠다: "그렇다면 철학상담치료란 경우에 따라서는 단지: '거기에는 또 다른 의견도 있습니다'만을 의미할 뿐이다!"(상게서 50) 물론 앞의 사례에서도 전화기에 대한 전적인 부정이나 제거와 같은 극단적 해결책이 적절하지 않을지라도, 철학적 상담사는 전화, 벨소리, 도움을 찾는 통화자, 정원 등 누구에게나 필연적으로 서로 다른 가치평가를 동반하는 사실적 대상들과의 관계보다는, 오히려 고객이 자신의 자유를 활용함에서 진전을 이루는 그 목표를 추구함으로써, 고객으로 하여금 자신의 가능한 방향정위들을 체계적으로 정리하고, 분명히 등급화된 가치의 상하 위계와 연계시킴으로써 자기의 통제력과 의지의 자유를 강화할 수 있고, 그럼으로써 분명히 가치 있는 것으로 분류된 전화기의 해로운 벨소리도 더 이상 마치 외부에서 침입해 온 폭군처럼 괴롭히는 효과를 갖지는 않을 것이다. 효과적이며 합리적 논증을 근거로 모든 대화 참여자를 설득시키는 결론을 찾아 제시함은 결국 미성숙으로의 후퇴가 아니라, 오히려 이제 비로소 자율성이 더 고조되고 더 강화됨으로써 위기의 불확실성에서 벗어나게 된 것이다.

상담사로서 보여 주는 딜의 오만함이 첫눈에 더 정당성을 가지고 나타나 보이는 것은, 미성숙함이 소위 말하는 '인과적 복종'의 결과가 아니고, 도리어 한 인간의 행동의 자유가 중독 또는 인격장애 등과 같은 내면적 강제로 인해서 훼손된 경우이다. 여기에서도 그는 이것을 설명해 보이는 사례를 제시한다:

그: 저는 담배를 핍니다.

나: 그래요?

그: 담배가 내겐 골칫거리입니다. 돈이 많이 들고요, 병을 일으키지요.

나: 그럼 담배를 끊으세요.

그: 그건 못해요. 전 중독자거든요.

나: 당신이 담배를 피우는 게, 그럼 어느 다른 사람에게도 피해를 주나요? 예를 들면 가족이나 여성 친구에게나 말이예요?

그: 아니요.

나: 그러면 거기엔 아무 문제는 없군요. (상게서49)

여기까지만 보면, 이 고객의 태도는 모순이라고 딜은 판단한다. 왜냐하면 그는 한편으로는 "'중독자'이므로—결국 미성숙하다고—봐야 하며, 다른 한편으로는 자신의 상황에 대해서 철학적으로 대화하기"를 원하기 때문에 그렇다는 것이다(상게서). 위에서 우리가 내린 자유의 의미규정을 따르면, 실제로 여기에서는 행동의 자유가 상당한 정도로 제약을 받고 있는데, 그 이유는 그 고객이 자신의 내면적 강제 때문에 그가 선택하고 의도하는 바의 행위를—즉 금연하기를—실천할 수 있는 상황에 있지 않기 때문이다. 앞에서의 전화기 사례와는 반대로, 이 흡연가의 자유에 제한을 가하는 그 원인은 숙고에 의한 선택지 결정(reflexive Entscheidungsfindung)의 어려움 때문이 아니라, 결정과 행동 사이의 내면적 봉쇄(Blockade) 때문이다. 이와는 반대로, 의지의 자유는 "정신의 저항력"(Frankl, 위 참조)에 힘입어서 자신의 정신적 장애에 대해서도 거리를 두면서, 그와는 반대로 결정을 내리는 능력으로서 계속 유지된다. 따라서 흡연은 자율적 사고의 차원에서 기능적 장애를 일으키지는 않으며, 행동 봉쇄는, 심각한 신경증적 인격장애와 달리, 단지 제한된 행동 영역에서만 피해를 줄 뿐, 사회적 환경이나 흡연자의 일반적 행동이나 감정은 그 피해 대상에서 제외될 것이므로, 그런 사람의 경우 그의 자율성이 박탈되거나 부정될 수는 없다. 제한된 행동의 자유에도 불구하고, 심리적 환자가 (중독증 환자가) 자기의 자율성을 별로 잃어버리지 않는 것은, 신체적 환자가 (예를 들면 마비성 불구자가) 유동성과 운동의 자유에서는 상당히 제한을 받겠지만, 기술적 보조 장비를 가지고 상당 정도 보완될 수 있음과 같다: "자율성은, 건강한 사람은 가지고 있고 병든 사람은 가지고 있지 않다는 방식으로, 즉 제외 대상 기준의 의미를 가지는 속성으로 간주되어서는 안 된다."(May 2001, 22)

고객의 정신 자체는 "자기 자유의 담지자"(Träger seiner Freiheit; Frankl)로서 전혀 건드리지 않은 채, 단지 고객의 부분적 미성숙만을 제거하기 위해서는, 감정이입의 공감이 결핍된 채, 여기에서는 "전혀 아무런 문제도 없다"고 간주하는 딜의 결론보다는, 투른헤르의 제안을 본보기로 삼는 진지한 철학적 상담과 자문이 절대적으로 필요하다. — 단지 "심리학적 처방기법 전문가"(psychologischer Verfügungstechniker)의 비방하는 투의 말씨를 도외시할 수만 있다면:

목표가 무엇인지를 결정함이 주된 과제인 경우에는, 자율적으로 생각함을 중요시하는 차원에서는 실제로 아무 문제도, 아무런 갈등도 직접적으로 제기되지 않는다. 그러나 행동에 옮길 결정을 실천 단계로 전환함에 필요하고 활용 가능한 수단에 대해서 숙고하는 경우에는 사정이 달라진다. 해당 안건에 대한 공동의 자문상담의 결과는 당면 안건의 경우, 상황에 따라서는 내담자도 함께 감당받게 될 충고일 것이니, 즉 그 자신이 한 번은 흡연자로, 또 한 번은 비흡연자로서 심리학적 처방기법 전문가와 대면함으로써 현재 상황으로부터의 해방 절차에 들어서도록 하며, 종국에는 자기 내부의 흡연자에 대한 통제력을 회복시킴이 그 목표가 될 것이다.(Thurnherr 1998, 370)

고객 본인의 자율적 목표 추구가 실제로 심신상관적(psychosomatisch) 장애 때문에 좌절된다면, 이 문제는 명확히 심리학자의 전문적 관할 영역에 속하는 사안이기 때문에, 이러한 경우에는 의심의 여지없이 철학상담치료사를 찾기보다는 심리치료사를 방문함이 더 적절할 것이다. 불유쾌한 마음의 장벽을 심리치료사의 도움을 받아 제거하겠다고 결단을 내리는 것은 분명히 자유로운 의지의 표현일 것이며, 그 치료 과정이 힘들고 지루한 경우라면 더더욱 그렇게 보아야 할 것이다. 철학상담치료는 오직 독립적으로 생각할 수 있고, 그래서 철학자를 찾아갈 필요가 없는 사람들만을 상대하며, 반면에 철학상담치료사는 조언을 구하는 미성숙한 사람을 더 이상 도울 수 없다는 모순을 딜은 장난삼아 강조한다(참조: Berg 1992, 83). 그러나 자율성을 본래의 신중한 의미로 이해한다면, 그것은 힘든 외부적 삶의 현실 조건과 내면적 망설임이나 마음의 장애에 대한 반성적 숙고의 거리 두기로서, 철학적 상담에서처럼 심리학적 상담에서도 마찬가지로 전제되어야 하며, 결국은 공동의 대화를 통해서 비로소 최대한 키워지고 확대되어야 할 목표가 바로 자율성이다. 고객이 자문상담을 찾아오는 이유는 대부분 고객의 행동 능력, 소통 능력, 그리고 선택결정 능력이 자유롭게 발휘되지 못하고 제약을 받고 있기 때문이지만, 철학적 또는 심리학적 자문상담에서 필요한 것은 단지 고객의 그와 같은 정신적 자유일 뿐, 상담사-고객-관계가 절대적으로 대칭적이어야 하는 것은 아니며, 이 정신적 자유는 이미 언급된 제약 조건들 때문에 자주 좌절되며, 오직 점차적 방식으로만 추구될 수 있는 것이다.

같은 방식으로 우리는, 크래머(Krämer)와 함께, "철학상담치료사와 의뢰인 사이의 평등 관계와 대등 관계를 불안스럽게 강조하는" 배후에는 계몽주의적 자율성의 이상에 덧입혀진 충성 맹세를 추측해 보아야 하며, 그 이름을 내걸고 사람들은 심지어 "의뢰인과의 대화에서는 구체적 지시, 충고, 또는 단지 제안에 불과한 것도" 엄격히 배제시킬 것을 주장한다(참조: 1992, 336 이하). 왜냐하면 이런 극단적인 자제는 결국에는 전적인 자문상담 금지에 이르게 된다: "근대는 자문상담을 공공연하게 자율 적대적인 것으로 배척했으며, 시종일관하게 원칙/자율/판단력 강조의 증후군에 자문상담 금지도 추가시켰다."(상게서 333 이하) 내담자를 상대로 그 어떤 제안과 충고도 거부하는 철학상담치료 사들은 자유롭고 대칭적인 대화 상황 쪽으로 치우치는 듯하며, 로저스 역시 같은 원칙을 현대 심리치료의 "담론적 전환"에 동조하여 자신의 비지시적 대화심리치료의 근본 요청으로 채택했다(참조: 앞의 b). 인 본주의와 인지주의 심리치료사들뿐만 아니라, 철학상담치료사들도 마 찬가지로 널리 확산시킨 상담사-내담자 사이의 상호 신뢰, 공감적 관 심, 그리고 공동의 협력 동맹과 최적의 대화 분위기를 높은 질적 수준 에서 실현하기 위한 무제한적 수용은 긍정적으로 평가되어야 하며, 자 문상담의 조작적 오용 가능성에 대한 합의된 경고는 귀담아들어 마땅 하다(참조: 상게서 354). 고객의 자율성을 위해서 여러 철학상담치료 사의 방식을 따라 단지 그와 같은 "상담 윤리"만을 고집할 뿐만 아니라 (상게서 355), 유일하게 허용된 "공감적 참여 또는 경우에 따라서는 간 접적 호소를 통해서 의뢰인을 자기인식으로 인도하는 산파술적 대화 법"을 독점하는 경우라면, 자문상담에 대한 이야기는 엄격한 의미에서 는 "언어의 오용"이 되고 말 것이다(상게서 336). 지식, 경험, 그리고 체계적 반성과 숙고 능력에서 더 탁월한 상담사의 입장을 전제한다면, 전적으로 대칭적이고, 비지시적이며, 반성적인 자기성찰은 단지 직업 적 자문 활동의 특수 사례에 불과할 뿐이다. 따라서 앞의 2.1장의 인용 에서 밝혀진 투른헤르의 전문 용어를 재고한다면, 철학상담치료에 대 한 우리의 개념 정립적 입문은 이 자리에서는 직업적 자문상담 활동이 타동적(transitiv)이거나 지시적인 자문(direktive Beratung) 없이는 효 과를 거두기 어렵다는 뜻으로 수정되어야 할 것이다. 친구나 아는 사람 과 상의하여 조언을 받거나 충고해 주기와 같은 우리의 일상적 경험이 똑똑히 보여 주듯이, 비대칭적이고 타동적인 자문상담에서도 역시 자기든 타인이든 그 누구의 자율성에 대해서도 우리는 어느 한순간도 의심하지 않는다. 왜냐하면 최후의 결정권은 항상 자문을 받는 사람 자신에게 있으며, 경험에 비추어 보더라도 우리가 대부분의 충고를 실제로는 따르지 않는 것이 예사이고, 또 우리의 충고를 받은 사람들에게서도 이것을 기대하지 않는다(참조: 상게서 354). 고객의 자율성의 보존을 위해서는 "반성적" 상담을 "타동적" 자문상담과 치밀하게 분리하기보다는 "비권위주의적" 상담을 "타동적 상담"과 같은 분류에 속하는 "권위주의적" 상담으로부터 구별함이 나는 의미가 더 크다고 본다: 우리가 피해야 할 권위주의적이고 조작의 위험을 동반하는 타동적 자문상담과는 반대로, 비권위주의적 자문상담은 "내담자 자신이 판단하고 선택하고 결정하는 능력의 지도와 훈련도 포함하고, 이것은 내담자로 하여금 상담사와 상담 내용을 비판적으로 평가하며, 거리를 두고 분석적으로 고찰할 수 있도록 이끈다."(상게서) 그러므로 비대칭적이고 타동적 자문상담은, 이해력을 촉진하고 논증 위주로 진행되며, 그와 함께 편견에서 벗어나고 세분화된 판단과 결정 능력을 촉진하는 한, 고객의 자율성을 강화한다(참조: 본서 2.1장; Ruschmann 1999, 20 이하).

3.2 심리치료의 부적절한 치료 요구

a) 후견하기의 비난과 밀접히 연결된 또 다른 비난은 "도움, 치료, 건강, 그리고 평안함에 대한 약속으로서 거의 실현 불가능한 약속"이며 (Weismüller 1991, 7), 심리치료사들의 완전히 부적절한 치료 요구에 대한 비판으로서, 이것은 치료사와 고객의 관계를 온정주의적(paternalistisches) 관계로 확정해 버리거나 이제부터 그런 관계를 만들어 간

다는 것이니, 왜냐하면: "내가 치료를 찾아가는 그 순간에, 나는 나 자신을 기능적으로 불평등하게 맺어진 관계에 내맡긴다: 한쪽은 치료사이고 다른 한쪽은 환자다."(Achenhach 1984, 6) "심리치료의 전혀 본적이 없는 영양 과잉과 통화 팽창"의 영향하에 "환자는 제자로, 그리고 치료사는 동시에 무당으로" 돌연변이함으로써, "결과적으로 의학적 치료 개념은 유사-종교적인 구제 사건으로 돌변"한다는 것이다(Driever 1992, 374). 이 "싸이코 붐"(Psychoboom)은 과장된 구원의 기대심과 함께 널리 퍼지게 되니, 그 이유는 전 지구적 생활세계 전반에서 격화된 위기들이 정치에 피곤해진 동시대인들에게서 "그들의 실존적 관심사를 유사-종교적 자기치료 처방의 영향하에 보살펴 줄 필요성을 일깨우기 때문이다."(상게서 375) 치료에 대한 모든 권리 주장은, 각 치료의 특정 형태를 온전히 갖추었음에도, 철학상담치료사의 눈에는 부적절하고 매우 오만하게 비치며, 이것은 다음의 이유들 때문이다: 1. 선입견에 사로잡혀 일반화된 건강/질병에 대한 이론, 그리고 문제에 대한 고정된 이해와 해결 방식을 가지고 개별 고객들에게 접근하기 때문에, 그 결과 2. 비정상적인 것과 병든 것이 낙인찍혀 버린다(참조: Zdrenka 1997, 99 이하). "심리치료적 도식주의(Schematismus) 안에는 프로이트학파의 정신분석학으로부터 심령론의 영향을 받은 '리버싱'(Rebirthing, 재탄생) 치료나 생물에너지학(Bioenergetik) 등에 이르기까지 모든 '치료사' 유형의 스펙트럼이 그들 사이의 다른 세부적 차이들은 무시된 채로 함께 포함되며", 이것은 "독백적-자연주의적 과학 패러다임(monologisch-narutralistisches Wissenschaftsparadigma)의 감명 깊은 성과"에 힘입은 것이다(Driever 1992, 373): "치료 행위에 나서는 사람은—사실상 규범적인—치료의 근거체계를 전제한다. 그로부터의 이탈은 말하자면 그 전제된 규범 질서가 정하는 기준에 따

라 판단되고 교정된다."(Macho 1985, 31) 철학상담치료사들의 비난에
의하면, 더 이상 그 배경을 묻지도 않고 재심의 대상으로 삼지도 않는
심리치료의 일반적인 목표가 있고, 그것은 "특정의 심적 고통에서의
해방, 그리고 영적인 건강 상태의 조성"이며(Thurnherr 1998, 364),
그 때문에 심리치료는 "공인된 문제소탕기관"으로 불리어 마땅하다는
것이다(Weismüller 1991, 7). 심리치료가 전적으로 고통과 질병을 제
거하고, 갈등의 해결 또는 극복에 집중하므로, 심리치료가 전념하는 대
상 영역은 그래서 3. 일방적으로 인간 삶의 부정적 측면에 제한된다고
본다. 여기에 초점을 맞추면서 제기된, 소위 말하는, 심리치료사들의
"부정직한 치료 약속"(Teischel 1991, 111)은 정신분석학과 형태심리학
적 치료에서처럼 부정적으로 고통의 제거에 집중하거나 행동치료에서
처럼 긍정적으로 환경 안에서의 평균적 행동에 집중함으로써 우리 사
회에서 별로 명예스럽지 못한 "수리공장(Reparaturwerkstatt)의 기능"
을 수행한다는 것이다(Thurnherr 1998, 364).

    b) 최근의 일부 심리치료 경향들의 분석을 근거로 해서 부적절하고
부정직한 치료 약속에 대한 상투적 어법을 일일이 반박하는 대신에, 나
는 이 장에서 "치료"와 "자문상담"의 차이점에 대한 체계적인 설명에
착수하겠다. 왜냐하면 일차적으로 구별과 차별화를 목표로 제기된 철
학상담치료사들의 비난에는 한편으로는 "질병", "치료", "심리치료"의
개념 연계가, 또 한편으로는 "건강", "자문상담", "철학상담치료" 개념
들의 연계가 명시적으로 언급되지 않은 채, 그 근간을 이루고 있어 보
이며, 이들에 대해서는 자세한 검증이 필요하다. 물론 심리학자들의 진
영에서도 철학자들의 진영에서와 마찬가지로, 치료와 자문상담 사이의
분명한 경계선과 분리를 거부하는 예외들이 분명히 존재한다. 왜냐하

면 기대하는 효과와 치료 목표가 양쪽 실천가들에게 전적으로 비교 가
능하다고 보기 때문이다. 그래서 예를 들면 3.1장에서 자세히 다루어진
로저스는 그의 고객중심 상담치료에서 "심리치료", "진료", 그리고 "자
문상담"을 모두 동의어로 사용하며(참조: Dietrich 1991, 10), 철학상
담치료사 그래페(Graefe)는 이렇게 선언한다: "모든 형태의 철학 실천
도 마찬가지로—자립을 돕기 위한 '이해'와 '공감'과 '보살핌'을 제공
한다는 의미에서— '치료적' 기능을 수행한다. 그 기본적 경향성에서
'철학 실천'은 심리치료의 전 임무 영역을 대체할 수 있다(1991, 60)."
바로 그 과거에 전문가 특권이 누리던 명백한 향수병에 도취되어서, 심
리학과 교육학 모두 "통합적 응용 윤리학의 주변 영역"으로서 이해되
는 경우, 그리고 "그들이 다시금 새로운 통합 윤리학에 소속될 수 있기
를" 희망하면서(Krämer 1992, 342), 사람들은 철학 실천이 그들의 진
정한 "연대의식"에 힘입어서(참조: 3.1장) 심리치료에게 부과된 모든
치료 요구를 자동적으로 중립화할 것인지를 묻는다. 심리치료와 철학
적 자문상담 모두 동일한 고객층을 상대로 동일한 목표를 추구하며, 동
일한 치료 요구를 주장하는 것인가? 아니면 그 반대 논거로서, 치료와
상담 사이의 어떤 의미 있는 구별 기준이 제시될 수 있는가? 심리치료
사들은 "치료한다"고 주장하고, 철학상담치료사들은 "상담한다"고 주
장하지만, 심리치료사들은 단지 드물게만 그들의 주장을 실현시킬 수
있다는 이 가정은 옳은가?

  직업 상담, 영양 상담, 또는 성생활 상담 등 서로 다른 여러 형태의
상담으로부터 "치료"를 구별하려는 의도에서, 칸퍼는 상담에서는 경계
가 명확히 설정된 질문을 가지고 찾아온 사람에게 일정한 목표를 향해
서 특정의 전문 지식을 즉석에서 전수해 주는 과제를 수행하는 반면,

치료는 장기적이고 체계적인 지도를 통해서 지각, 경험, 또는 행동방식의 단호한 변화를 이끌어 내는 것이라는 잘못된 해석을 견지하고 있다(참조: Kanfer 2000, 10). 그에 반하여 2.1장에서 우리가 시도한 철학 실천의 정의 내리기를 염두한다면, 그리고 거기에서 투른헤르가 해명한 "반성적" 상담과 "타동적 상담" 개념의 세밀한 의미 구별에 의하면, 칸퍼가 생각했던 직업 상담과 성생활 상담 등에 이르기까지의 전문 지식에 기초하는 모든 자문상담은 그 둘 중 후자의 범주에 포함되어야 하고, 따라서 모두 함께 단 하나의 자문상담 영역을 차지한다. 여기에서 바로 그 철학 실천이 반성적 자문상담을 가리키며, 여기에서는 간단히 답할 수 있는 물음이 제기되지도 않고, 구체적 충고를 기대하지도 않으며, 오히려 당면 문제들을 공동의 대화 속에서 협의할 뿐이므로, 칸퍼의 기준은 명백히 "치료"와 "상담"의 구별을 위해서는 적합하지 않다. 오히려 "상담"은, 철학 실천의 근본 원칙에 대한 크래머의 숙고에서도 지적되었듯이, 충분히 포괄적인 의미로 파악됨이 마땅하며, 그래야만

의미 해명, 정보 제공, 그리고 문제 해결에 도움이 되는 암시나 논증 등도 애초부터 여기에 포함될 것이기 때문이며, 이것은 실천 철학의 이론화 작업이 자주 밝혀내 보인 것과도 일치한다. 명확한 해결책이나 지시 사항이 반드시 항상 요구되는 것도 아니며, 또 꼭 가능지도 않다. 자문상담의 유형학적 변형들의 연속은 1. 가치중립적 정보 제공으로부터 2. 조언을 위한 방향감각을 제시함을 거쳐서 3. 직접적인 제안이나 4. 지시 사항, 그리고 드디어 5. 호소에까지도 이를 수 있으며, 이 단계에서 상담사는 애초에 추구된 목표에 대한 양심의 호소를 숙고하거나 대변할 수도 있다. 자문상담은 또한 1. 고객 자신의 경험을 명료화하거나, 2. 고객 외의 다른 사람의 체험과 생각들의 해명도 포함시킬 수 있으며, 3. 자기발견으로 인도하고

권한 강화를 중재한다. 예를 들면 문제들을 드러내고, 분석하고, 해결하는 능력으로 안내하고, 문제들에 대한 우선권 선택과 등급 차별화의 근거를 확인하도록 지원한다.(Krämer 1992, 325 이하)

철학상담치료사의 상담 활동은 중립적인 정보 제공으로부터 도덕적 호소에 이르기까지의 다양한 대책 방안을 가지고 산만하고 불분명한 경험들의 해명과 문제들에 대한 분석과 해결을 도모하며, 따라서 특정 영역의 전문가 상담들과 구별되는 차이점은, 고객의 질문이 대부분 그 복잡성에서 삶의 전체적 상황과 관련되며, 따라서 사전에 준비된 일반적인 충고나 조언이 아니라, 오직 공동의 숙고하기를 통해서만이(im ge-meinsamen Zu-Rate-Gehen) 비로소 해결책으로 인도될 수 있다는 것이다. 비록 그것이 이미 일찍부터 분과학문적 관점을 벗어나는 통합적 상담으로서 원칙적으로 일상적 생활상담(Alltagsberatung)을 지향할지라도, 그것은, 크래머에 의하면, 분명히 "더 확장된 연관성에 대한 숙고와 더 넓은 의미 지평을 통해서", 그리고 철학적 상담사들의 "직업적으로 전문화되고 체계화된 상담 방식", 그리고 철학상담치료사의 뛰어나게 "예리한 안목과 세련된 개념 적용과 언어적 표현력"을 통해서 일상적 생활상담과는 분명히 구별된다(상게서 356 이하).

그와 같이 넓은 의미로 파악된, 통합적이며 반성적인 상담 활동은, 철학상담치료사들의 모든 주장에도 불구하고, 결코 응용 철학만이 독점해야 할 활동은 아니다. 왜냐하면 오히려 그것은 이미 오래전부터 심리학자들에 의해서도 연구되고 실천되어 왔기 때문이다. 심지어 많은 심리치료 연구소가 심리상담사들과 심리치료사들만을 위해 따로 설정된 별도의 교육 과정들을 제공하며, 예를 들면 "스위스대화치료협회"(Schweizerische Gesellschaft für Gesprächstherapie; SGGT)도 그 중 하나다. 자문상담의 상황과 상담 업계의 복잡성을 감안한다면, 철학 상담치료사들의 경우에서처럼, 상담심리학(Beratungspsychologie)에서도 마찬가지로 하나의 통일된 체계적 상담 이론은 존재하지 않는다 (참조: Dietrich 1991, 20). 일반적으로 상담심리학자들은, 크래머의 경우와 비슷하게, 넓은 의미의 상담 개념에서 출발하며, 이것을 심리학 내부의 은어로 이렇게 말한다:

> 상담이란, 그 핵심에 있어서, 개입적이고 예방적으로 도움을 주는 관계이
> 며, 이 관계 안에서 상담사는 언어적 소통을 수단으로 삼고, 격려와 지지
> 방법들에 기초하여 비교적 짧은 시간 동안에 혼란에 빠지고 부적절하게
> 과도한 부담을 지거나 또는 져야 할 부담을 회피하는 인지-정서적 통찰에
> 토대를 둔 능동적 학습 과정을 적용시키며, 이 과정을 통해서 그의 자립
> 의지와 자기조절 능력과 책임감 있는 행위 능력이 개선되도록 돕는
> 다.(Dietrich 1991, 2)

그 목표(개선된 자기조절 능력과 행위 능력)와 방법(언어적 소통)이 철학상담의 그것들과 광범위하게 일치하는 듯 보이는 반면에, 시간적 제한과 의뢰인의 성격에 대한 언급이 여기에서 주목할 대상이며, 이것은 우리 논의의 다음 부분에서 상담을 치료와 대비하면서 둘 사이의 차이점을 확인함에 도움을 줄 수 있다. 비록 많은 철학 실천가가 철학자들은 문제의 해결보다는 도리어 문제를 찾아 만들어 내는 데 열중한다는 역설을 가지고 아양을 떤다 할지라도, 2.1장의 상담 수혜자 관련 분석은 철학상담치료사를 찾는 대부분의 고객도 마찬가지로 혼란에 빠지고 어떤 사건이나 갈등 상황에 연루됨으로써 행위불능 상태의 특징을

보이는 사람들이다:

> 상담을 받으러 오는 사람들은 대부분 어떤 형태로든 혼란에 빠져 있다. 그
> 들에게는 그들이 추구할 수 있는 목표가 무엇이며, 그리고 그 목표에 도달
> 하기 위한 방법이 무엇인지가 불분명하고, 아직 찾지 못한 상태이며, 문제
> 들에 얽혀 있고, 부정적 징후들을 동반한다. 동시에 그들은 부적절한 방식
> 으로 부담을 지고 있거나, 져야 할 부담을 회피하고 있다. ― 여기서 부적
> 절함의 판단 기준은 그들의 자격, 능력, 또는 용의나 의사다. 부적절한 부
> 담을 지고 있는 사람들은 갈등이나 좌절의 압박 밑에서 인격적 통일성과
> 조화와 안정성을 얻으려고 헛되이 애쓸 뿐이다. 이와는 반대로, 그런 부담
> 으로부터 전적으로 또는 상당 정도로 해방됨으로써 자제력을 잃고 고삐가
> 풀려 버려서 '무성한 잡초가 되어 버리고', 그 결과 무절제함과 무분별함
> 에 빠져 버리는 경우는 부적절한 부담 회피로 지칭된다.(상게서 2 이하)

다른 한편으로 우리가 기억해야 할 것은, 심리학적 상담과 달리, 철학
적 실천과 상담은 결코 조언을 구하는 사람을 위한 개인상담에만 국한
되는 것이 아니고, 모든 공적인 교육 기관과 여론 형성 기관에서도 시
행될 수 있다(참조: Krämer 1992, 332; 본서 2.1장).

이미 여러 차례 인용된 자문상담심리학자 게오르크 디트리히(Georg
Dietrich)는 새롭게 형성된 철학 실천가들의 계열에서보다는 심리학자
들의 계열에서 명백히 더 집중적으로 논의된 주제, 즉 상담과 치료 사
이의 구분 기준에 대해서 다음과 같이 요약한다(참조: 1991, 10 이하):
　1. 시간적 압축성과 상호 교류의 전체 기간이 상담에서보다는 치료
에서 훨씬 더 장기간 동안 지속되는 것으로 나타난다.

2. 고객의 개성 또는 개인적 특성에 관련해서 사람들은 치료를 중대한 개인의 인격적 어려움과 연계시키며, 그 치료는 오직 장기간의 발전 과정을 거쳐 형성된 인격구조의 근본적인 변화를 통해서만 가능하다고 보는 반면에, 상담에서는 오히려 현재의 또는 미래에 일어날 일상적인 문제에 대한 비판적 분석과 해석이 당면 과제라고 본다.

3. 이에 상응하여 목표 설정도 그 흐름의 방향이 상담에서는 "발전, 교육, 예방, 그리고 정신적 건강" 쪽으로 기울며, 치료에서는 "치료 회복, 철저한 인격 재구성, 그리고 개인적 관점들의 획기적인 변화" 쪽으로 기울어진다(상게서 11).

4. 방법론의 측면에서 볼 때, 상담은 고객에게 필요한 "보조와 지원을 주로 제공해 주는 방식으로" 접근하는 반면, "심리치료는 그보다는 더 고객의 심적 상황에 대한 해석과 폭로와 발견 절차들에 의존하면서" 고객에게 영향력을 행사하는 방식을 적용한다(상게서).

비록 사람들은 정확한 경계선을 확고히 하려는 목적으로, 때로는 "온갖 종류의 차별 기준들의 집합"으로 무장하고 나서지만, 그럼에도 디트리히가 보기에는 아직까지도 "상담과 치료를 정밀하게 구별해 주고 실제로도 유효한 분리선을 도출해 내기"에는 성공하지 못한 상태다 (상게서). 정밀한 구별 기준을 탐색하는 대신에, 그는 "치료 심리학"(therapeutische Psychologie)의 더 높은 좌표계 안에서 여러 극 사이의 단계적 연속성을 옹호하는 입장을 취한다. 즉 한편으로는 치유력을 발휘하는 '도움'과 '진료'와 '치료' 사이의 연속성, 또 한편으로는 오히려 '일상적인 당면 문제들'과 '방향정위의 어려움'과 '결정 선택의 갈등'에 대한 논쟁의 연속성이다; 한편으로는 치료의 주요 목표들인 "뚜렷한 위기 상황에서 지원하기, 재구성하기, 내면적 동요를 배려하기, 분석적으로 접근하기, 비정상성과 과거를 강조하기, 장기적으로 대처하기", 그리고 또 한편으로는 상담에서 역점을 두는 바 "교육적 입장에서 돕고 지원하며, 상황을 참조하면서 문제 해결 위주로, 의식 내용을 주시하고, 정상성과 현재성을 강조하며, 단기적으로 대처하기" 등을 그 특징적 차이점으로 지적한다(상게서 12). 또한 그는 도움 제공을 위한 두 가지 관계 형성 방식인 "교육"과 "치료" 사이에 "상담"의 광대한 영역을 위치시키는 수긍할 만한 가능성도 검토한다. 즉 상담은 한편으로는 발전 잠재력을 지속적으로 장려한다는 의미에서 더 "교육학적"으로 발전할 수 있으며, 다른 한편으로는 더 "치료적"으로 발전할 수도 있다고 본다(참조: 상게서 15 이하). 결국 양 진영 사이의 분리를 강조하려는 의도에 방점을 두면서, 심리치료의 근본 목표는 치료이고, 철학 실천은 상담을 주된 목표로 삼는다고 일괄적으로 인정할 수 있음에도, 심리치료사들과 철학상담치료사들의 활동은 치료에 훨씬 더 가까운 형태의 도움으로부터 거의 교육학적 자문까지도 포함하는 상당히 넓은 자문상담의 활동영역을 함께 공유한다. 비짜니는 이와 관련되는 개념 체계에 대한 예비적 해명은 없이 유사한 결론에 도달한다: "이 점에서 철학 실천은 치료 행위가 아니고, 교육학적 행위로서 자립적 사고와 행동을 위한 조력을 제공한다."(1991, 142) 그러면 이와 같은 강조점에 입각해서 본다면, 본질적으로 심리치료는 인생의 어두운 측면에서 일어나는 정신적 장애와 질환들을 다루고 치료해야 하며, 여기에서 심리치료사들은 부당하게도 무엇이 "정상"/"비정상" 또는 "건강한"/"병든" 것인지에 대한 지식을 이미 확보한 듯이 나선다는 철학상담치료사들의 주장은 입증될 수 있을까?

철학 실천가들이 심리치료의 "치료" 프로그램을 공격할 때, 그들에게는 우선 거기에 근간이 되는 "질병"/"건강" 구별의 고정된 개념들,

그리고 그에 상응하여 타율성에 기초하는 치료 방법론이 눈엣가시다. 이와 관련하여 제기되는 쟁점들은 모두 질병이나 정신적 고통에 대한 의학적-심리치료학적 개념을 겨냥하고 있지만, 그것은 "오늘날의 정황 여건에는 정당하지 않다."(Ruschmann 1999, 29) 예를 들어 토마스 마코(Thomas Macho)는 "치료의 원칙"(Prinzip Heilung)에 대한 그의 고찰에서 근대 의학의 세 가지 끔찍한 추상화 사례를 밝혀내며, 이것이 왜곡된 질병 개념을 초래했다고 본다: 첫째로는 질병을 "신체 기능의 결함"으로 해석하는 것이며, 이로 인해서 '개인'은 시야 밖으로 내몰려 버렸다. 둘째로는 '신체'를 마치 '시체'처럼 고찰하는 것으로서, 이로 인해서 개인의 생명력을 퇴색시켜 버렸으며, 셋째로는 신체의 개별 기관들을 유기체 특유의 전체적 연관성을 고려하지 않은 채 고립시키는 고찰 방식이다(참조: Macho 1985, 19 이하). 비록 마코는 질병과 치료에 대한 정신분석학의 이해가 이러한 의학적 이해방식을 분명히 포기하고 그로부터 전향했으며, 또한 개인을 치료의 중심점에 위치시킴이 프로이트의 근본 관심사였음을 인정은 하지만, 이 약속을 정신분석학은 ("의학중심주의, Medicinozentrismus"를 지향하는) "기술주의 분파"(technische Fraktion)와 카리스마 효과를 지향하는 분파로 다시 나누어짐으로써 배반했다고 본다(참조: 상게서 28 이하). 내가 앞의 2장에서 서술한 바와 같이, 20세기 "주관주의적 전환"의 흐름 속에서 의학-심리치료학과 정신분석학의 진료와 치료 개념은 자연과학적-설명하기와 위계질서를 강조하는 질병중심의 정신치료를 거부하고, 해석학적-이해하기의 관점에서 자율적이고 전체론적으로 이해되는 고객의 인격을 환경과의 복합적 연관성 안에서 고찰하기에 전념하는 현대 정신치료 쪽으로 발전해 갔다. 이와는 달리 비의학적이고 오히려 정신과학적인 "심령론자"들이 의학적-정신치료적 "신체론자"들에 저항하기 위해 19세기에 개발한 정신요법(Psychotherapieverfahren)은 처음부터 의학적 모델에 대항해서 투쟁함으로써, 오늘날 그 입장은 일반적으로 이렇게 여겨진다: "심리학적 장애 유형들은 흔히 말하는 의학적 장애 유형들과는 구별된다."(Kanfer 2000, 78) 고전적 의학의 유형 개념들을 정신적 질환의 영역으로 단순 전이시키는 방식은 심리치료사들에 의해서 거부되었으며, 거기에는 그 개념들에 함축된 바, 각 증세에 대해서 기계적으로 적용되는 고정된 인과론적 치료나 교정 사고방식도 포함되며, 이 거부를 뒷받침하는 인식론적 근거는 다음과 같다:

(1) 한편으로는 증세들을, 또 한편으로는 정신적 문제의 원인들을 분류하고, 각 증세를 그 해당 원인에 일의적으로 편입시키는 방식은 매우 의심스럽다.

(2) 대개의 경우, 여러 인간을 서로 다른 여러 질병의 일반적 범주들에 따라 분류하고 편입시키는 것만으로는, 각각의 개별 사례를 위한 의미 있고 필연적인 치료 전략을 위한 그 어떤 지침이 아직은 되지 못한다. (즉 진단을 위한 질병 분류는 개별 사례의 주어진 상황에 대한 기능적 조건 분석을 대체하지 못한다.)

(3) 순전히 의학적 고찰 방식에서라면 생물학–생리학적 감마–변수가 과도하게 강조될 것이다.

(4) 반대로, 외부적–사회적 요인들(알파–변수들)은 정신의 내면적–심리학적 영향(베타–변수)들과 마찬가지로 꼭 같이 무시된다.

(5) 의학적 모델은 위계질서적인 역할 분담을 포함하며, 여기에서 의사는 능동적인 전문가로서 등장하는 반면, 환자는 수동적으로 병든 사람의 역할을 담당하며, 자신의 책임을 양도한다. (또는 심지어 극단적인 경우에는 환자의 책임은 박탈된다.)

(6) 사회적-공동체적 틀 안에서는 '병든 사람', '장애인' 등은 심각하게 부정적인 꼬리표 붙이기 효과와 결부된다.

(7) 인간의 건강을 위해서는 신체적 질병의 부재함뿐만 아니라, 건강의 주관적 측면과 사회적 평가에 자신이 노출되는 과정, 그리고 한 개인의 자기평가도 결정적 역할을 담당한다(상게서 79).

이상과 같은 *부정적* 관점으로부터 출발하는 심리학적 질병 개념에 대한 세분화된 숙고에서 나는 몇 가지 관점을 그 깊이에까지 파고들어 끄집어냄으로써 질병 개념을 긍정적 방식으로도 파악해 보고 싶다: 위의 (2)항이 입증해 보였듯이, 순전히 신체적 질병의 경우와 달리, 심리적 질병에서는 그 당사자를 진단 편람에 따라 분류된 징후군의 도움을 받아 일반적인 질병 범주에 편입시키고 그에 상응하게 치료하는 것만으로는 결코 충분하지 않다. 그러나 이것이 모든 일반적인 분류체계를 포기할 수도 있다던가, 또는 — 철학상담치료사들의 호소에 응하여 — 당연히 포기되어야 한다는 것을 의미하지는 않는다. 오늘날 통합적 치료 방법론 실천을 위한 노력이 더욱 강화되면서, 사람들은 (3)번과 (4)번에 상응하여 '다중요소적 질병 모델'(multifaktorielles Krankheits-modell)을 발전시키며, 이것은 의학-생물학적, 심리-인지적, 그리고 사회-문화적 차원까지도 포함시키는 관점에서 심리적 장애를 관찰함으로써 치료사는 항상 모든 정황 조건에 대한 복합적인 전체적 상을 그려 낼 수 있도록 하려는 것이다: "우리의 견해의 의하면, 심리적 장애는 항상 여러 가지 서로 다른 요인의 복합적 작용의 결과로서 이해되어야 한다; 그뿐만 아니라, 그것은 결코 객관적으로 확인 가능하지 않고, 오히려 개인적이고 사회적인 판단 기준들의 토대 위에서 각 시기나 상황에서 그때마다 내려지는 평가에 의존한다."(상게서 80) 끝에서 언급

된 사회문화적이고 공동체적인 판단 기준에 관련해서는 질병 개념에
대한 개념사적 연구가 "역사적으로 의미 있는 여러 가지 치료체계의
패러다임-전환"에 기준을 두면서, "'질병', '건강', '치료' 등 그토록
의미가 확고해 보이는 개념들이 얼마나 *상대적인지*를" 밝혀내 보일 수
있다(Schipperges 1987, 467). 진단을 위한 오늘날의 분류체계는 여기
언급된 세 가지 차원에서 정신적 장애의 여러 가지 다양한 변수를 정확
히 기술하는 것이 관례이지만, 이 변수들은 서로 겹치거나, 서로 영향
을 끼치거나, 또는 부분적으로는 아예 없을 수도 있기 때문에, 이미 오
래전부터 사람들은 더 이상, 철학상담치료사들이 간주하듯이, 그렇게
건강함과 병든 상태의 분명한 이분법을 전제하고 시작하지는 않는다.
오히려 그와 같은 분류 대상과 징후들은 "변화 과정을 거치는 연속체
로서 고찰되며, 특정 증세를 동반하며, '건강'한 상태에서도 '완화된
형태'로 존재하거나 또는 산발적으로 나타날 수도 있는 성질의 것들이
어서, '병든'이라는 명칭은 특정 증세나 징후 출현의 '강도'(강하거나
약한 정도)와 '빈도'(얼마나 자주 나타나는가의 정도)에 대한, 또는 이
둘 중 어느 하나에 대한 실용적인 진술을 가리킨다."(Ruschmann
1999, 29) 의학사의 전문가도 스스로 이렇게 확언한다: "전통적 범례
로서, 그리고 확고한 사회적 지위로서의 '질병' 개념은 해체되고, 질병
상태의 유동적 경과들의 역동적인 연결고리로 대체되며, 여기에는 건
강한 생활 여건들과 정상적인 주변 현상들이 점점 더 의미 있게 편입된
다."(Schipperges 1978, 470)

이러한 경향을 따르는 질병 개념의 완화 또는 확장 추세에도, 독일의
법적 의료보험은—잘 기억해 둘 것은, 실용주의적 의도에서—아직까
지도 "질병가치(Krankheitswert)를 동반하는 정신적 장애" 문구에 집

착하며, 오직 그와 같은 질병가치에 상응하는 고통의 전문적 치료 행위에 대해서만 연대책임단체를 통해서 그 소속 회원에게 지불함을 합법적인 것으로 인정한다. 즉 1998년에 가결된 독일정신치료법 역시 이렇게 정하고 있다: "이 법이 정하는 바 정신치료의 수행은, 학문적으로 인정된 정신치료의 처리 방식을 수단으로 활용하여, 질병가치를 동반하며 동시에 정신치료의 필요성이 제기된 그러한 장애의 확인, 치료, 또는 완화를 목적으로 수행된 모든 활동을 말한다 … 정신치료의 실제 수행에는 사회적 갈등의 처리와 극복 또는 의술 이외의 다른 목적을 대상으로 하는 심리학적 활동들은 포함되지 않는다." 추가로 언급되어야 할 것은, 오늘날의 정신진단학(Psychodiagnostik) 영역에서는 일반적으로 "정신적 질병"(psychische Krankheiten)에 대해서는 더 이상 말하지 않고, 오히려 "정신적 장애"(psychische Störungen; 'disorders')를 말하며, '질병가치'를 함께 붙여 쓰기도 한다(참조: 세계보건기구가 정한 "국제정신장애분류"; die Internationale Klassifikation psychischer Störungen der WHO im ICD-10). 법적인 독일 의료보험의 의도에 따르면, 규준을 벗어난 비정상적 신체 상태나 정신 상태는 그 상태가 "단지 치료를 위한 진료의 불가피성, 또는 동시에 또는 유일하게 노동 불능 상태를 초래할 경우"일 때에만 "질병가치가 있는" 것으로 인정한다(Hockel 1998, 39). 다수의 정신치료 학파나 교육 기관에게, 특히 인본주의-실존치료 학파들에게는 의료보험 혜택의 승인이 바로 다음의 이유 때문에 거부되고 있으니, 즉 이 학파들은 그 어떤 설득력 있는 질병학 이론을 제시하지 못하며, 그들의 치료 절차와 방식을 본질적으로 상담 활동으로서 이해한다고 보기 때문이다(참조: 아래). 이러한 제한적 조처, 그리고 질병가치에 해당하는 고통과 그렇지 않은 고통, 그리고 상담과 치료의 구별 등에 대해서도 인위적으로 엄격하게 분

리하는 방식은 노골적으로 합법적 권한 추구 위주의 사고방식과 재정
운영체계의 이익관심에서 유발된 것이지, 진리 탐구의 목적을 이루려
는 심리학계 내부 토론에서 나온 것은 아니다. 심리학적 실천가도 역시
경우에 따라서 있을 수 있는 정신적 장애에 대해서 진단을 내려야 할
때에는, 주관적으로 느껴진 고객의 정신적 고통이 *사실상* 심리치료의
중심에 놓이며, ─그것이 질병가치가 있거나 또는 그렇지 않거나를 불
문하고, ─이 고통을 완화하거나 제거하기 위해서는 그 역시 상담적 요
법에 역점 두기와 치료적 요법에 역점 두기 사이를 지속적으로 오가는
반복적 시도가 필요할 것이다.

위의 (5)번에 따르면, 심리학적 질병 개념은 의학적 모델과 다음의
점에서도 구별된다. 즉 의사는 환자에 대한 온정주의적 관계에 입각해
서 치료 절차에 대한 모든 책임을 환자로부터 인수해 버리지만, 다수의
심리학자와 철학자는 "치료" 또는 "질병"에 대해서 두 가지 서로 다른
패러다임을 구별할 것을 제안한다(참조: Ludewig 1997, 22-30;
Waldenfels 1999, 22 이하):

  1. "수직적 이해방식"에서는 질병은 어떤 이상적 상태나 사회적으로
확정된 질서로부터의 일탈을 의미하며, 따라서 결손이나 비정상으로서
전적으로 부정적으로 규정된다. 치료의 목표는 질서와 조화의 복구가
될 것이며, 이것은 특정의 정상가치들을 회복시킴으로써, 실제로 치료
가 투른헤르가 증명한 "수리공장의 기능"을 충족시키는 것이다(참조:
위의 a).

  2. "수평적 질병 이해방식"도 역시 정신적 장애를 비록 어떤 질서나
규범으로부터의 일탈로서 해석하지만, 오직 주관에 따라 다를 수 있으
며, 역사적 가변성을 내포하는 특정한 이상형으로부터의 일탈일 뿐, 일

반적이고 절대적인 이상형을 전제하지는 않는다. 이런 경우에는 치료의 목표도 개별 환자에게 적합한 "상대적 의미의 건강"이며, 이런 의미에서 치료 과정에서는 "환자가 단지 과거의 상태로 복귀하지 않도록할 새로운 질서의 발견"도 허용된다(Waldenfels 1999, 23).

수평적 질병 이해방식을 옹호하는 치료사는 고객에게 일반적 기준들을 외부로부터 들이대고 그에 따라 고객을 "수리하기"를 삼갈 것이므로, 실제 치료 절차는 "자율적이고 독립적이며 권한이 동등한 사람들 사이에서 이루어지며, 결국 상호 협력 또는 '자기도움으로 이끄는 도움'(Hilfe zur Selbsthilfe)이 실현된다. 치료의 대책과 목표는 항상 참여자들 사이의 공동 협의를 통해서 결정된다."(Ludewig 1997, 26) 방금 설명된 바와 같이, 어떤 장애가 언제 질병가치를 가지게 되는지는 항상 전적으로 객관적으로만 확정될 수는 없다. 왜냐하면 여기에는 개인적이거나 사회적인 평가 기준들이 중요한 역할을 수행하며, 정신적 장애의 수많은 요인이 오직 개인적 삶의 역사(Lebensgeschichte)를 그 배경으로 함께 고찰할 때에만 비로소 이해되고 해석될 수 있기 때문이다. 또 한편으로, 그 근거를 물을 수 없는 일반적인 이상적 상태가 치료 절차의 목표가 되는 경우는 매우 드물며, 오히려 함께 수행하는 공동의 노력을 통해서만이 그때마다의 삶의 상황에 적합한 새로운 심리사회적 질서가 찾아질 수 있다: "질병을 고장 난 기계라고 이해하는 경우라면, 치료는 수리를 가리키며, 의사-환자-관계는 기술자와 기계 사이의 관계가 된다; 그와 반대로, 질병이 의식 있고, 언어를 사용하며, 사회적 관계를 향유하는 한 인간의 고통을 의미한다면, 의학적 진료의 목표와 양식도 마찬가지로 인간 대 인간의 의사소통적 방식으로 전개되어야 할 것이다."(Engelhardt 2002, 11 이하) 결국 치료사와 고객 사이의 의사소통적이며 개인적(인격적)인 상호작용으로서의 치료는 분명히 "자기도움으로 이끄는 도움"을 지향한다(참조: 2.2장). 그 밖에도, 심리치료가 고객을 "환자"로서 또는 심지어 "미친 사람"으로 낙인찍어 버린다는 철학상담치료사들의 비난은 위의 (6)의 관점에서 볼 때, "부적합할 뿐만 아니라(왜냐하면 오늘날의 진단학과 심리치료의 현실에 상응하지 않으므로), 심리치료에 대한 현존하는 선입견을 강화한다는 점에서 그것은 위험하기도 하다."(Ruschmann 1999, 30 이하) 질병에 대한 자각과 고객에 의한 개인적 증세의 인정은 실제로 심리치료를 위한 전제조건이므로(참조: 2.2장), 질병 개념을 건강한 삶의 조건들의 영역으로까지 확대함과 수직적인 질병 이해방식으로부터 수평적 방식으로의 강조점 변경은 바로 그 모든 낙인찍기를 거부하므로, 현존하는 불안은 단지 민중 속에 확산된 선입견을 통해서만 유지될 수 있을 뿐이다.

일반적으로 심리학이, 그리고 특히 심리치료가 정신적 장애와 질병 등 일차적으로는 인간 삶의 어두운 측면에만 관심을 집중할 뿐, 건강함이나 평안함을 적극적 실현 목표로 추구하지 않는다는 생각은 철학상담치료사들과 마찬가지로 일반 민중에게도 확산되어 있으며, 이것은 그러나 선입견에 불과하다는 것이 우선 먼저 밝혀져야 하겠다. 이미 오래전부터 "건강심리학"(Psychologie der Gesundheit)이 장비를 갖추고 이론과 실천의 넓은 전선으로 나선 이후, 크라이커(Kreiker)는 "한편으로는 지식과 이해의 폭을 넓힘으로써 행복을 증진하고, 또 한편으로는 실천력과 자신감"을 키우는 것이 현대인을 위한 치료 개념의 공통적 토대가 될 것임을 확인시켜 주었다(Kraiker 1998, 17). 통합주의적 관점을 목표로 잡고 쓰인 클라우스 그라베(Klaus Grawe)의 "일반정신치료학"(Allgemeine Psychotherapie) 연구는 많은 사람의 주목을 받았고, 여기에서 그는 현존하는 모든 치료 방법으로부터 다음의 네 가지

공통된 효과 요인을 도출해 내었으며, 이전까지의 모든 정신치료를 서
술하던 "질병중심적", "치료적" 등의 수식어는 상담 위주의 관점을 전
면에 내세우면서 배후로 물리쳐진 듯하다: "문제를 스스로 극복하도록
능동적으로 지원하기, 명료화하기(예를 들면, 자신의 행위 동기와 관
련하여), 실제적 경험 원칙(문제 현실화하기), 그리고 조달 가능한 자
원 활성화하기(특히 치료사-의뢰인-관계를 통한 지원 효과의 극대
화)"(참조: Kanfer 2000, 19). 심리치료사들이 단지 명확히 정의된 징
후학과 후견주의적 의사-환자-관계를 동반하는 의학-생물학의 수직
적 질병개념에 등을 돌리고, 그와 같은 일반화된 분류체계를 개인들의
실제 사례에 맞추어 조정해야만 하는 필연성을, 그리고 이것을 실현하
기 위해서 요구되는 치료사와 고객 사이의 개인적이고 인격적인 관계
만을 고집하려는 것은 아니다(참조: Jung 1991, 26). 오히려 사람들은,
특히 20세기 60년대에 인본주의-실존적 심리학과 인지심리학을 통해
서 야기된 패러다임의 전환 이후, 심리치료 프로그램의 틀을 지속적으
로 확장함으로써 '의미위기', '사회적 또는 실존적 갈등', 그리고 '가
치관문제'도 그 대상으로 포함시키게 되었으며, 이러한 문제들은 오직
극도의 수평적 치료 개념 안에서만 "질병"으로서 파악될 수 있다고 보
아야 할 것이다. 융은 (분석적) 정신치료의 주된 임무를 건강한 사람들
의 자기교육(Selbsterziehung)과 자기완성(Selbstvervollkommnung)
(오늘날의 "자기경영")에 대한 지원 활동으로 설정함으로써, 인본주의
심리학자들의 주된 관심사를 이미 선취하였다:

> 이전에는 의학적 진료법이었던 것이, 이제는 자기교육의 방법으로 적용되
> 며, 이와 함께 우리 심리학의 지평은 갑자기 그 경계를 예측할 수 없는 영
> 역으로 확대된다 … 이 전환은 그 의미가 자못 심대하다. 왜냐하면 그것은

지속적으로 환자를 진료하고 치료하는 과정 속에서 발전시키고 정제하고
체계화해 온 정신치료학의 모든 예비 지식이 환자 자신의 자기교육과 자
기완성을 위해 투입되기 때문이다.(상게서 30)

이와 함께 정신치료는 "오직 환자들만을 위한 치료법이 아니다. 이제
는 건강한 사람을 진료한다."(상게서) 인지심리치료사들의 진영에서도
광범위하게 의견이 일치되고 있다: "치료사는 동료 직원이나 지도자로
서보다는 *상담사의 역할*을 수행한다."(Beck 1999, 99)

개업 활동 중인 대부분의 철학자는 현대 심리치료의 그와 같은 진전
에 대해서는 별로 아는 바 없으며, 따라서 오래전의 방법들에 대해서
인본주의 심리학이 제기한 비판을 자신들은 의식하지 못한 채 "재순
환"시키고 있음에 반하여, 철학 실천가 랜 라하브는 현대 심리치료의
여러 경향에 대한 심도 있는 연구를 토대로, 경쟁 학문에 대한 동료 철
학자들의 전적으로 부적절한 태도를 비판한다: 오늘날 심리치료사들
의 활동 상황에 대해서는 오만한 태도로 완전히 왜곡된 풍자화를 그리
는 대신에, 점점 더 많은 치료사와 학파들이 철학적 성향의 치료 효과
의 의미를 알아채고 인정함을 마땅히 환영해야 할 것이다(참조: 1/94,
32). 동시에 철학자들이 힘주어 강조해야 할 것은, 심리학자들의 입장
에서는 "심리적 변화 과정과 기제에 대한 경험주의적 방법론과 이론"
의 교육만으로는 철학적 상담치료 활동을 하기에는 그 준비가 매우 부
족할 것이라는 점이다:

심리치료사들이 철학적 상담치료 방향으로 이동해 가면 갈수록, 그들의
기법들은 점점 더 그 적절성이 떨어진다. 실제로 다수의 심리치료사가 중

요한 철학적 요소들을 활용함은 사실이며, 그들 중 일부는 특정 형태의 철학상담을 실제로 수행한다; 그러나 이것은 단지 그들 본래의 치료기법과 훈련의 경계선을 벗어나고 있음을 보여 줄 뿐이다.(1/94, 32 이하)

철학적이며 동시에 심리학적 상담사이기도 한 에카르트 루쉬만도 비슷한 취지에서 철학적으로 고무된 심리치료사들에 대해서 이렇게 경고한다; 즉 "심리치료사가 일종의 '생활상담'(Lebensberatung)도 아주 당연히 감당할 수 있다고 믿고 나서는 것은, 심리치료란 불필요하고, 그 대신 상담이나 자기도움을 통해서 대체될 수 있다고 믿는 상담사와 마찬가지로 자신의 능력과 권한을 벗어나는 것이다."(1999, 31) 하지만 한편으로 그는 철학상담치료사들이 실존적 문제와 삶의 위기를 다루기 위한 그들 자신의 특정 능력을 우선 먼저 입증해 보여야 하지만(참조: 상게서), 이것이 체계적이고 이론적인 토대와 공적인 교육 기관을 통해서 최종적으로 갖추어질 수 있지는 않음을 지적하는데, 이것은 옳은 지적이다. 다른 한편으로, 새로운 방향 정립을 찾아서 집중적이고도 생산적인 발전 국면에 처해 있는 심리치료가, 루쉬만의 부당한 요구에 상응하여, 담당 영역을 축소함으로써 단지 독일 의료보험이 정하는 "질병가치가 인정되는 정신적 장애"만을 치료하도록 제한된다는 것은 내게는 별로 의미가 없어 보인다. 라하브의 간곡한 호소에 응답하기 위해서라도 그러나 심리치료와 철학적 상담치료 사이의 분명한 경계가 불충분함을 보완하려면, 그것은 심리치료사들의 제국주의를 드디어 제지하고 그들 본연의 영역에만 충실할 것을 요구해야 하겠다:

다시 말하면, 목표는 심리치료적 제국주의를 끝내고 이해의 두 가지 형태 사이의 전통적 구별로 되돌아가는 것이다: 한편으로는 작동 기제와 머릿

속에서 일어나는 진행 과정에 대한 경험적 지식이며; 다른 한편으로는 경험적 또는 과학적 수단에 의해 다루어질 수 없는 사안들에 대한 숙고다. 전자는 경험심리학적 지식과 기술을 훈련받은 사람들의 과제가 되어야 하는 반면에, 후자는 철학적 사고에 익숙한 사람들의 담당 과제가 되어야 한다.(1/94, 33)

상당한 발전을 이룩해 낸 현대 심리치료를 고려할 때, 그와 같은 과격한 해결책이 정말로 바람직하거나 도대체 여전히 관철될 수 있을까?

개념들의 완벽한 구별과 세분화 과정의 혼란을 막아 내기 위해서는, 아마도 실존적-인본주의적 심리치료사들과 인지심리치료사들을 상대로 위에서 강조되었던 치료와 상담의 양극화, 그리고 질병가치를 수반하는 정신장애와 삶의 위기나 갈등에서 비롯되는 건강한 사람들의 정신적 고통 사이의 구별을 지속적으로 강조해야 할 것이다. 정신적 장애는 특정한 방식으로 나타나고, 당사자를 심히 괴롭히며, 전형적인 증상을 보임으로써 상대적으로 쉽게 분류될 수 있으며, 그 장애로 인한 고통 때문에 그런 환자들이 대부분 일상적 업무가 불가능한 상태에 처하게 되는 경우라면, 의심의 여지없이 바로 이 문제를 위해 특별히 맞춤형으로 재단된 치료법을 선택함으로써, 개인적 삶의 상황을 지속적으로 배려하면서 근본적인 인격개조(Persönlichkeitsumgestaltung)를 실현시킬 수도 있어야 할 것이다(참조: Kraiker/Overkamp 1998, 48-55). 정신적 장애들은 비록 실용주의적 관점에서 특정 징후 출현의 강도와 빈도의 확인을 통해서 그 각각의 정체가 정의 내려져 있지만, 오직 구체적인 생활환경 안에서 형성되는 생물학적, 심리-정신적, 그리고 사회적 조건들의 복합적인 상호작용의 결과로서 이해될 수 있으므로, 그에 대처하는 심리치료적 조처들도 마찬가지로 협력과 공동의 협의에 토대를 두게 된다. 이와는 별도로, 정도가 심하지 않으며 전체적으로 건강하고 노동 능력은 있지만, 실존적 혼란에 빠진 고객을 위한 "수평적" 자기도움—촉진의 영역을 놓고, 불손하게도 심리치료사들에게 모든 관할권을 박탈해 버리고 그것을 온전히 자신만의 것으로 요구하기보다는, 경우에 따라서, 그리고 시간적 제한을 두고 적용될 "심리학적 상담사" 또는 "상담치료사" 등으로 명칭을 바꾸는 것이 내게는 더 적절해 보이며, 이를 통해서 학제적 토대를 갖춘 일반적 형태의 상담 모델을 개발해 낼 수도 있을 것이다. 심리학자들과 철학자들의 두 전문 영역은 상술한 바와 같이 분명히 서로 겹치는 부분이 있으며, 치료와 상담 사이의 경계는 상호 침투가 가능하고 또한 "순조로운 이동 통로들"을 보이기 때문에(참조: Krämer 1992, 360), "철학 외에 다른 학문도 추가로 이수한 철학자, 그리고 다른 상담 관련 학문 전공자들과의 팀 구성을 통하여 상담 활동의 질 향상과 효과 상승도 분명히 도모할 수 있을 것이니, 예를 들면, 한편으로는 심리학적 전문 능력을 갖춘 철학자들, 또 한편으로는 사회교육학자들과 심리치료사들과 경제고문들, 그리고 경우에 따라서는 신학자들과 정신의학자들이다."(상게서 360)

그와 같은 공동작업의 틀 안에서는 심리학적 실천의 특징적 요소인 '상담과 치료', 그리고 '건강과 질병' 같은 대립적 개념들의 쌍을 넘어서서, 아마도 주관적 체험("experiencing")의 우선적 지위, 그리고 상담사-고객-관계 안에서 수행되는 감정적 관계의 성찰을 부각해야 할 것이다: 철학적 상담에서는 본질적으로 진술의 진리와 진위 여부에 대해서 지적으로도 수준 높은 공동의 담론 과정 속에서 검증하는 것이 주된 목표라면, 심리학자는 고객의 발언을 개인적 체험의 지평 안에서 일어나는 감정적 변화 과정들의 표현으로서 해석하고, 또 그 과정들의 관계적 측면 또는 내용적 측면들에 대해서도 판단을 내린다. 현대 심리치료의 최근의 발전을 염두에 둔다면, 역사의 수레바퀴를 거꾸로 돌려야 함이 불가피한 듯이 보일 만큼, 사람들은 여전히 단순한 이분법적 구별 방식에 집착하는 듯하다: 심리치료사는 치료하고, 철학 실천가는 상담한다든가, 심리치료는 (감정의 움직임, 신체 관련 문제 등) 심리적 문제들을 다루고, 철학 실천은 정신적 문제들을 다룬다거나(참조: Berg 1992, 103), 또는— 더 단순화해서—"대화" 대 "처방" 또는 "플라톤인가, 아니면 프로작인가!"(Marinoff 2000, 16, 23) 등도 그런 사례다. 그러나 크래머의 학제적 협동 모델은 주목받아 마땅할 만큼 가치가 있지만, 유감스럽게도

> 현대 철학적 상담 실천의 현 상태가 오히려 분리와 경쟁 사이에서 미결정 상태로 이리저리 흔들리고 있는 것으로 특징지워질 뿐, 현존하는 다른 개별 학문들의 상담 심급들과의 협력을 위한 단초들을 제시하지는 못하고 있다는 점에서 반사실적이다. 반면에 추구되어야 할 목표는 양극단을 버리고, 그 대신에 최상의 효과를 거둘 수 있도록 업무 분담이나 또는 공동 대표 밑에서 상호 업무 연계체제를 활용하는 것이다.(상게서 362)

c) 철학상담치료사들은 심리학이 내놓는 "상품 제공 방식의 치료경제학"(Achenbach 1984, 5)에 단호히 대비하면서, "치료와 정신적-영적 치유에 대한 주장"에 저항하며, "심리학자들과 게슈탈트 치료사들과 부활치료사(Rebirther)들이 작업에 임하면서 적용하는 모든 개념을 비난한다."(Raditschnig 1991, 93) 철학상담치료에 대해서도 그것이 "치료 시장에 나타난 새로운 유행으로서, 마치 지혜 탐구의 마지막 결론인

것처럼, 정신을 통한 치료를 약속한다"는 것에도 격렬히 반대한다. "오히려 철학 실천은 결코 치료가 아니라, 도리어 치료와는 거리를 둔 채, 처음부터 개별적 인간 개인을 중요하게 받아들이려고 노력함으로써, 개인에게 허용된 자유와 자기책임 능력에 상응하려는 기본적인 의도에 충실하려고 노력한다."(Teischel 1991, 110) 따라서 철학 실천의 성격 규정은 본질적으로 *부정에 의한* 방식으로, 즉 "모든 치료 개념의 포기"(Macho 1985, 31), 그리고 일반적인 질병 모델의 포기를 통해서 규정된다. 고객은 어떤 결함 때문에 철학상담을 찾아와야 하며, 철학자는 이런 또는 저런 경우에 어떤 방법적 절차를 따르는가 등과 같이 우리가 묻고 싶은 그런 질문들은 철학적 상담에서는 주소를 잘못 짚은 질문이라고 본다. 즉 첫째로, 철학상담에서는 무엇이 병들었으며, 무엇이 달라져야 하는지를 고객이 스스로 판단한다. 왜냐하면, "'질병의 증세'로 나타나는 어떤 것은 고객이 무엇인가를 자신에게 낯선 어떤 것으로 알아채기 때문이다."(상게서 35) 그리고 둘째로, 철학상담에서는 결코 처음부터 이 낯선 어떤 것이 고객 자신과는 아무 관련이 없고, 그래서 단지 가능한 한 빨리 제거되어야 할 어떤 것으로 낙인찍어 버린다는 인상을 불러일으키는 방식은 저지되어야 한다고 본다(참조: Zdrenka 1998, 95 이하; 100 이하). "철학상담치료사의 활동 목표는 말하자면 그의 '의뢰인'을 다시 건강하게 만드는 것이 아니라, 그로 하여금 자신의 결함과 상의하도록 설득하는 것이며"(Raditschnig 1991, 93), 여기에서 철학자 자신의 역할은 그 "낯선 것"의 대변인이라고 생각한다. 마코에 의하면, 철학상담치료사는 "낯선 것의 입장을 옹호"하지만, "그것을 어느 특정 형태로 (예를 들면 어떤 증상으로서) 고정해 놓기보다는, 오히려 그것의 변화 가능성을 보여 주기 위해서"이며(1985, 37), 그래서 사람들은 자주 그리고 의도적으로 "자신의 결함과 상의함"의 단계에 머물러 있도록 유도한다. 여기에서 개별적 질병 개념의 바탕 위에 "낯선 것"이 수용됨을 통해서 그 증세의 "본질적인 변화"를 일으켜 보자는 것은 아니고, 오히려 "증세와 질병의 영웅화"가 아닐까 의심되는데(Ruschmann 1999, 38), 왜냐하면: "증세와 함께 어떤 제외된 것, 실현되지 못한 것, 추방된 것, 간과된 것이 이야기의 주제로 등장하기 때문이다."(Achenbach 1984, 67) 아헨바흐는 아직 밝혀지지 않은 어떤 "의미"가 질병 안에 남아 있을 것으로 추측하며, "정신적 발병을 진리의 병리학"(Pathologie der Wahrheit)과 연관시켜 고찰하기 때문에 그는 철학적 대화를 옹호하며, "철학적 대화란 이미 관철된 것, 인정된 것, 판결이 난 것, 합의된 것 등에 매수당하지 않을 자유를 행사하는 것"으로 이해한다(상게서 107). 병든 것과 낯선 것을 옹호하는 그의 태도는 다음의 열린 질문에서 정점에 도달한다: "도대체 어떤 정신병이 예의 바른 것이어서, 그걸 거절하면 무례한 사람이 되어 버리는 그런 정신병이 있는가?"(상게서 108), 또는: "어떤 사람의 문제나 의혹이나 걱정거리를 해결해 준 그 도움이 의심스러운 도움일까? — 혼자만의 고민에 빠지거나, 의심증에 걸리거나, 혹 비관주의에 빠진 사람이 현실에 대한 자신의 어두운 세계관을 낙관적이고 희망에 찬 세계관과 맞바꾸어야만, 이제 우리는 그를 도와주었다고 말할 것인가?"(상게서 61)

공격의 대상이 된 심리치료의 치료 개념을 대체하려는 이 약간 산만한 대안 제시에 대해서는 원칙적으로 다음의 몇 가지를 지적해야 하겠다: 다수의 철학상담치료사가 과격한 개인 위주의 질병 개념으로 도피해 버림이, 위에서 이미 비난받은 요구, 즉 심리치료는 환자를 치료함에 비해, 철학상담치료는 건강한 사람들에게만 도움을 줄 수 있다는 그 요구보다는 의심의 여지없이 더 일관성 있는 입장이다. 왜냐하면, 자신의 상담 활동을 명시적으로 오직 "건강한 자들"에게만 제공하려는 사람은 당연히, 심리치료사들과 마찬가지로, 치료할 수 있다는 주장과 함께 "건강함"과 "병듦"의 구별에 대한 합법적이고 정의 내려진— 오만하다고 비난받을— 기준을 전제하기 때문이다(참조: Zderenka 1998, 98 이하). 비록 순전히 주관주의적 질병 개념은 "건강한가"/"병들었는가"의 물음을 전적으로 고객에게 일임해 버리거나 또는 전혀 문제 삼지 않음으로써, 이 '정의 내리기'의 난제를 떨쳐 버리겠지만, 비트겐슈타인이 '사적 언어'(Privatsprache)의 불가능성을 설득력 있게 증명해 보인 이후로는, 그와 같은 개념의 의미상대화(Begriffsrelativierung)는 특히 철학자들에게는 환영받기 어려울 것이다. 본질적으로 철학적 상담은 치료와는 근본적으로 다르며, 그래서 결코 "도움을 베푸는 직업"이 아니라는 확언도, 그리고 또한 루 매리노프(Lou Marinoff)가 페터 마흐(Peter Mach)로부터 넘겨받은 "건강인을 위한 치료"(Therapie für Gesunde)라는 마술 주문(2000, 23)도 모두— 근본적으로는 이미 융에 의해 널리 알려진 것으로서(위 부분 참조)— 먼저 "치료" 개념의 의미부터 충분히 밝혀지지 않고서는 더 이상 의미가 없다. 그와 같은 개념 분석을 미처 수행하지 않은 책임을 라하브가 다른 동료 철학자들의 탓으로 돌리는 것은 옳으며, 그 자신은 곧바로 "치료"의 네 가지 가능한 정의 유형을 제시하면서 다음의 놀라운 결론을 내린다: "한때 우리는 우리가 의도한 '치료'의 의미를 명료화하기를 주저하였지만, 많은 심리치료가 철학상담치료보다 더 치료적이지도 않고 덜 치료적이지도 않음이 밝혀졌다."(1/94, 34) 철학상담치료사들이 드디어 '낯선 것'에 대한 그들의 신비주의적인 영웅화에서 "정신적 장애"(예를 들면 "정신병"들)와 ("문제, 의심, 걱정" 등이 불러일으키는) "정신적 고통", 그리고 막연하게나마 "병든 상태"와 "건강한 상태" 사이의 특정한 연속성을 적어도 현대 심리치료사들의 방식을 따라서 받아들일 수 있었다면, 치료사들의 치료 주장은 첫 번째 극에만 제한됨이 밝혀졌을 것이다. 급성 정신장애 영역에서 증세의 영웅화는 전적인 오진이 될 것이고 치료 절차가 도입되어야 하겠지만, 철학상담치료사들은 헤아릴 수 없는 심리적 고통의 영역에 대해서 고통과 삶의 위기의 실존적 의미를 정확히 헤아려 규명해 내야 할 것인데, 이것이야말로 심리치료의 가장 예리한 반대자들에게도 희망 사항으로서만 남은 것이다.

그래도 라디취니크(Raditschnig)만큼은 '자신의 결함과 상의하며 철학하기'(philosophierendes Sich-Bereden mit seinem Gebrechen)에서 고객이 배워야 할 것이 무엇인지를 이렇게 지적한다; "그것을 인간 현존재의 허약함의 표현으로서 인정하고, 이 허약함이 그의 실존의 유한성을 상기시킴으로써 실존의 특별한 성질을 깨닫도록 하기 위함이다."(1991, 93) 라디취니크에 의하면, 고통과 괴로움이 비로소 인간적 삶이 진정코 불완전하고 모순적이며 허약하다는 깨달음을 우리에게 매개해 주고, 오직 그것만이 우리로 하여금 의식적이고 반성적으로 되게 하며, 그래서 결국 철학적 실존을 살도록 인도한다:

철학자들이 애호하는 전문 용어인 그 '낯선 것'에게 이제 도움의 손길을 뻗음으로써, 망각에 내맡겨져 버린 그 낯선 것의 특성들이 분명히 드러나도록 강조하려 한다. 이러한 관계 속에서 그 '낯선 것'을 고통과 괴로움으로서 파악하는 것 자체가 바로 다름 아닌, 우리의 삶의 철학적 의미를 결정하는 요소가 되도록 — 즉 의식적 현존재(bewusstes Dasein)가 되도록 만든다. 고통이 비로소 인간을 회의주의자(Aporetiker)로 만들며, 자기 실존에 물음을 던지고, 자기 실존의 비판적 분석으로 인도한다: 고통이 비로

소 의식의 한 단계를 높여 주며, 건강한 사람이나 고통을 모르는 사람은
이 단계를 꿈조차도 꾸지 못한다. 그러므로 고통과 함께 산다는 것은 의식
적으로 사는 것이며, 단지 생명만을 유지하는 삶의 차원으로부터 해방됨
을 의미한다.(상게서 94)

무엇보다도 먼저 고통과 괴로움이 우리의 반성적이고 의식적인 삶의
태도를 더 강화하는 동기가 된다는 라디취니크의 주장은 우리가 보기
에도 각자의 삶의 실제 경험과 관찰을 근거로 얼마든지 그럴듯해 보일
수는 있지만, 그로부터 그가 이끌어 내는 결론, 즉 철학적 상담치료의
본래적인 목표 집단은 "결국 사회의 병든 인구 층이 아니라 건강한 인
구 층이 될 것인데, 왜냐하면 그에게는 삶의 진정한 본질은 숨겨진 채
로 남을 것이기 때문이다"(상게서)라는 결론은 다시금 우리를 미혹에
빠트린다. 이미 밝혀진 바와 같이, 우선 먼저 전제된 가정들, 즉 누구든
지 더 이상 그 의미가 구체적으로 밝혀지지 않은 어떤 "낯선 것"과 맞
부딪치고 있는 사람은 "병든" 사람이지만, "건강한 사람"은 그 어떤 고
통이나 괴로움 없이 살면서 무반성적이고 표피적인 현존을 영위할 뿐
이라는 전제는 잘못된 것으로서 거부되어야 한다. 합리적으로 본다면,
철학적 상담치료사는 비록 건강하기는 하지만, 그 어떤 결함이나 해결
할 수 없는 갈등에 괴로워하는 사람들을 목표 고객으로 염두에 두어야
할 것이다. 아마도 우리는 이와 관련해서라면 루쉬만에 동의하면서 원
칙적으로 두 가지 경우를 구별해야 할 것이다: 하나는 "인간의 근본경
험"(menschliche Grunderfahrung)의 하나로서, 상황에 적절히 대응하
려는 부정적 감정반응(negative Gefühlsreaktion)이며(그는 이것을 반
직관적으로 "고통"이라고 부른다.), 다른 하나는 경험에 대한 부적절한
정신적 처리 과정을 통해 형성된, 그러나 마치 저절로 생겨난 것 같은

'괴로운 상태'("괴로움; Leid")지만, 아직은 "정신적 장애"라고 볼 수는 없는 그런 상태다(참조: 1999, 28). 이들 중 첫 번째의 괴로움 상태는, 더 심층적 차원에서 이해되는 경우, 새로운 내면적 안정으로, 그리고 그 정신적 부담의 상태를 하나의 도전으로 해석하도록 인도할 수도 있는 반면에, 철학상담치료사는 대화 중에 고통을 야기하는 부적절한 정신적 변화 과정을 확인하는 경우, 의뢰인으로 하여금 스스로 이것을 의식하도록 인도함으로써 상황에 부적절한 부정적 감정들을 제거하거나 극복하도록 도와야 할 것이다(참조: 상게서 356 이하). 이것은 인지주의 행동치료의 방법론적 의도와도 명백히 일치하는 것이다(참조: 2.2.3장).

즐겁고 낙관적인 세계관과 자화상의 소유자로서 고통과 괴로움을 모르고 사는 사람들은 필연적으로 덜 반성적이라고 보아야 하는지, 그리고 이것이 사실일 경우, 그들에게는 의식화의 상승(Bewusstheitssteigerung)을 위한 철학상담치료사의 예방적 조처가 실제로 필요한지에 대해서는 별도의 조사가 요구될 것이다. 그러나 '낯선 것'과의 관계가 견디기 힘든 경우, 또는 위기와 갈등에 대한 예방적 대비책 마련을 고객 쪽에서 원하는 경우라면, 인간 실존의 불충분함에 대한 일반적인 수용적 태도를 키우기 위해서 라디취니크가 제시한 훈련은 아마도 철학적 상담의 첫 걸음에 불과할 것이며, 이에 반해 불쾌감을 일으키는 자신의 체험과 행동방식의 극복을 위한 인지주의적이고 창의적이며 실천 가능한 전략들을 개발해 내는 작업에 관심이 집중되어야 할 것이다. 원칙적으로 질병을 반성적 숙고를 자극하는 촉진제로서, 그리고 그 결과로서 현존재의 가능성 확대를 이끌어 낼 촉진제로서 파악할 것을 추천한 사례는, 철학 교수이며 정신분석가인 루돌프 하인츠(Rudolf Heinz)

가 창설한 "병리영지학파"(Pathognostiker)의 질병철학(Krankheits-philosophie)이다. 이것은 한편으로는 "정신분석학적 치료 절차의 과격화에 노력을 기울였으며"(Heintel/Macho 1991, 77), 다른 한편으로는 심리치료에 대한 차이점을 애써 강조했다. 왜냐하면 "공식적인 문제제거장치"로 자처하는 치료가 치료 요구를 내세우면서 "자신의 현존재에 대한 무관심과 위험한 단순함이 다시 들어와 자리 잡도록 허락하지만, 새로이 고개를 쳐들고 싹트기 시작하는 문제가 바로 이들을 몰아내려는 요인이 되고 있음에 반하여", 그 병리영지학파의 철학이 과제로 택한 것은 아래와 같다: "자격을 갖춘 철학상담이 문제를 통해 드러나는 삶의 투사도를 사고의 힘으로 심화하고, 다시 그것을 확장된 현존재 가능성으로서 자신의 것으로 재취득하도록 그려 내며, 이것을 치료사업에 대비되는 첫째 차이점으로서 지적한다."(Weismüller 1991, 7) 더 나아가서 병리영지학과 철학의 실천가인 바이스뮐러는 그의 상당히 이해하기 힘든 텍스트인 「철학자는 치료사인가?」(Der Philosoph als Therapeut?)에서 질병 중에서도 우선적으로 "정신적 질병들"을, 특히 그중에서도 정점에 위치하는 "정신병"을 다루고, 각 질병마다 "객관적으로 확인되는 관계들의 개별적 해결책"을 서술하는데, 여기서의 관계들은 다시금 "사물들과 기관들과 생산 방식들을 지배하는 법칙들과 질서들"을 의미한다(상게서 30). 환자의 무의식이 명백히 겉으로 드러난 증세들 안에서 객관적이고 위협적인 관계들을 재생산함으로써 "폭력과 그 희생자의 관계, 그에 대한 책임 관계를 불가분적으로 혼합된 상태로 자신의 주관성과 신체성 또는 정신성 안에 끌어들이는 그 환자에게"(상게서 33) 철학상담치료사는 "그(환자)의 무의식을 상대로 숨김없고 꾸밈없이 있는 그대로의 분석과 해명"을 실현해야 한다는 것이다(Heintel/Macho 1991, 77). 결국에는 환자 자신이 사실적 관계들을 잘

다룰 수 있어야 하고, 철학의 도움에 힘입어서 얻어질 인식에 도달하고 수용함으로써 "세계에 대한 새롭고 확장된 관계를 형성할" 가능성이 열린다는 것은 분명히 옳은 구상이지만(Weismüller 1991, 33), 이렇듯 추구할 만한 가치는 있지만, (객관적인) 삶과 어려운 현실 상황들과의 "건강한" 관계 맺기를 실현할 문제 해결 전략은 바이스뮐러에게서도 찾아지지 않는다.

3.3 심리치료의 고착화된 이론과 규범화된 인간관

a) 이미 앞의 장에서 분명히 드러났듯이, 많은 심리치료사의 과장된 치료 요구의 뿌리는, 철학상담치료사들이 보기에는, 질병과 인간에 대한 교만하고 포괄적이며 규범적인 이론들로부터 영양분을 섭취하며 자란다. 일반적으로 통용되는 철학적 비판에 대한 라하브의 요약에 의하면, 심리치료적 의사-환자-관계의 틀 안에서는 "심리치료사들은 이미 완성된 이론, 그리고 고정된 방법론과 진단법을 가지고 환자에게 접근하며, 이것을 가지고 그들은 환자에 대한 *치료하기*(to cure)를 시도한다. 그들은 환자의 개성과 주관성은 별로 존중하지 않으며, 환자의 삶에 대한 숙고나 관념에 대해서는 별 관심을 두지 않는다."(1/94, 32) 심리치료사들은 고정된 이론적 체계의 토대 위에서 "개별적 문제들에 대한 일반적인 해결책들을 제공해 주며 — 따라서 보증된 저장고 안에 이미 '준비되어 있는' 대답들이 그때그때의 특별한 물음에 단지 호출되어 제공될 뿐, 물음에 도전받아서가 아니다."(Achenbach 1984, 5) 따라서 비유적으로 말하면, 심리치료에서는 개별적 문제를 사전에 규격 생산된 문제들의 격자 체판 위에 놓고 흔들다 보면, 그것이 어느 특정 문제

항목에 맞아 떨어지거나, 또는 쓸모없고 "치료 불가능한 나머지들" 중의 하나로 남게 된다(참조: Zdrenka 1997, 20). 철학상담치료사들은 "건강한" 또는 "정상적인" 인간에 대한 경직되고 고착화된 규범들과 이상형 관념들(Idealvorstellungen)에 맞서 모든 격렬함을 다해서 반대하며, 예를 들어 "프로이트의 성기 성숙(genitale Reife)"이나 "융의 개별화(Individuiertheit)" 또는 소위 말하는 "노동 능력, 향락 능력, 그리고 고통 능력" 등과 같은 개념들은 "의심스러운 목적에 이용되는 작업 수단으로서" 왜곡된다는 것이다(Achenbach 1984, 94). 그와 같은 인간상들과 치료 목적들은 고도로 "염려스러운 조정 개념들로서 그 정체가 드러나 버리고, 소통적 대화 영역을 벗어나 이론을 짜맞추고 고착화를 도우며, 충분히 익숙해진 뒤에는 공식적 통용 단계에 이른다."(상게서) 심리치료사들의 활동에 대한 철학상담치료사들의 이 세 번째 항변이 명백히 모든 틀에 박힌 반복적 절차들, 그리고 "스스로를 적법하고, 완벽하며, 합의 절차를 거쳤으며, 의심의 여지가 없다고" 사칭하는 모든 것에 대한 반대라면(상게서), 결국 그 이유는 일차적으로는 심리치료가 "현대적인 치료 형태로서" 그와 같은 효과지향적 숙련을 가지고 모든 "개성(또는 인격성)을 바로 지워 버리기 때문이다."(Driever 1992, 370) 인간은 심리학과 심리치료의 모든 이론 모델에 의해서 "자연과학적 방법론의 적용 범위 안에서 마치 기계처럼 고찰된다"고 철학 실천가들은 추측하며(Berg 1992, 103), "임상적-자연과학적 사고의 가장 중대한 사실"은 "일반적인 병리학의 무대에서 개별적 존재의 사라짐이다": "개체를 배제시킴과 포기함에 마주하여 자리를 잡은 것은 다소간 시종일관한 정신병리학 이론들이며, 이것은 비정상과 고통을 일반적인 특성들의 매개변수에 따라 파악하며, 개별적 요소는 기껏해야 특이 사항일 뿐, 고유성으로 파악되지는 않는다."(Driever 1992,

371, 372) "건강한/병든" 또는 "정상/비정상" 여부의 판단에 대한 고정된 이론과 "건강한 인간"의 규범적 이상 관념을 도구로 사용하는 심리치료의 모든 틀에 박힌 치료 절차는 불가피하게 "각 경우마다 보편적 타당성을 가지고 적용되는 진단-치료적 판단 도식 안에서 개인적 특성의 부정"을 완성시킨다(상게서 380).

  b) 이미 우리가 본서 제2장에서 예견하였고, 2.2.2장에서 심층심리학적 경향의 인본주의-실존적 치료 학파의 모범적 사례로서 제시해 보였듯이, 현대 심리치료는 20세기 60년대 이후 새로운 방향정위를 찾아 근본적인 변화를 모색해 왔다. 사람들은 단호한 태도로 정신의학과 정신분석학과 행동주의심리치료에서 지배적이었던 기계론적-의학적이고 자연과학적 설명하기 방식의 인간관과 질병 이론에서 돌아섰으며, 고객의 개성과 개인적 특수성에 대한 정신과학적-이해하기 방법론의 적용을 그들의 연구와 치료의 중심으로 끌어들였다. 이 새롭고 전체론적이며 정신적 자유를 강조하는 인간관에 대한 집중적인 논의는 현상학과 실존주의의 철학적 영향에 자극받아 일어났으며, 드디어 이 경향은 현대 심리치료학에 하나의 전환을 불러일으켰다(참조: Dienelt 1973, 40 이하). 사람들은 "의학과 정신치료가 그려 내는 인간관과 세계관이 (더 이상) 사적인 안건이 아니며, 무의식적이고 무반성적이며 문화와 교육의 영향에 의해 만들어진 우연적 산물이 아님"을 강조하면서, 다음과 같은 혁명적인 철학적 물음을 전면에 내세운다: "무엇이 인간을 인간답게 만드는가? 무엇이 인간의 본질적인 것인가? 인간에게서 치료되어야 하는 것은 무엇인가?"(Paulat 2001, 6 그리고 5) "인간을 객관적 대상"으로서 다루며, 인간을 수리 가능한 "고도로 복잡한 기계"로 환원하는 의학적-실증주의적 인간관에 대해서 강력히 의문을

제기한 것은 카를 야스퍼스(Karl Jaspers) 또는 후베르투스 텔렌바흐
(Hubertus Tellenbach) 등과 같은 정신의학의 개척자들이다: 소위 말
하는 객관적 자연과학을 표방하는 의학이라 할지라도 "결코 가치중립
적이지도 않고 세계관과 무관할 수 없으며, 오히려 일반적으로 의료인
들도 자신은 감지하지 못하는 의학 자체의 세계관에 지배받고 있음을"
텔렌바흐는 밝혀냈으며(상게서 7), 그래서 그는 의학과 정신치료의 철
학적 배경에 관심을 집중할 것을 제안했다. 철학적-세계관적 반성의
의미를 적극 옹호하는 야스퍼스도 마찬가지로 자신의 『세계관의 심리
학』(Psychologie der Weltanschauung, 1954)에서 우리의 다양한 세계상
을 "감각적-공간적"(sinnlich-räumlich), "정신적-문화적"(seelisch-
kulturelle), 그리고 "형이상학적"(metaphysische) 세계상 등 세 가지
유형으로 구별하여 묘사한다(참조: 상게서 154-202). 그는 말하기를,
"이해심리학"(verstehende Psychologie)의 과제는 "사람들이 그 안에
서 생활하며 살아가고 있는 그 여러 가지 세계상을 단지 어떤 사상이나
지식의 대상으로서만 다룰 것이 아니라, 이해함과 동시에 실제로 추체
험해야 하는데"(상게서 142), 왜냐하면 한 개인의 인격은 자신의 세계
상에 그토록 동화됨으로써, 그것이 바로 "그의 '삶의 지식'과 생활능
력, 그리고 감정과 가치판단으로서 단지 존재할 뿐만 아니라, 그의 존
재방식 자체에 지배력을 행사함으로써 한 인간으로서의 개성적 특성을
일차적으로 결정한다"고 본다(상게서 146). 하지만 그와 같은 세계상
들이 실제 삶에서 효과를 가지게 되는 것은 오직 "가치부여"를 통해서
실현되며, 이것은 특정의 우선순위에 따라서 중요한 것, 보답이 있는
것, 우리의 삶이 의존하는 것 등에 우리의 주의력과 우리의 모든 능력
을 집중시키도록 이끈다(참조: 상게서 220 이하). "의미문제와 가치문
제를 특별히 중요시하는 관점에서 정신치료와 철학 사이의 경계 영역

을 조망"하려는 노력을 기울인 것은 빅토르 프랑클의 주도를 뒤이어
간 의미치료사(Logotherapeut)들이다(1997, 151). "인간상과 세계관
을 배제하고서는 정신치료는 불가능"하다는 인식에서 출발하면서, 프
랑클은 자신의 의도를 분명히 밝힌다: "그래서 이제 개인적 실존의 인
간학적 해명으로서 이해되는 실존분석의 관심사는 정신치료의 무의식
적이고 암묵적인 인간상을 의식화하고, 해명하며, 개진하고, 발전시키
는 것이다."(1994, 60; 61) 그러나 정신과학적-이해하기 방법론을 목
표로 삼는 정신치료사는 그러면 어떤 목적을 염두에 두면서 고객의 인
간상과 세계상을 파악하고 생활효능성을 위한 가치체계를 확인해야 하
는가? 치료사의 대화치료적 도움이 그의 조언을 구하는 고객에게 치료
사 자신의 (인본주의적) 세계관과 그에 수반되는 근본적 주도 관념들
및 삶의 원칙들과 함께 강제될 것인가? 아니면 포스트모던의 가치다원
주의의 영향하에 도리어 의뢰인 자신의 세계관과 가치관을 전적으로
존중해야 하는가? 그러한 세계관적 물음들은 현대 정신치료에서 실제
로 어떤 역할을 수행하며, 개개의 치료적 또는 상담대화적 지원 활동은
반성적 토대와 일반적으로 수용되는 인간학적-윤리학적 토대를 확보
하려는 노력을 얼마나 집중적으로 수행해야 하는가?

현대 정신치료에서 제기되는 세계관과 인간상, 그리고 다양한 가치
의 문제와 관련해서 볼 때, 우리는 극도로 다양한 이론적 치료 개념과
한 번 더 직면하게 되며, "그 개념들의 다양함과 전체적 조망의 어려움
때문에 그들의 일반적이고 공통적인 토대를 인간학적이고 윤리적인 관
점에서 개관하기도 거의 불가능할 정도다."(Reiter-Theil 1988, 3) 트
레스와 랑겐바흐(Tress/Langenbach)가 60년대의 정신의학 또는 심리
치료의 "윤리적 전환"(ethische Wende)을 지적한 바 있음에도(1999,

10), "우리 시대의 정신치료 연구에서는 윤리적 질문들은 전혀 주의를 기울일 선호 대상이 되지 못한다"고 하르트캄프(Hartkamp)는 아쉬움을 토로한다(Hartkamp 1999, 167).

(1) 라이터-타일(Reiter-Theil)에 따르면, 저변에 깔려 있는 세계관적-윤리적 문제들은 아직도 다분히 "각 학파 특유의 입장들이 주도하는 논쟁에 지배되고 있음에 반하여(1988, 3), 라우어와 문트(Lauer/Mundt)에 의하면, 현대의 정신의학적 심리치료는 이미 "순수주의를 고수하던 학파 특유의 전통의 포기를 드러내 보이며, 그와 함께 통합적 정신치료 방향으로 나아갈 가능성도 찾아 나서는 듯하다."(1999, 167)

(2) 인간학적-윤리적 근거에 대한 성찰이 심리치료학 내부에서도 아직 충분치 못함에 대한 더 합당한 그 밖의 이유로서는 대학의 두 전공인 철학과 심리학 사이의 엄격한 분리가 지적되었으며, 이것은 또한 실천지향적 목표 추구와 "사고 위주의 편향성" 사이의 격한 대조를 동반한다(참조: Stevemann 2002, 244 이하).

(3) 심리치료사들은 철학이 현실과 거리가 멀고, 실천과도 연결되지 않는다는 지적 외에도, 여러 윤리학적 이론과 개념 사이의 모순성과 전체적 조망의 난해성을 비난하지만, 그 와중에서도 유일하게 보샹(Beauchamp)과 차일드레스(Childress)가 제시한 네 가지 규제 원칙만은 칭찬할 만한 예외로서 부각한다: 즉 무해함, 자율성, 구제, 그리고 사회적 정의의 원칙들이다(참조: Lauer/Mundt 1999, 164 이하; Scheurer 2002, 121 이하).

(4) 철학적 윤리학 영역에서보다도 더 큰 불명확성이 지배하는 곳은 물론 우리의 생활세계 자체다. "표준화된 생활철학은 결코 존재하지 않는다"라는 샬롯테 뷜러(Charlotte Bühler)의 확언은 옳으며, "그리고 아마도 그런 것은 앞으로도 결코 존재하지 않을 것이다. 심지어 하나의

공통된 형태의 문화권 안에서도 각자의 삶에 대한 태도와 삶의 의미에 대해서는 여전히 큰 차이들이 항상 존재한다."(1975, 173) 증가하는 가치상실과 가치붕괴를 동반하는 보편적 불확실성이 세계관과 가치관의 문제 영역에서 첨예하게 대두되고 있으며, "오늘날 지배적인 문화-가치-체계의 불안전성에 기인하는 미결정상태"가 확산되고 있으며, 이것이 소위 말하는 포스트모던적 무관심이다:

> 한 문화권이 자신을 내부적으로 결속시키는 믿음과 신념들을 광범위하게 상실해 버렸을 때에는, 심지어는 우리가 만나는 그 어느 환자들보다도 더 견고한 자아관과 더 건강한 판단력을 소유한 사람들조차도—개인적인 성생활과 가정생활 영역에서, 이혼과 관련된 상황에서, 혼외정사나 혼전정사, 산아 제한, 권위의 집행, 규율 등과 같은—특정의 문제에 대해서 근본적 결정을 내려야 하는 상황에 처해서는 정신적-정서적 마비 상태에 빠져들게 된다.(Bühler 1975, 17 이하)

윤리적 상대주의에 처해서는, "결국 거기에는 상이한 도덕적 가치들에 대해서 아무 이성적 논쟁도 있을 수 없기 때문에", 많은 심리치료사는 자신의 윤리적 입장을 드러내야만 하는 상황에 맞부딪치지 않기 위해서 가치에 대한 물음을 피해 가며(참조: Reiter-Theil 1988, 4), 포스트모던주의의 가치다원주의의 영향하에, 결정을 내리기 어려운 상황에 처해서 자문을 구하는 고객들을 홀로 내버려 둔다. 그럼에도 불구하고 치료 활동에서 인간학적-윤리적 입장 표명이 원칙적으로 불가피한 그 경계는 어디인가?

"그 누구도 가치문제에 직면하지 않은 채로 살아갈 수는 없으며, 그 누구도—암묵적이든 명시적으로든—이 문제를 다루지 않고서는 심리 치료를 수행할 수 없다. '가치'와 관련해서 그 어떤 특정 신념을 실제 작업에 개입시키지 않고서는 그 누구도 심리치료사의 임무를 수행할 수 없다"고 여류 인본주의 심리학자 뷜러는 선언하며, 그래서 그녀는 최초로 하나의 주목해야 할 "정신치료에서 제기되는 전체적인 가치문 제의 체계적인 해명"을 시도한다(1975, 14, 33).

(1) 첫째로, 뷜러의 주장은 심리치료사를 찾는 사람 대부분은 "가치 들 상호 간의 관계에 대한 분명한 위계질서를 자신의 입장에서 파악할 수 없으며", 따라서 "당신이 당신 자신을 위해서 정말로 가장 먼저 원 하는 것이 무엇인가?"라는 질문을 받고서는 대답을 못하고 기권해 버 리고 만다(상게서 108). 이미 언급했듯이, 모든 노이로제 환자의 20% 내지 30%를 차지하며, 신체정신적 증세를 동반하는 가치불안정증에 대해서 프랑클은 "정신인성 노이로제"라는 명칭을 부여한다. 말하자면 이것은 "관례적 의미의 강박증이나 심적 갈등에 기인하는 것이 아니 라, 양심의 갈등, 가치 충돌, 그리고 마지막이지만 결코 가벼이 보아서 는 안 되는 무의미성 감정에 기인하며, 이것은 신경증 징후학에서도 드 물지 않게 설명되고 다루어지는 주제다."(1997, 24)

(2) 의미문제와 가치문제에 대해서 설령 개인적으로 근거 있는 대답 을 찾은 사람일지라도, 생활세계에서 빠져들 위기에 대해서는 결코 안 전 무사할 수만은 없다. 왜냐하면 흔히 "그 어떤 특정 가치체계를 선택 하는 것 자체가 인간을 문제와 갈등 상황에 빠트리기도 하지만, 이것이 꼭 신경증적 원인에서 유발되는 것은 아니며", 오히려 예를 들어 어떤 문화적 표준과의 가치충돌에서 유발될 수도 있기 때문이다(Bühler 1975, 14). 치료 과정에서는 그와 같은 "정상적"인 갈등은 "신경증적" 갈등과 분리되어야 한다; 그리고 좌절 때문에, 또는 미해결 상태의 갈

등이 억압됨으로써 야기된 현저한 심적 긴장이 존재하며, 이 상황에서 현실과의 유연하고 창의적인 논쟁을 펴는 대신에, 어떤 다른 차선의 해결책으로 도피하려는 경우에는 항상 "신경증적" 갈등이 진단되어야 한다(참조: 상게서 116).

(3) 고객이 명백히 "정상적"인 가치 딜레마(가치로 인한 진퇴양난) 때문에 치료사에게 자문을 구하는 것이 아닌 경우일지라도, 치료사의 가치관들은 그의 치료 활동의 기초가 된다는 것이 뷜러의 견해다: "치료사가 신봉하는 가치(관)들은 그가 자신과 환자에게 부과하는 목표들을 결정함에 기여하며, 의식적으로건 무의식적으로건 그의 물음과 인지와 그 밖의 다른 반응들에서도 반영된다."(상게서 14) 치료사와 고객의 상호 협력적인 목표 설정과 그에 뒤이어 맺어진 상호 간의 계약적 합의에 근거하는 새로운 치료 방법론 개념에 상응하여 추구되는 공동의 목표 규정에서는 치료사와 고객 모두에게 부과되는 기본적인 세계관과 인생관의 주도적 원칙들이 구체화된다. "윤리적 노력과 치료적 노력은 양쪽 모두 '좋음'(善, Gut)을—또는 '더 좋음'(改善, Besseres)을—실천의 예비개념(Vorbegriff)으로 가져야 한다는 점에서 공통적이다. 양쪽 모두 현재보다 더 좋은 상태와 더 나은 미래를 예견하며, 그 때문에 역동적이다"라고 라이터-타일은 해명하며, 동시에—행복 또는 건강과 같은—치료의 목표는 윤리 중심적 관점 외의 다른 여러 관점도 함께 포함함을 강조한다(1988, 7 이하).

(4) 정신치료의 모든 방법과 절차의 공통된 효과 요인으로서 그라베가 추출하여 제시한 것이 환자가 당면한 문제의 명료화 작업과 문제의 현실화를 통해서 '문제극복'으로 나아가도록 적극적으로 지원하는 것임을 기억에 되살린다면(참조: 위 121면), 실제로 그 누구도 올바른 행위를 위한 윤리적 문제를 피해 갈 수는 없어 보인다. 이전에 뷜러가 종

합적으로 제시한 일반적인 치료 원칙들도 이와 유사한 내용을 담고 있으며, 고객으로 하여금 자신을 더 잘 이해하도록, 그리고 그에 따라 가능한 한 최적의 생활통제를 실천하도록, 그리고 비권위주의적 안내를 제공함으로써 고객 스스로 자신의 문제 해결을 완수해 내도록 지원해 주어야 한다는 것은 다음의 결론으로 이끈다: "사물에 대한 철저한 숙고, 그리고 자신의 삶이 살 만한 가치가 있는지에 대해서 자문하는 것은 가치문제를 사태의 중심으로 끌어들이는 것이다. 모든 치료에서는 지속적으로 가치문제와 가치관의 갈등이 — 토의 주제로서, 그리고 새로운 평가 대상으로서 — 대두되며, 이들에 대한 새로운 해결책을 찾을 것이 요구된다."(1975, 34)

세계관으로서 고정된 가치들이 치료 과정에서 어떤 의미와 역할을 가지는지에 대한 해명에 뒤이어서, 이제 우리는 그것들이 치료사-고객-관계 안에서는 어느 정도의 명확성을 가지고 어떤 방식으로 다루어져야 하는지의 문제로 되돌아가자. 미국심리학회(American Psychological Association)가 제정한 "심리학자의 윤리 원칙과 행동 강령"(Ethical Principles of Psychologists and Code of Conduct)의 사례에 근거하여 사람들은 치료사에게 원칙적으로 "종교적-세계관적 변수들을 파악함에도 주의를 기울일 것"을 요구하며, 그와 동시에 모든 "자신의 경우와는 다른 세계관이나 종교적인 견해들을 개인적 차이의 표현으로서 존중할 것"도 요구 사항에 포함시킨다(Hartkamp 1999, 225 이하). 따라서 일반적으로 사람들은 치료 수혜자들에게 "아무런 내용에 관한 규범 목록을 제시하지 말아야 하며, 의무적으로 부과함은 더더구나 허락될 수 없다. 왜냐하면 이것은 자유의 근본 원칙을, 또는 치료적 표현 방식을 따른다면, 의뢰인이나 환자의 자율권 보장 원칙을 위반할

것이기 때문이다."(Reiter-Theil 1988, 11) 그렇지만 널리 이목을 집중
시킨 연구들에서 입증된 바에 의하면, 성공적으로 치료된 고객들의 가
치관은 치료사들의 가치관에 동화되었다는 것이며, 이로부터 사람들은
위장된 학습 과정을 추론하였으며, 이 과정에서 고객은 치료사로부터
고의성 없이 주도면밀하게 제공된 가치와 규범들을 넘겨받았다는 것이
다(참조: Lyndenmeyer 1999, 184). 그와 같은 "주도면밀한 가치관 전
수"를 예방하기 위해서, 사람들은 일반적인 치료-윤리의 규범목록을
원하며, 이것은 치료 행위의 경험적 토대에 대한 체계적 연구의 도움을
받아, 윤리적 관점에서 발전되고, 민주적 조건하에서 결정되어야 한다
는 것이다(참조: Reiter-Theil 1988, 11). 그래서 예를 들면 금주와 금
욕에 대한 프로이트의 기본 규칙과 정신분석가의 중립적 자세는 일반
화되어야 하겠으며, 이것은 주관적이고 종교적이며 윤리적인 가치평가
에 대한 전적인 포기를 요구한다: 프로이트에 의하면, 분석가는 자신
의 고객을 단지 내면적 자유와 더 나은 자기이해로 나아가도록 도와야
하며, 그것도 자유를 얻은 후에는 고객 스스로 새로운 세계관과 안정된
가치관, 그리고 개인적 자기정체성을 찾게 될 것이라는 전제와 함께 수
행하라는 것이다. 그러나 프로이트 자신은 실제 실천 단계에서는 이 규
칙을 순수주의적 태도로 준수하지 않았으며, ─ 오히려 그는 경우에 따
라서는 분석적 태도와 교육자적 영향력의 통합가능성을 말했다. ─ 기
본 규칙들의 유연한 적용과 "통제된 주관성"을 옹호한 그의 후계자들
의 비판에서도 자유롭지 못하다(참조: Ott/Langenbach/Tress 1999,
201 이하). 이미 3.1 (b)장에서 내담자중심의 대화심리치료에 대한 비
판적 논의가 밝혀낸 바 있듯이, 고객의 자유 재량권을 임의로 극대화함
은 원칙적으로 윤리적 관점에서도, 또 치료적 관점에서도 충분치 못한
데, 왜냐하면 오직 "상호 주관적으로 매개된 독립적 자유"가 자신의 자

유의 한계에 대한 감수성과 함께 행사되는 그런 자유만이 추구될 만한 가치를 가지기 때문이다: "윤리적 관점에서 볼 때, 치료사도 역시 다른 모든 사람과 마찬가지로 자신에게 비도덕적으로 생각되는 행동을 거부할 권리를 가져야 하며, 이것은 고객이 그에게 그런 행동을 요구할 경우에도 마찬가지다"라는 라이터-타일의 요약은 옳으며, 이것은 그녀가 소아성애적 접촉에 대한 가책에서 벗어나고 싶어 하는 고객의 소망을 다루면서 예시한 것이다(1988, 12 이하). 그러므로 치료사의 기술만능주의적이고 자유주의적인 태도는 가치관 혼란 때문에 자문을 구하는 고객에게 판단과 결정을 위해 제공할 수 있는 도움의 범위를 지나치게 축소할 것이지만, 다른 한편으로 치료사가 고객에게 윤리적 결정권을 전혀 박탈하지 않고 모두 허용해도 좋다면, 그로 인해서 이해하는 세계관적 대화치료의 이상적 목표는 "판단 기준의 문제, 그리고 도덕적 판단을 개입시킴에서의 과다함과 과소함의 문제"와도 연계되어 나타날 것이다(Reiter-Theil 1988, 190).

정신치료에서 가치 개입의 과다함과 과소함 사이의 적절한 판단 기준을 찾아감에 있어서 우리가 먼저 인본주의-실존적 심리학자들의 입장을 본다면, 그들은 최초로 치료 과정에서 규범적 문제의 절박성에 주의를 기울인 당사자들이다: 그들의 인간관은 인본주의자들과 실존주의 철학자들의 유산에 근거하여 명시적으로, 한편으로는 인간의 자유, 이성적 능력, 그리고 목표와 가치 실현을 향한 의도적 지향성을, 다른 한편으로는 각 개인의 계발과 완성을 이루려는 근본적이며 자연적인 욕구를 강조한다(참조: 3.1장, b). 따라서 이와 시종일관하게 그들의 치료 목표로 채택되어 기능을 발휘하는 것, 그리고 그들이 추구하는 "예비개념으로서의 선"(Vorbegriff vom Guten; 위 참조)은, 철학상담치료사들의 일괄적인 비난과는 반대로, 사전에 미리 확정된 그 어떤 "정상성" 기준에 대한 적응이 아니고, 오히려 각 개인이 실제로 수행하는 성공적인 자기현실화 안에서 체험하는 최상의 자기실현 또는 행복과 성취다. 뷜러는 이렇게 고백한다: "그 어느 인간 존재가 단지 어떤 '기능 발휘하기'만으로, 그리고 부딪치는 어려움들을 그때그때 '해결하기'만으로 만족할 수 있다는 것은 내게는 의심스러워 보인다. 그 누구도 장기간 동안 아무 목표 없이, 그리고 아무 희망도 없이 살면서 동시에 행복하고 만족스러울 수는 없을 것이다."(1975, 146 이하) "무엇이 '좋은 것'인가에 대한 물음보다는 오히려 '적응'함에 더 목표를 두며, 그래서 윤리적 상대주의로 기울어진 우리 시대의 지배적인 심리학과는 뚜렷한 반대의 입장"에 서 있는 에릭 프롬(Erich Fromm)에 의하면, 행복과 정신적 건강은 규범들과 가치들의 올바름에 의존하며, 이 규범과 가치들이 "인간 각자로 하여금 자신과 자기의 잠재적 가능성들을 실현하도록 도와주어야 한다"고 본다(1995, 9). 정신분석가는 가치들을 비합리적 소망과 불안에 대한 합리적 설명으로서, 또는 외부로부터 주어진 전통적 규범들의 내면화의 결과로서 그 정체를 폭로하면서 과격한 가치상대주의를 신봉하는 반면에, 프롬은 객관적이며 일반적으로 통용되는 가치들과 삶의 근본 원칙들이 인간의 본성에 근거하고 있다는 증명을 제시하려 한다. 프로이트 정신분석학의 몰가치성 요청(Wertfreiheitspostulat)의 자리에 "객관주의적 인본주의 윤리학의 첫째 원칙들"에 대한 고백이(상게서 26) 대신 들어설 것이며, 이것은 인본주의적 세계관과 인생관의 오래된 전통을 재조명할 수 있을 것이다: "인본주의적 사고의 위대한 전통은 가치체계의 토대를 만들어 냈으며, 이것은 인간의 자율성과 이성에 기초한다. 이 모든 체계의 출발점이 된 전제조건은, 무엇이 인간을 위해서 좋으며 또는 무엇이 나쁜지를 알기 위해서는, 인간은 인간의 자연적 본성을 알아야 한다는 것이다."(상게서 15) "인간의 본성"에 대한 까다로운 질문에 대해서는, 어떤 경직되고 고정된 본성에 대한 인류학적 명제는 무한한 가소성(可塑性, Formbarkeit) 명제와 마찬가지로 근거가 박약하다고 보아야 하는데, 왜냐하면 오히려 타당성 있기는: "인간은 아직 아무것도 쓰이지 않은 백지 같아서, 이제 비로소 그 위에 문화가 자기의 텍스트를 쓸 그런 것이 아니다 … 인간은 자신을 거의 모든 문화적 상황에 적응시킬 수 있다; 그러나 이 문화적 여건들이 자기의 본성과 모순될 때에는, 정신적이고 정서적인 장애가 일어나며, 이것은 점차 그로 하여금 그러한 여건을 변화시키도록 강제하게 되는데, 왜냐하면 그는 자신의 본성을 변화시킬 수는 없기 때문이다."(상게서 28) 프롬에 의하면, 정신적 장애나 무력감, 공허감, 불만족 등과 같은 부정적 감정들은 자연적 능력들의 자유로운 전개와 계발을 막아 버리도록 문화적으로 각인된 그러한 삶의 방식에서 나타나며, 구체적으로는 "수용적인", "착취적인", "수집축적적인" 생활방식, 그리고 현대인의 "시장"-지향성 등이다(참조: 상게서 69 이하). 인간의 본성은 동물과는 달리 선천적 본능에 따라서가 아니고, 오히려 후천적으로 습득된 성격구조를 통해서 계발되기 때문에, 프롬은 인본주의적 성격학(humanistische Charakterologie)을 제시하며, 여기에서 이 "비생산적" 유형의 성격은 "악덕"과 "자해"로서 체험되는 반면, 이에 대조되는 성격유형인 "생산적" 성격지향성(produktive Charakter-orientierung)에서는 인간이 "자기 자신을 자신의 능력의 화신이자 또한 행동 주체로서 체험하므로"(상게서 73), "덕의 근원과 기초로서" 선포된다(상게서 16). 비록 모든 생산력의 결핍이 정신적 장애를 초래하지는 않지만, 모든 신경증은 "선천적인 능력과 그 능력의 발달을 가로막는 힘 사이에서 일어나는 갈등의 결과"라고 보며(상게서 171), 따라서 "도덕적 실패의 증세"라는 것이다(상게서 9).

고객으로 하여금 최상의 자기실현에 도달하도록 돕는 것을 치료 목
표로 삼는 인본주의 치료사는 고객을 "수용적" 또는 "착취적" 유형에
서처럼 어떤 권위에 의존하도록 만들지 않으며, 그를 지식이나 사물이
나 인간의 수동적 "수집가"로, 또는 교환 가치를 가진 "시장"-상품으로
격하시키지도 않을 그러한 특정 가치와 생활 규범들만을 인정해야 한
다는 것이 프롬의 생각이다. 그 외에도 그는 고객의 이성에 호소해야
한다고 보는데, 왜냐하면 고객이 "자신의 능력들이 무엇에 근거하며,
어떻게 사용되어야 하며, 무엇을 위해서 사용되어야 하는지를 알 때에
만" 자신의 힘과 능력을 오직 자신의 본성에 합당하게 발전시킬 수 있
다고 보기 때문이다(상게서 73). 인본주의 심리학의 창설자들 중 한 사
람이자 또 가장 중요한 대표자들 중의 한 사람인 에이브러햄 매슬로우
는 이와 비슷하게 자연주의 심리학적 가치체계를 수립하려는 기획을
펼치면서, 성격 유형보다는 오히려 인간 본성에 확고히 자리 잡고 있는
기본 욕구들에 관심을 집중했다. 욕구불만에 빠진 정신질환자들을 대
상으로 한 실험과 관찰에서 얻어진 임상 자료들을 토대로 하여, 매슬로
우는 인간의 기본적 욕구들의 위계적 분류체계를 입안하였으며, 여기
에서 고차원 욕구들의 생성과 발달은 그 각각에 대한 모든 저차원 욕구
의 충족을 전제한다: 1. 생리적 기본 욕구(영양 섭취/섹스 등), 2. 안전
에 대한 기본 욕구(보호/안전 예방책 등), 3. 소속감과 사랑의 욕구, 4.
존중받을 욕구, 5. 자기실현의 욕구(참조: Maslow 1977, 74-89). "인
간적 조건이 충족되기 위해서는 이 욕구들과 상위 욕구들의 충족이 필
수적이며, 그런 이유에서 이러한 욕구충족들은 자연적 권리로 간주될
수 있다"고 매슬로우는 선언한다(상게서 12). "욕구의 차원이 높을수

록, 그것은 더 인간 특유의 욕구가 되며," 그리고: "더 높은 차원의 욕구가 충족될수록, 그것은 더 바람직한 주관적 욕구충족의 효과를, 즉 더 깊은 차원의 행복과 평정심과 내면적 삶의 풍부함으로 인도한다"고 보며(상게서 154, 155), 따라서 그는 시종일관하게 자기실현을 인간의 가장 높은 단계의 근본적인 욕구충족으로서 받아들일 것을 요구한다. "음악가는 음악을 해야 한다." 왜냐하면: "사람은 누구든지 자기가 될 수 있는 존재로 *되어야* 한다. 사람은 누구나 자기 본성에 정직하고 충실해야 한다"고 보기 때문이다(상게서 88). 기초적이며 인간 생존에 필수적인 생리적 욕구들을 제외하고 보면, 이것의 토대 위에서 실현될 수 있는 더 높은 차원의 근본 욕구들은 모든 인간에게 추구될 만한 삶의 목표들과 그에 상응하는 가치들로서, 안전성으로부터 사랑과 존경을 거쳐 자기실현까지를 모두 구현하며, 따라서 이것들은 경험적-서술적이면서 또한 규범적이다. 매슬로우 자신은 "서술적이면서 동시에 규범적인 개념 대신에 *융합 개념*(Fusionswörter)을 제안했다."(상게서 373) "인간 종이 원하는 것이 무엇인지, 예를 들면 그것이 사랑, 안전, 고통 없는 상태 등이라는 것을 우리가 *경험적*으로 알기 때문에", 다음의 가언적 명법이 이렇게 서술된다: 만약 당신이 인간 종의 완전하고 건강한 구성원이기를 원한다면, 사랑, 안전, 고통 없는 상태, 존중받음 등을 얻기 위해서 노력하라(참조: 상게서). 최고의 욕구인 자기실현과 관련해서, 매슬로우는 자신의 모든 욕구를 온전히 펼쳐 내고 충족시키면서 또한 자기를 완성시킴에 있어서도 특별히 앞서 나아간 뛰어난 인물들을 조사하였다. "자기실현에 성공적이었던 인물들"에게서 온전히 발전된 인간 "본질"의 결정적인 특징들을 추려 낸 결과의 목록들을 그는 다른 여러 연구 작업으로도 확산시켰으며, 그중 단지 몇 가지만을 제시하면 다음과 같다: 명확하고 생활능력을 지원하는 현실 지각, 경험개방

성과 자발성, 자율성과 안정된 자아, 강한 공동체적 연대감과 민주적
인격구조 등이며, 이것은 부분적으로는 근본적인 비판에 부딪치기도
하였다(참조: Reiter-Theil 1988, 143 이하). 최선의 세계이해와 사회
윤리적 행동방식을 갖추었으며, 완전하고 행복에 찬 인간의 이와 같은
이상형은 얼마든지 인본주의 심리치료사의 진단을 위한 본보기로서 기
능을 발휘할 수 있을 것이다.

심리치료에서 오랫동안 잠재해 있었던 세계관 문제와 그에 내재적인
가치정위의 문제를 뷜러가 제기하고 분명히 표면화했다는 점에서 그녀
의 업적에 경의를 표해야 하는 반면에, 프롬과 매슬로우 외에도, 정신
의학자 프랑클은 정신치료학의 윤리 영역에 있어서는 인본주의-실존
적 심리학자들 중에서도 가장 앞서 나갔다. 인간의 행동을 정신역동적
과정 또는 학습 과정, 아니면 생화학적 또는 사회-경제적 과정으로 환
원하여, 결국 "어떤 다른 것의 결과로서" 해석하고, 그 결과로서 인간
을 "관계적 상황들의 제물"(Opfer der Verhältnisse)로서 파악하는 모
든 형태의 정신치료적 환원주의에 대항하는 격렬한 투쟁을 펼쳐 가는
과정 속에서(참조: 1997, 54), 프랑클은 또한 인간이란 자신이 설정한
개인적 가치와 목표를 추구하면서 세계 속으로 "행동을 통해서 능동적
으로 개입해 들어가는" 존재임을 줄곧 강조한다(참조: 상게서 47). 프
롬과 매슬로우처럼, 그도 임상적 경험과 관찰에서 출발하면서 인간학
적 의도에서 여러 차원을 구별하는 '다차원적 존재론'을 설계하는데,
그에 따르면, 한 인간의 정신적 차원이 그 인간의 가장 본질적인 차원
을 의미하고, 이 차원이 그 인간으로 하여금 자신의 질병과 자신의 (신
경증적) 성격구조와 자신이 처한 현재적 삶의 상황에 대해서 태도를
취하도록 허락한다(참조: 2.2.2장 b). 그러나 프롬은 고객으로 하여금

자신의 목표와 행위의 척도를 오직 고객 자신에게서, 그리고 자신의 힘과 잠재적 능력에 따라서 찾아내도록 요구하는 데 비해서, 프랑클은 구체적 상황 안에서도 자기를 초월하는 가치들에 주의를 환기함으로써, 그러한 인간중심주의를 깨트려 버린다. "살아 있다는 것은 생산적으로 활동함을 가리키며, 인간을 초월하는 어떤 목적을 위해서가 아니라, 자기 자신을 위해서, 그리고 자신의 현존재에게 의미를 부여하기 위해서 자신의 힘과 능력을 발휘함을 가리킨다"라는 것이 프롬의 표어다 (1995, 191). 이때 우리가 우리 삶의 의미로서 일반적으로 확인하는 것은, 위계적 계층에 따라 분류되는 가치들이 우리의 삶 전체를 포괄하는 삶의 계획 안에 편입되어 있으면서 또한 이 가치들이 우리 삶 안에서 일어나는 모든 사건과 활동에게 연관성을 부여해 주는 바로 그 목표들을 통해서 주어진다. 그러나 인간이 자신을 잊은 채 세계를 향해 관심을 집중하고 거기서 절실히 제기되는 과업에 열중하는 대신에, 자신과 자신의 주변 정황만을 맴도는 한, 인간은, 프랑클에 의하면, 필연적으로 의미발견(Sinnfindung)에는 실패한다(참조: 1996, 29). "인간 실존은 자기초월성을 통해 특징지워진다. 인간의 현존재가 더 이상 자기초월적 의미를 가지지 못하는 순간, 생존은 무의미해지며, 더 나아가서 불가능해지고 만다."(상게서 41) 뷜러는 프롬, 매슬로우, 또는 골드슈타인(Goldstein) 등이 주장하는 "자연주의적-자아중심적 자기실현 이론", 그리고 프랑클과 마찬가지로 빈스방거와 겝자텔(Gebsattel)도 옹호하는 "자기초월적 의미발견 모델"(selbsttranszendierendes Sinnfindungsmodell) 사이에서 상호 화해 불가능한 모순들을 인지하지만, 그와는 달리 체계적 관점에서 볼 때 내게는 이 입장들은 얼마든지 서로 융화될 수 있다고 생각된다: 비록 우리는 외부 세계에서 가치 있는 목표와 과제들을 능동적으로 추구하기 때문에, 오직 외부 세계 안에서만 우리 자신을 실현할 수 있기는 하지만, 그 목표와 과제들의 선택에서는 우리는 도리어 우리 자신의 제한된 힘과 능력의 요구를 받아들여야만 하는데, 그 이유는 세계가 제공할 수 있는 가능성들은 대부분 우리의 제한된 능력과 권한의 한계를 훨씬 더 넘어서기 때문이다. 우리의 환경 안의 사물들과 인물들을 향한 지향성 안에서 이 외부지향적이고 생산적인 활동성이 성취되는 것은 오직 우리의 잠재력을 고취하고 발전시킬 수 있는 경우에만, 추가로 주어지는 행운과 함께 비로소 가능하다. "이미 다수의 인본주의 윤리학의 옹호자들이 서술한 바와 같이, 실제로 인간 본성의 한 가지 특징적 본질은 인간의 성취와 행운은 오직 그의 동료 인간들과의 연관성, 그리고 그들과의 연대성 안에서만 가능하다는 것"을 프롬도 마찬가지로 승인하며(1995, 21), 매슬로우에게도 욕구의 정도가 얼마나 높은가 하는 것은 무사무욕(無私無慾, Selbstlosigkeit)과 이타적 행위를 위해서 자기중심적 사고를 어디까지 포기할 수 있는가에 대한 척도로서 기능하므로(참조: 1977, 212), 결국 "자기초월"에 대한 논쟁은 실제 사태에 근거하기보다는 오히려 논변 위주로 진행된 듯하다. 그러나 의미의 물음이 실제로는 각 개인의 인간적 자원과 생산 능력에 입각해서 응답될 수 있지는 않을까? — 왜냐하면 개인의 인간적 자원과 생산력 자체에서 이미 "그것들이 어떻게 활용될 수 있고 또 무엇을 위해서 종사해야 할 것인지"도 명백히 드러나기 때문이다(참조: 앞부분). 그러한 자아계발 능력 또는 그러한 근본적 욕구가 정말로 인간 행위에 대한 유일하고 타당한 가치 척도를 제시할까? — 아니면 그러한 능력과 욕구들 특유의 목적지향성을 형상화함(Formgebung) 자체가 정당화 가능한 가치들을 요구하지 않을까? 부분적으로는 서로 방향을 달리하는 능력과 욕구들 사이의 충돌은 그들 상호 간에도, 그리고 또한 인간들 사이의 상호 영향력이나 제도적 규범들과의 관계에서도 당연지사로 사전 입력된 것이 아닐까?

윤리적으로는 물론, 치료적 관점에서도 확실히 논란의 여지가 없이 전제되는 형식적이고 인본주의적 근본가치는 "자유로움"과 "합리성"이며, 프랑클은 여기에 "책임성"을 추가하여 보완한다(참조: 1994, 96). 치료적-윤리적 "예비개념으로서의 선"(참조: 위)이 더 이상 사전에 정해진 "정상성"에 대한 적응이나 단지 "기능을 발휘함"이나 또는 문제를 "해결해 버림"으로서 정의 내리지 않고, 오히려 개인적 자기실현의 형식적 목표로 대체시킨다면, 이것도 역시 위에서 개관한 인본주의적이며 세계관적-인간학적인 배경에서 볼 때 설득력이 있으며, 그 외에도 현대의 자기이해 방식에 가장 잘 상응할 것으로 보인다. 그러나 자기실현을 위해서 인간에게 필요한 것은 "목표, 목표를 향한 방향 잡음, 통합적 기능 수행 능력" 등이며, 여기에서 인간은 불가피하게 가치를 지향할 수밖에 없는데, 왜냐하면 "가치들은 잠재적 목표들"이기 때문이다(Bühler 1975, 147). 프랑클이 자기실현 이론가들에게서 그들의 자연주의적 윤리관을 올바르게 재확인하듯이, 그러한 자유롭고 책임을 지는 개인적 자기실현의 가치와 목표에 대한 의미규정의 문제를 외부세계를 향한 생산적 방향정위의 이상을 지적함으로써, 또는 모든 근원적 힘과 형상 없는 기본 욕구들과 자연적 성향들의 가장 바람직한 계발을 위한 모델을 지적함으로써 해결할 수 있는가 하는 문제는 여전히 미해결 상태다. 왜냐하면 인간의 모든 기본 욕구는 그 충족을 위한 가능성과 조건들이 사전에 확정되어 있지 않고, 오히려 특정의 언어공동체와 행위공동체를 통해서 비로소 확정되거나 고정되어야 한다는 점에서 전형적으로 인간적이기 때문이다. 한 인간의 타고난 능력과 성향도, 예를 들어 "기술적 정교함"처럼, 원칙적으로 가치중립적이며, 그것의 현실화도, 예를 들어 "범법자"의 경우처럼 품성의 악덕으로 나타날 수도, 또는 "범죄수사관"의 경우처럼 덕으로 나타날 수도 있다. —이것은 어느 쌍둥이 형제의 실제 사례로 소개된 것이다(참조: Frankl 1994, 90): "여기서의 본질적인 문제는 현재에도 가치문제이고 미래에도 가치문제로 제기될 것이며, 각 상황에서마다 주어진 가능성들 중 어느 것이 '현실화될 만한 *가치가* 있는지'에 대한 결정에 수반하는 가치판단의 문제와의 대결을 … 우리는 피해 갈 수 없다."(1996, 29) 가치평가가 불가피하지만, 또한 강제권 행사가 불가능한 딜레마 상황에 직면해서도, 고객의 타고난 양심이 속임이 없는 지각-기관(Sinn-Organ)으로서 자동적으로 올바른 가치척도를 적용할 것이므로, 고객 본인의 책임 의식에 호소하라고 프랑클 자신은 정신치료사들에게 충고하지만, 이에 대해서 우리는 이미 인본주의-심리학의 지나치게 낙관적인 전망으로 의심을 제기하였다(참조: 2.2.2장). 인본주의 윤리학의 영향하에 고객이 자유로운 자기계발뿐만 아니라, "책임감 있고" "도덕적인" 자유와 자율성의 주체가 되도록 요구받는 경우라면, 그의 욕구와 재능이 구체화되고 충족되는 과정들도 오히려 그 근거가 정당하고 인정받을 수 있는 가치들에 비추어서 사회적으로 합법화되어야 한다. 왜냐하면 인간의 자기실현 과정은 식물 씨앗의 성장과 달리, 결코 자연적이 아니라, 필연적으로 사회적 조건에 의해서 합법화되기 때문이다: 비록 인본주의 심리학자들은 자주 그리고 즐겨 씨앗-유비에 정성을 들이지만, 씨앗 종자들과는 달리, 어린아이들은 그냥 내버려 둔다고 해서 단지 유기체에 내재하는 성장 원칙만을 따라서 발달하지 않는다. 아이들에게는 사랑으로 감싸는 환경 외에도, 훈육과 교육, 그리고 또한 사회문화적 상벌체계가 필요하며, 이것이 각 개인의 행동을 사회적 생활방식의 궤도로 이끈다. 그렇다면 정신치료사는 판단력 장애, 또는 의미문제나 가치문제를 가지고 찾아온 의뢰인에게 우선 먼저 사회문화적으로 또는 특정 제도로서 정착된 규범과 가치들부터 가르쳐야 할까?

인간의 자기완성은 자연적으로 타고난 기질과 성향이 한 방향으로 직선적으로 펼쳐지는 전개 과정으로서가 아니라, 오직 개인과 사회적 환경 사이에서 일어나는 다양한 형태의 상호작용들의 과정으로서만이 적절하게 파악될 수 있기 때문에, 프롬이 진정한 "인간 본성"을 방향정위의 기준으로 삼는 "보편적 인본주의 윤리"의 이상과 실제로 지배력을 행사하면서 인간의 자연적 힘에 제약을 가하는 "공동체 내재적 윤리" 사이의 모순과 대립에 불만을 표하는 것은, 치료 윤리를 염두에 둔다면, 내게는 별로 건설적이지 않게 보인다. "보편 윤리"가 "인간의 성장과 발전을 목표로 삼는" 생활태도에 관한 모든 규범을 포괄하는 반면, 프롬이 "공동체 내재적 윤리"의 개념 안에 포함시키는 것은 "한 문화권의 규범에 포함되어 있으며, 단지 이 특정 공동체의 기능과 존속을 위해 필수적인 금지와 명령들" 모두를, 그리고 "공동체 내부의 계급에 따라 다르게 적용되는 그러한 규범들", 예를 들면 하위 계층의 덕으로서 겸손과 복종을, 그리고 상위 계층의 덕으로서 공명심과 공격성 등을 모두 포함시킨다(1995, 185, 186). 보편 윤리와 공동체 내재적 윤리 사이의 갈등은 인류의 발전 과정을 통해서 이미 약화되어 왔지만, 그것이 완전히 제거될 것인가 여부는 원칙적으로 "그 공동체가 실제로 얼마나 인간적인 공동체로 되는가에 달렸다: 즉 모든 구성원 각자의 완전한 인간적 발전에 대한 존중과 지원을 공동체가 얼마나 학습하는지 여부에 좌우된다"고 본다(상게서 188). 신체-생리학적 인간학(somatisch-physiologische Anthropologie)의 범위 안에서 모든 인간에게 보편적인 기본 욕구들이나 또는 개인적인 취향과 능력들을 밝혀내고 지적하는 것만으로는 한 개인에게 적합한 최상의 발전 계획을 수립하기에는 충분치 못하며, 이런 이유 때문에 씨앗-유비를 포기한 후에는 "공동체적" 윤리가 불특정적인 "보편적" 인본주의 윤리학에 점차적으로 적응해 간다는 것은 의미 있는 장기 목표가 될 수 없다. 자연이 인간을 어떤 존재로 만들었는가에 대한 생리학적-인류학적 인식은 오히려 실용주의적-윤리적 인간학(pragmatisch-ethische Anthropologie)의 관점에서 밝혀질 수 있는 인간의 "본질"에 대한 문화적, 윤리-규범적 내용을 확인하기 위한 숙고의 일차적 토대가 될 것이다. 문화적 전통에 내재하는 규범과 덕목들이 단지 특정 공동체의 "기능과 존속"을 위해서만 기능을 발휘할 뿐이라는 프롬의 가정과는 반대로, 대개의 경우 그들은 모두 인간의 삶을 위해서 무엇이 중요한가에 대한 구체적 관념들도 포함하는 모범적인 인간관을 반영한다. 따라서 만약에 절박한 가치관의 갈등에 빠진 고객에게 치료사가 오직 고객 자신이 발전시켜야 할 것이지만, 원칙적으로 가치중립적인 개인의 잠재 능력만을 발휘하도록 요구하거나, 현실에서 지배적이고 절대적으로 의무 지우는 "사회적", "문화적" 또는 "제도화"된 가치와 규범들만을 고집한다면, 이것은 모두 명백히 문제를 너무 단순화하는 것이다. 단지 "정상적"으로 기능을 발휘한다는 목적만을 위해서 현행 규칙에 순응함을 인본주의 심리학자들은 단호히 거부하는 반면에, 뷜러는 그와 같은 현행 규칙들과 규범적 원칙들에 대한 공동의 토론과 검증을 우리가 우리 자신을 실현시키고 싶은 그러한 생활세계적 구조 안에서 수행할 것을 환영하며, 이것을 대화심리치료의 적절한 출발점으로 간주한다. 그래서, 예를 들면, 젊은 부부 사이의 관계가 가사일 돌봄을 위해 한 식구로 입주한 부모 밑에서 크게 고통받는 경우, 바뀌어 가는 문화적 가치 기준에 대한 열린 토론과 협의는 고객으로 하여금 명확한 결정을 내리도록 인도할 수 있을 것이다:

"자기의 사적 생활에 대한 권리와 달리, 어머니에 대해서 져야 할 의무의 문화적 문제가 마지막으로 분명히 드러나게 되자," 치료의 선례에 대해서 뷜러는 보고하기를, "그 여류 치료사는 다른 시대의 다른 사람들은 아마도 이 문제를 다른 방식으로 해결했을 것이라는 입장을 취하였으며, 그 여성 환자 역시 자신만의 해결책을 찾아야 한다고 주장했다." "이 문제의 경우 는 가치와 관련해서 결정을 내릴 것을 요구했으며, 그 결정은 다른 문화권 에서라면 — 그리고 심지어 우리 사회에서도 반세기 전이었더라면 — 아마 도 전혀 다른 결말을 보았을 수도 있다. 우리 시대와 우리 문화는 젊은 부 부가 명백히 어려운 상황에 처한 그 노년의 여성을 불행하게 만들 수 있음 에 대해서는 배려하지 않은 채, 그들 자신의 행복을 누릴 권리를 허용하는 쪽으로 기운다."(1975, 112, 111)

프랑클의 다양한 암시에도 불구하고, 가치관의 혼란에 빠진 고객에 의해 찾아진 삶의 의미는 모든 공적 제도와 공동체들, 그리고 그들 안 에서 인정받고 입증된 규범이나 생활원칙들과 전혀 무관하게 형성된 것은 아니다. 왜냐하면 각 개인은 자신의 욕구나 관심에 대한 비판적 숙고와 토론 과정을 거치지 않고서는 자신의 목표와 행위의 가치성에 대해서 너무나 쉽게 오류에 빠지기 때문이다. "말하자면 의미란 그것 이 어떤 일회적이고 유일무이한 것이며, 그때마다 비로소 발견되어야 하는 것임에 반해서, 가치는 의미-보편자(Sinn-Universalien)로서, 일 회적-유일무이한 상황보다는, 오히려 전형적이고 되풀이되는 상황들 에 내재하는 것이어서 결국 인간적 조건을 특징짓는 것이다"라고 프랑 클은 그릇되게 해석하며, "여하튼 인간의 삶은 세상의 모든 전통이 다 사라지고 그 어떤 마지막 보편 가치도 남아 있지 않은 경우에도 의미를 가질 수 있다"고 덧붙인다(1996, 16). 프랑클이 반복적으로 인용하는

강제집단수용소의 사례에서 인간은 전혀 무의미하고 체계적으로 저항
력을 말살해 버리도록 의도적으로 고안된 상황 속에서도 그 어떤 근거
없는 희망이나 허구적 상상을 통해서라도 자신의 삶에 의미를 부여해
보려고 애쓰지만, 이것은 의미발견이 어떤 상황에서도 간주관적으로
승인된 가치들과는 상관없이도 가능하다는 증명이라기보다는, 오히려
인간의 끝없는 의미에의 욕구(menschliches Sinnverlangen)에 대한 확
인서들로 여겨진다. 그래서 더 낳은 미래에 출판되기 바라면서 자기의
필생의 저서 원고를 강제수용소 안으로 몰래 반입하려다 실패한 그는
이제, 자기의 책에 쓰인 대로 사는 것이 그 책을 세상에 알리는 것보다
더 중요하다고 자신에게 타일렀다고 한다(참조: 상게서 212). 그와 같
은 자기기만이나, 또는 다음번 성탄절은 꼭 다시 집에서 지낼 수 있을
거라는 비현실적인 소망을 고집스럽게 마음에 간직하는 동안에는―즉
여하튼 다음 성탄절까지는 강제수용소 안에서일지라도― 생존을 위해
서, 그리고 정직하지 못하고 오직 겉보기에만 행복한 삶을 유지함에 도
움이 될 수는 있을 것이다. 이에 반해서, 환상이 아니고 실제로 행복한
삶의 토대가 될 진정한 의미는 오직 자신이 속해 있는 외부 세계 안에
내재하며 인간적 품위에 합당한 공통의 전통과 제도와 책임의 사회문
화적 맥락 안에서만 찾을 수 있으며, 의미를 찾는 각 개인들 자신도 그
맥락의 구성과 시대적 상황에 적합한 발전에 이념적으로 동참할 수 있
어야 한다(참조: Gaiset 1981, 210-215). 오직 그와 같은 사회적 환경
안에서만이 한편으로는 인간적 삶에서 무엇이 진정으로 가치 있는 것
인가에 대한 착각의 위험이 감소되며, 동시에 또 한편으로는 이웃과 동
료 인간들로부터의 인정과 존중에 대한 인간의 기본 욕구도 (매슬로우
의 욕구서열도표의 제3단계에서) 충족될 것이다. 심리치료사들이 가치
관의 갈등이나 의미상실의 경우에 오직 그 당사자 개인에게서만 그에

대한 책임을 묻고, 그 개인이 현행의 신성불가침한 사회적 가치와 행동 규칙들을 내면화하고, 그 결과로서 순응적으로 행동하며, 필요한 경우에는 자신이 꾸며 낸 개인적 의미창조라도 순응하기를 바라는 것은 체계요법(systemische Therapie)이나 가족요법(Familientherapie)의 관점에서 볼 때, 철학 실천가들의 선입견으로서 그 정체가 드러나고 만다. 소위 말하는 심리치료사들의 "처치술"(Verfügungstechnik)이 주로 고객 자신의 마음속의 변화 과정에 주의를 집중하는 동안에, 관계적 맥락 위주의 세계관이나 또는 가치관 논쟁은 처음부터 약화될 것이라고 철학자들은 추정할 것이며, 그 이유는 이렇다고 본다: "환경파괴적 과정들에 대한 염려와 비판, 그리고 익명화 경향이 강화됨으로 인해서 함께 강화되는 정치적 행위의 상실은 단지 — 개인심리학적으로 그 근거가 밝혀지는 — 개인의 정신적 가계 운영 장애로 인해서 나타나는 증상일 뿐이라는 것이다. 사회가 병든 것이 아니라 개인들이 병들었다는 것이다. 이렇게 해서 보조적 이성(die auxiliare Vernunft)은 기술만능주의적인 임의적 처리가능성 목표를 실현하기 위한 서비스 센터로 전락해 버리고 만다."(Witzany 1991, 137) 비록 가족요법에서도 물론 사회적이고 제도적인 맥락 대신에, 단지 가장 가까운 사회적 주변 환경만이 고려 대상이 되기는 하지만, 내가 보기에는 도리어 이것이 관용적인 의미 형태들과 세계관들, 그리고 가치체계들을 적용하는 방식의 '과다한 가치 요구', 그리고 지극히 개인적이고 자기책임적이며 때로는 기만적일 수도 있는 프랑클의 '의미발견'의 옹호와 같은 '과소한 가치 요구' 사이의 중간형으로서, 오히려 모범적이고 실현 가능한 해결책을 제시한다고 여겨진다. 이 해결책에 대해서 이제 간략히 서술해 보자.

라이터-타일에 의하면, 현대 심리치료에서 긍정적이며 상대적으로 최근의 발전을 이루어 낸 것으로는 "단지 개인심리학(또는 상호 간에 독립적인 참여자들을 대상으로 시행되는 집단치료)뿐만 아니라, 최측근 구성원들과 당사자들을 부부요법, 가족요법, 또는 체계요법에 관련시켜 함께 치료하는 방법론이다."(1988, 20) 이 경향은 일련의 새로운 교육 기관들의 설립을 이끌어 냈을 뿐만 아니라, 상호교류작용을 치료의 중심에 두는 근본 사상이 그 이후의 심리치료에 지속적으로 영향을 끼침으로써 새로운 치료 패러다임의 전환을 가져왔다. 그러한 치료 방식에서는 고객의 직접적인 갈등 파트너도 함께 연관됨으로써 고객의 주관적 지각이 해체되고 파괴되며, 따라서 이러한 치료 방식은 개인요법에서보다도 훨씬 더 많은 관계적 현실을 포착해 낼 뿐만 아니라, 치료사의 평가적 영향력에 대한 물음과 치료의 목표 설정의 절박성을 훨씬 더 분명히 드러내 보이게 된다. 이로써 밝혀지는 것은, 라이터-타일에 의하면, "이미 가족요법의 역사에서는 상대적으로 일찍부터 근본적인 윤리적 문제들이 제기되었으며, 이에 대한 연구 작업은 대부분 미국의 연구자들에 의해 도처에서 개별적으로 수행되었다."(상게서 5) 쌍방의 의견 일치가 불가능하거나 또는 적어도 불가능해 보이는 그러한 가치관 충돌의 경우나 이익 갈등 상황에 직면했을 때, 치료사는 원칙적으로 한 편으로 치우침 없이 공평한 입장을 취할 수 있는 기본적인 윤리적 전문 지식과 자격을 갖출 것이 요구되는데, 이것은 모든 갈등적 행동에 관련되는 당사자들의 세계관과 생활원칙과 요구들에 대해서도 마찬가지로 철저히 숙고하고 상호 비교와 검증의 관점에서 헤아릴 수 있도록 하기 위해서다(참조: 상게서 83 이하). 첫 단계에서 가족치료사는 문제의 갈등 상황에 대해서 주어지는 서로 다른 "편파적인" 해석들의 저변에 놓여 있는 세계관적이고 인간학적인 전제들을 그에 상응하는 규범적인 연관성들과 함께 명료화하고 공동의 토론 과제로 끌어들이는 과제를 수행해야만 할 것이다(참조: 상게서 16). 이렇듯 서로 다른 세계관과 인생관들 사이의 의사소통적 대립 상황을 맞이하여, 그는 고객들로 하여금 (자기-)비판적 숙고를 훈련하도록 지원하고, 또한 그들의 행동이나 결정에 대해서 다른 사람들을 상대로 논변을 통해서 정당화할 수 있도록 도와야 할 것이다. 그러나 이것은 오직 "그가 신뢰와 불신의 조건에 대한 판단 기준을 제시하고, 또한 가족 안에서 상호 간의 의무 이행 관계의 균형에 대한 숙고와 검증을 촉구할 수 있을 만큼" 고객과의 신뢰를 구축할 수 있을 때에만 가능하다(상게서 85).

이와 함께 근본적으로는 단지 치료사에게뿐만 아니라, 가족 구성원들 모두에게도 공평무사하게 적용되는 윤리적 원칙을 따라 행동할 것이 요구된다: "상호 간에 화해가 실현되기 위해서는 모두에게 공평하게 적용될 정의의 원칙을 인정함이, 그리고 상호 간의 신뢰 속에서 삶이 영위되기 위해서는 가족 구성원의 개입이, 그리고 또한 서로 주고받는 교환 관계의 공정한 균형을 위해 그 당사자들 각자가 개입해야 할 의무를 실천함이 마땅히 요구된다."(상게서) 왜냐하면, 라이터-타일은 또한 가족요법적 상호교류작용을 위한 적절한 모델로서, 동일한 발언권 기회가 보장되고 오직 더 낳은 논증만이 허용되는 "이상적 언어 상황"에 대한 하버마스의 담론윤리학적 구상을 제안하며, 이것은 "이상적 담론"(idealer Diskurs)의 모범을 따라 "간주관적 의사소통 과정" 안에서 "자기숙고적 동의"에 도달함을 목표로 삼기 때문이라는 것이다(참조: 상게서 201). 잘못된 또는 오류에 빠지기 쉬운—예를 들면 완전히 부적절한 상황 판단, 경직되고 비현실적인 행동 원칙, 또는 실현 불가능한 절대적 요구 등과 같은—근본전제들이 교정된 후에는, 치료사의 안내에 따라 당면한 딜레마에 대한 가능한 한 여러 가지 대안과 해결 모델을 개발하는 것이 그다음 단계의 구체적 치료 목표로서 제시되며, 이것들이 실제 생활 현장에서 어떤 구체적 결과를 가져올 것인지에 대해서도 자세히 검토되어야 한다고 본다(참조: 상게서 17). 자주 다루어지는 갈등 상황의 통일된 해석에 대해서, 그리고 모든 관련자가 받아들일 수 있는 기본 가치가 무엇인지에 대해서 의견 일치가 이루어지지 않는 경우에는, 그와 같이 솔직히 전개된 토론의 최종 목표로서 남게 될 합의는 가능한 한 다수의 정당한 이익관심(Interesse)과 가치 관념들이 배려될 수 있는 그러한 합의다. 고객의 행동 범위의 사회문화적 지평을 가족으로부터 시작해서 직업과 정치 영역으로 넓히기 위해서는, 참석하지 않은 관련자들도 잠재적으로 대변되어야 하고, 그들의 요구나 가치 규준도 이상적 담론에서 다루어져야 한다.

철학상담치료사들이 문제로서 제기하는 바, 고정된 이론과 규범적 인간상을 전제함에 대한 지금까지의 우리의 반박의 결과를 요약해 보자: 프로이트의 초기 정신분석학이 임상적-자연과학적 인간상과 "건강한 인간"에 대한 분명한 관념의 토대 위에 세워졌으며, 고객의 개인적 목표 의식이나 세계관과 인생관적 배경을 주제로 다루지 않았다는 것은 올바른 지적인 반면에, 치료적 원칙으로서의 억압(Abstinenz)과 중립화(Neutralität)는 다수의 프로이트 후계자에 의해서, 그리고 특히 심층심리학 경향의 인본주의-실존주의 정신치료사들에 의해서 단호하게 거부되었다. 대부분의 경우 잠재적인 세계관과 인간관과 가치들을 치료적 상호교류작용의 분석에서 밝혀내야 할 필요성이 알려지고 난 이후에는, 사람들은 기본적으로 인본주의적 기본 가치들을 자유롭고 이성적이며 책임감 있게 요구하며, 외부 세계를 향한 생산적인 방향정위 안에서 효과적으로 자기실현을 도모하는 그러한 인간에게서 이상적이고 완성된 인간형을 찾는다. 결국 인본주의-실존적 정신치료의 틀 안에서는 각 개인은 "건강한/병든" 양자택일의 임상-진단적 도식으로 규격화된 해결책들과 함께 강요되지 않고, 도리어 특별한 재능과 사적인 관심, 그리고 내용이 충실한 가치와 목표를 추구하는 개인으로서 존중받으며, 그런 사항들에 대한 평가와 후원과 조직적인 확인 과정에서 치료사는 개인에게 도움을 제공한다. 왜냐하면 반론의 여지없이, "'올바른' 목표와 가치의 선택은 어렵고 복잡하기 때문이다. 선택은 어느 한 관점에서는 '옳을' 수 있으며, 다른 관점에서는 '틀릴' 수 있다. 그 누구도 한 개인에게 주어진 가능성 모두를, 그리고 그가 처하게 될 외적 상황들을 예측할 수는 없다."(Bühler 1975, 129) 오직 치료사의 가치관뿐만 아니라 고객의 가치관도 마찬가지로 비판적으로 조명될 때에만, 고객의 입장에서 반성적 숙고 과정을 거치지 않은 채로 가치들을 수용해 버릴 위험을 피해 갈 수 있다.

일상적으로 인간은 자기의 실제 행동에서 타고난 본능적 욕구만을 따를 수도 없고, 매 순간마다 새롭게 의식된 자신의 행동 목표를 선택할 수도 없으며, 오히려 본질적으로 후천적으로 습득된 이론적 세계관과 인생관에 근거하는 기본적인 방향정위와 습관화된 성격구조를 따르게 마련이므로, 유형학적 세계관과 성격구조로부터 치료적 방향지침을 구하는 것은 전적으로 의미가 있다. 그러한 유형들의 탐구에 있어서 심리치료사들이 누리는 커다란 장점은—알프레트 아들러도 자신에 대해서 증언하듯이—"항상 엄청난 양의 인간 관련 자료들을 개관하는 기회를 가진다는 것이다. 나는 내 경험에서 확인되지 않거나 증명될 수 없는 것에 대해서는 결코 진술하지 않는다는 것을 나의 엄격한 의무로 삼았다."(1997, 27) 유형들의 구성, 그리고 유형들을 한편으로는 우리의

자기실현을 촉진하며 행복에 유리한 윤리적 규범들과 생활원칙들을 동
반하는 모델들에 따라서, 또 한편으로는 유해한 모델들에 따라서 분류
하는 것은 오직 이러한 분류 도식의 경험개방성과 개인의 유일성에 대
한 배려가 유지되는 한에서만 환영할 만하다:

> 우리는 전형적인 특성을 이용할 수 있으며, 또 심지어 그래야만 한다 …
> 그러나 우리는 다수의 유사성에 직면해서도, 바로 그 일회성의 존재인 한
> 개인이 실제로 어떤 차이점을 또한 보여 왔는지를 잊지 말아야 한다. 우리
> 는 우리의 기대를 충족시키기 위해서 확률을 이용할 수 있으며, 그 일회성
> (das Einmalige)을 찾아내기 위한 우리의 시야가 밝혀지기를 바랄 수 있지
> 만, 이 도움은 우리가 모순에 봉착하는 순간 포기해야만 한다.(상게서
> 111)

그러므로 치료사에게는 도구로서 다양한 세계관의 유형학과 성격 분류
의 지침들, 그리고 그에 대한 평가 지표와 교정가능성에 대한 안내가
필요하며, 이것들은 그러나 단지 고객의 개인적이고 복합적인 상황에
대한 치료사의 이해를 돕기 위한 가설로서만 참조될 수 있는 것이다:

> 심리학의 실제 현장에는 일반적으로 유효한 처방이나 규범이 아무것도 존
> 재하지 않는다는 것은 절망스러운 일이다. 거기에는 오직 극도로 다양한
> 욕구와 요구를 동반하는 개별 사례들이 있을 뿐이며, 그 사례들은 모두 그
> 토록 서로 달라서, 근본적으로 한 사태가 앞으로 어떻게 발전할 것인지 그
> 누구도 사전에 미리 알 수 없으며, 그래서 의사는 이전에 가졌던 모든 생
> 각들을 포기하고 새롭게 접근하는 것이 최선의 방법일 정도다. 이것은 그
> 러나 과거의 견해들을 모두 버려야 함을 의미하기보다는, 오히려 그것들

을 당면 사례의 가능한 설명을 위한 가설로서 활용하라는 의미다.(Jung 1991, 26)

인본주의적 개인치료에서는 목표 설정, 의미발견, 그리고 가치관이나 세계관에 대한 토론이 기껏해야 고객의 관점에서만 자기실현의 사회적이고 문화적인 맥락을 고찰함으로써 자주 장애에 부딪치는 반면에, 체계요법이나 또는 가족요법에서는 인간학적-윤리적 반성과 숙고는 본질적인 차원에까지 접근해 간다: 그러나 이 요법의 구상들은 이상적 언어 상황의 담론윤리학적 기획들에서 자양분을 끌어들일 뿐, 완전한 인간의 인본주의적 이상형과 그에 상응하는 이론적 체계화 시도들은 전혀 염두에 두지 않고 있다. 상호 신뢰의 분위기 안에서, 그리고 어느 쪽으로든 중립적이고 공평한 입장을 취하려는 노력을 기울이는 과정 안에서, 상이한 여러 가지 삶의 원칙과 가치관, 그리고 관련 당사자의 요구들이 (자기-)비판적으로 검증되고, 상호 간에 대조적으로 그 경중이 측량되며, 실천적 담론의 과정을 통해서 모두가 받아들일 수 있는 합의 가능한 해결책으로 화해에 도달해야 할 것이다. 비록 치료사의 자유주의적 근본 태도가, 즉 그가 상대하는 고객의 가치관들에 대한 관용적 태도가 치료사의 상호교류작용의 전제조건이기는 하지만, 이 가치관들이 주위 사람들의 자유권과 충돌하는 경우에는 의심의 여지없이 항상 문제로 다루어지고 수정되어야 한다.

마지막으로 우리가 고찰할 행동치료 자체에 있어서도, 고정된 이론과 충분히 숙고되지 못한 기술적-조작적인 치료 개념, 그리고 의뢰인을 사전에 규격화된 사회순응형의 "정상인" 모습에 적응시킴을 치료목표로 삼는다는 지적은 기껏해야 최초의 행동치료 모델에만 해당된다. 하지만 윤리적 가치들의 등급 서열화, 그리고 "건강함" 또는 "정상성"에 대한 규범적이고 인간학적인 개념들의 근거 제시는 행동치료에 있어서는 "좋음"(gut)을 "긍정적으로 강화함"(positiv verstärkt)과 동일시함이 급진적인 윤리적 상대주의를 촉진하기 이전까지는 좌절된 상태였으며(참조: Reiter-Theil 1988, 151), 이 상대주의는 오직 자발적 행동치료에서만 확인될 수 있었다(참조: 상게서 154). 요하네스 린덴마이어(Johannes Lindenmeyer)는 다수의 전거를 토대로 하여, 오히려 "윤리적 문제 제기는 행동치료 내부에서는 처음 시작에서부터 명시적인 숙고 대상으로 다루어졌으며", 행동치료사들의 윤리적 방향정위를 위한 문항 목록이 이미 1977년에 작성되었음을 지적한다(1999, 181). 독일어권에서는 예를 들면 칸퍼, 라이네커(Reinecker), 그리고 슈멜쩌(Schmelzer)가 행동치료를 위한 모범적인 인간학적-세계관적 지침들을 제시하였으며, 나는 그중 몇 가지를 선별하여 여기에 소개한다:

1. 출발점이 되는 것은 인본주의적 기본 가치를 연상시키는 근본원리로서, "자기결정권, 자기책임, 자기규제, 그리고 자립 능력을 확보하려는 인간의 노력은 정당한 목표이며, 우리는 우리의 치료기법을 수단으로 하여 이 목표 실현에 접근해 가고자 한다"는 것이다(2000, 15). 이 발단은 "인간이 자신의 운명적 삶을 형성함에서 능동적 역할을 수행하며"(상게서), 고객으로 하여금 자신의 가능성들이 안고 있는 특정의 불가변적이고 현사실적인 한계 안에서 자기결정의 자유와 자기책임 능력의 한계를 최대한 극대화하도록 함을 목표로 삼는다(참조: 상게서 16).
2. 더 나아가서 이 저자들이 강조하는 것은 "각자의 가치관과 관점과 생활방식에 대한 다원주의의 원칙이고, 이것은 고객들에 대한 치료가 특정 형태의 획일적인 이상적 인격형 실현을 목표로 삼지 않음을 의미

하며, 오히려 인간의 개인적 목표와 인생관의 발전을 위한 공간이 허용된다는 것을 의미한다."(상게서) 바로 이 "이상형 인격 모델의 부재함 때문에, 그리고 또한 '정상 상태' 또는 '병든 상태'에 대한 보편타당한 판단 기준의 설정이 불가능하기 때문에, 모든 개별적인 자기경영-치료는 또한 문제와 목표에 대한 공동의 탐색과 정의 내리기를 의미한다."(상게서) 고객들은 대부분 상당히 불명확하거나 오직 부정적으로만 서술된 목표를 마음에 품고 치료사를 찾아오기 때문에, 비현실적인 의도들에 대한 정확한 인식과 수정, 그리고 효과가 입증된 전략을 따라서 목표와 가치의 명료화 과정을 수행하도록 인도하는 것 자체가 이미 치료의 주요 목표가 된다(참조: 상게서 215-220). 이 합의된 목표에 도달하기 위한 구체적 치료 방법의 선택에서, 행동치료사는 한편으로는 개입최소화 원칙을 따르며, 다른 한편으로는 다양한 치료 가능성에 대해서 고객을 계몽함으로써 소위 말하는 '고지(告知)에 입각한 동의'(informed consent)에 도달함을 목표로 잡는다(참조: Lindenmeyer 1999, 187).

　3. 인간학적인 관점에서 칸퍼와 그의 동료들은 전체론적이고 역동적인 인간상을 옹호하며, 이것이 인간을 물리적, 심리적, 정신적 차원 모두에서도, 그리고 또한 그때그때의 물리적 또는 사회적 외부 세계와의 상호교류 관계(transaktionale Beziehungen)에 대해서도 적절히 배려할 수 있다고 본다: "개입은 개인이 처한 상황적 또는 맥락적 행동분석을 근거로 하여 전체적 체계의 어느 특정 부분 영역에서 이루어지지만, 항상 문제의 전체적 원인과 배경을 배려하면서 수행된다."(2000, 17) 인지주의적 경향을 취하는 행동치료적 "자기경영-치료" 개념은, 내가 판단하기에는, 자유와 자기책임과 자기실현을 강조하는 인본주의 정신치료의 장점과, 체계요법 또는 가족요법이 중요시하는 맥락 연관성

(Kontextbezogenheit)의 장점들을 위에서 말한 "상황적 또는 맥락적 행동분석"의 의도와도 결합시키려 한다: "선(善)의 예비개념"이 형식적으로 "자율", "자기실현", 또는 "자기경영"으로 정의됨으로써, 그것이 공동의 대화 안에서 비로소 구체적이고 개인적인 삶의 목표와 행동원칙으로서 상론될 수 있으며, 더 나아가서 그것들의 적절성과 사회적 적합성이 전체적인 행위연관성의 맥락 안에서 검증되어야 하지만, 심리치료의 이러한 새로운 시도들은, 널리 알려진 바와 같이, 철학상담치료사들의 가장 주된 비난의 대상이다.

　c) 철학상담치료의 토대로서, 또한 심리치료와 비교해서도 앞서게 만들 철학적 치료의 본질적 장점으로서 우리가 눈여겨보아야 할 것은, 아헨바흐의 표현에 의하면, "무엇이 '정상'이고 무엇이 '비정상'으로 간주되어야 하는지에 대해서 의문을 제기하는 것이다."(Achenbach 1984, 83) 자칭 심리치료사와 달리, 철학상담치료사는 온전히 개인과 개성에 집중하며, 처음부터 인간을 하나의 사례로서가 아니고 예외적 존재로서 고찰한다고 보는데, 그는 "규격 생산된 치료 이론을 가지고 인간의 개인적 단일성과 일회성을 배제시키고, 인간의 사고를 식민지화하는 그 특정 방식에 반대하기 때문이다."(Thurnherr 1998, 362) 고객의 개성과 일회성을 최대한으로 배려하기 위해서는 그 어떤 특정의 — 그리고 공동으로 발전시킨 — 목표 설정과 이론적 개념들을 전적으로 포기할 때 가능하다고 보는 것이다. 철학상담치료를 위한 근본적인 조건은 "그때그때의 목표 투사를 부정하고 폐기함으로써 목표가 과정을, 그리고 마찬가지로 과정이 목표를 함께(동시에) 결정하고, 재설정하며, 더 발전시켜 나아가게 만드는 것이다."(Achenbach 1984, 83) 그래서 특히 독일어권의 철학상담치료사들 사이에서 강하게 나타나는 경

향은 "치료사 자신과 의뢰인들 모두에게 철학하는 사람으로서 이론에 얽매이지 않고 자립적으로 되라는 것이다"(Krämer 1992, 334):

> 처세에 능하고 유연한 사고력의 철학자들을 가장 짜증나게 만드는 것은 규격화된 프로그램과 경직된 접근 방식들이고, 가장 동정심을 일으키는 것은 제도화된 제한 조건과 배제 조건들이 인간에게 불러일으키는 무력감이며, 가장 크게 철학적 경멸을 불러일으키는 것은 최종적 진리를 소유하고 있다고 착각하거나, 진리를 단지 미리 준비해서 차고 다니며 써먹을 수 있다고 믿는 사람들이다 … 개방성, 또는 이것을 다른 말로 표현한다면, 모든 정해진 프로그램에 대한 진지한 포기, 즉 그 어떤 제시된 프로그램들 중 어느 하나를 '의뢰인'에게 적용함으로써, 그를 전문 서적에서 찾아낸 사례로서 다루게 되고, 또한 어떤 진단이 내려져야 하는지도 정확히 알고 확실하게 처리되도록 하는, 바로 그런 프로그램을 진지하게 포기하는 것이 이제 비로소 철학상담치료의 매력을 형성하며, 경청의 그 어떤 다른 방식들보다도 뛰어나도록 만들 터이며, ─ 여기에 '치료 방식'(Therapieform)이라는 명칭을 도입하는 것은 벌써부터 강력한 저항을 불러일으킬 수도 있다.(Raditschnig 1991, 90 이하)

심리치료로부터의 명시적인 거리 두기를 통해 발전된 (반대−)입장을 라하브는 이렇게 정확히 지적한다: "철학자는 함께 토론하는 동료이지 의사가 아니며, 어떤 특정 이론이나 기술을 적용해야 할 의무를 지지 않는다."(1/94, 32)

"철학적 인생상담(Lebensbertung)이 긍정적인 의미에서 상담에 적용할 그 어떤 이론도 가지고 있지 않다"는 것에 대해서는 아헨바흐도 원칙적으로 동조하며, 또한 그는 이론적 도식과 프로그램의 해체에서 철학 실천의 매력과 우월성을 본다.

> 여기에서 … 나는 이론을 생산해 내는 다른 학문들과의 비교에서 철학이 가지는 원칙적인 (그러나 다른 것으로 상환받기 어려운) 우월성을 본다: 철학은 사고의 모든 경직성을 해체한다. 그렇기 때문에 철학상담치료에서는 어떤 고정되고 완결된 철학 이론을 현실의 구체적 사례에 적용하는 것이 목표가 될 수 없고, 오히려 그와는 반대로 구체적 문제와 동행하면서 생산적으로 생각하는 것이 철학 실천이다. 그렇게 함으로써 자신을 치료에 내맡겨 버림에 대한 정당한 거부감에 맞설 대안이 찾아지는 것이다.(1984, 59 그리고 6)

처세술 또는 생활효능감을 위한 만족스러운 이론이란 없다고 보아야 하며, 그리고 어차피 어떤 이론이든 "대략적인 체계 구상만을 가지고" 작업에 임할 수밖에 없으므로, 결국에는 단지 암시함에 그치거나, 힌트를 주거나, 스스로 생각하도록 동기를 유발하는 "이야기들이 제공되어야 한다."(상게서 2001, 155) 인생관을 제시하거나 윤리적 철학 이론들로부터 빌려 온 대부금이 권위에 대한 피할 수 없는 의존적 관계를 만들어 낼 것이며, 고객 자신의 반성적 사고력을 약화할 것이라는 두려움 때문에 사람들은 이론에 대한 전적인 포기와 함께, 소크라테스의 산파술 방법만을 고수하곤 한다: "소크라테스식 대화에서는 질문자는 대화 상대의 답변에 대해 아무 판단도 내리지 않고, 오히려 자신의 견해를 당분간 유보시킨다. 그는 단지 질문만을 던지며, 상대로 하여금 아직 연결 마디들이 확인되지 않은 생각들을 찾아내도록 도우려 한다."(Hoogendijk 1995, 162) 플라톤이 전하는 역사적 인물인 소크라테스의 방법이 보편적이며 존재론적인 이데아들의 연결체계의 토대 위에서 전개되었다는 것은 고려하지 않으면서, 원칙적으로 철학상담치료사는

> 철학사의 저장고에서 인용과 교설들을 끌어내서 작업에 활용하는 방식은 원하는 목표를 이루지 못한다고 본다. 왜냐하면 그것이 순전히 정보 제공의 요청에 응해서 주어진 것이 아닌 한, 그것은 동시에 권위에 대한 종속 관계로 이끌어 갈 뿐, 자신의 자발적 능력과 재량권을 지각함으로 인도하지는 않을 것이기 때문이다. 바로 이 목표 실현에 기여하려는 것이 철학 실천이며, 이것은 내담자 자신의 타고난 능력을 신뢰함으로써만이 가능하다. '철학 실천'은 인간에게 무엇을 새롭게 가르치거나, 훈육하거나, 또는 그가 아직 모르거나 가지고 있지 않거나 자신의 내면적 동기에 의해서만 실천할 수 있는 것을 그에게 주입할 수는 없으며, 오히려 단지 의식적인 자기발견의 과정에서 필요한 자극과 정신 집중의 도움을 줄 수 있을 뿐이다.(Teischel 1991, 112)

물론 실천을 목표로 삼는 모든 철학하기가 항상 "정보를 제공하는 어떤 지식을 배경으로, 어떤 신념과 의견을 배경으로, 그리고 특히 어느 특정 세계관과의 연관성 앞에서" 진행될 수밖에 없다는 명백한 사실을 승인하는 철학상담치료사들도 있다는 것은 당연하다. 왜냐하면 "누구든지 어떤 두 철학자가 함께 토론하거나, 또는 서로 논박하는 것을 관찰해 본 사람은 그들 각자가 특정 이론들의 한 묶음을 논증의 토대로서 이용했음을 확인할 수 있기 때문이다."(Witzany 1991, 서문 7) 비짜니는 그가 출간한 모음집 『철학 실천의 이론 연구』(*Zur Theorie der Philosophischen Praxis*)에서 현재 활동 중인 몇몇의 모범적인 철학 실천가에게서 확인되는 그러한 세계관과 인생관의 토대들을 밝혀내 보

여 주고 있지만, 그럼에도 철학 실천을 위한 '하나의 통일되고 보편적인 이론'이라는 생각은 그에게는 낯선 것이다. 왜냐하면 "어느 철학상담치료사가 자기 행동에 대해서 어떻게 이론적으로 근거를 찾고 정당화할 것인가 함은 그 철학상담치료사 본인의 자기이해와 자신의 방법에 맡겨질 것"이기 때문이다(상게서). 그가 출간한 논문들을 고려해서본다면, 그는 슈테펜 그래페 외에도— 이 사람은 심지어 실천 활동과상담사 양성에 대해서도 하나의 통일된 개념을 수립할 것에 동조한다(참조: 1991, 53 이하). —자기의 세계관적 배경 지식과 자기의 방법개념들의 정보 제공을 실제로 공개하는 유일한 실천가다(참조: 상게서115-146). 비록 알렉산더 딜은 자신의 입문서 『철학 실천』(Philoso-phische Praxis)에서 자신의 상담 활동에서 있었던 폭로성 대화 두 가지를 바로 인용하며, 여기에서 그는 영리한 고객들에 의해서 자신이 반복적으로 사용하던 표어들, 즉 철학 실천은 서비스 업종이 아니라는 것과(참조: 1990, 36 이하), 전적으로 인생관적–실존적 규정들 없이도 완벽하게 수행될 수 있다는 두 표어를 취소하도록 강요당했었지만(참조: 상게서 83 이하), 여기에서도 역시 이론적 근거는 제시되어야 함을 사람들은 지적한다. 모든 철학 실천이 어떤 적어도 불완전한 형태일지라도 세계관적–인간학적 이론과 또한 형식적 목표 설정을 전제해야만 함을 부인하기는 어려울 뿐만 아니라(참조: 2.1장), 철학 실천이 공적 영역에서, 그리고 고객들을 상대로 해서도 철학자가 "여기에 자격과 능력을 갖춘 상담이 제공되고 있음에 대한 분명하고 근거가 충분한 개념을 납득시킬 수 있어야만" 그 본래의 의도를 관철시킬 수 있을 것이다(Runschmann 1999, 11):

다수의 철학상담치료사는 그들 자신이 철학의 아무런 특정 경향이나 유파에 속한다고 느끼지 않으며, 또한 어느 한 지배적인 상담 이론에 대해서도 오히려 거부하는 입장임을 강조하기는 하지만, 그들 각자도 역시 철학에 대한 자기만의 개인적인 이해를 가지고 있을 것이고, 그 구체적 내용이 무엇인지도 설명될 수 있을 것이며, 비록 그것이 단지 잠재적으로만 전제되어 있는 경우일지라도, 그들의 상담 활동의 주도적 이론이 될 것이다.(상게서 25)

철학적 실천과 상담치료의 이론적 기초와 이해를 도울 개념화에 특별히 적합한 특정의 철학 이론과 인간학적 핵심 전제가 있을까? 철학상담치료사들의 일반적인 이론적개심의 일차적인 근거는 그들의 실천 활동의 현장 한가운데에서는 더 이상 이론화 작업을 위한 여유가 전혀 없다는 데에서 찾아야 할까?

자립에 성공한 심리학적–철학적 상담치료사 에카르트 루쉬만은 철학 실천을 위한 최초의 포괄적이고 체계적인 토대를 완성하기 위한 이론적 작업에 온전히 헌신하기 위해서 3년 동안 자신의 상담 활동을 중단했다. 루쉬만에 의해 기술되었고 본서 2.1장에도 이미 언급된 인간관은 자율 또는 자기완성 등과 같은 인간 본질에 고유한 경향들에 대한 요청을 포기한 채, 오직 해석학적–인식론적 차원에만 집중한다: "세계를 구성하는 본질"(weltkonstituierendes Wesen)로서의 인간은 마치 강제되듯이 특정 형태의 "세계관"과 "삶의 철학"을 구성하며, 여기에는 항상, 그리고 애초부터 인간학적이고 윤리적인 근본전제들이 포함된다(참조: 상게서 33 이하). 그와 같은 개인적인 이론과 개념들은 그러나 대체로 어느 정도까지만 숙고되고 논리적으로 일관될 뿐만 아니라, 대체로 어느 정도까지만 현실에 부합할 뿐이다. 개인상담이나 철학적 집단토론에서는 그러한 문제성 많은 구상과 기본 전제들이 발견되고 수정되어야 하며, 그 과정 속에서 "이상적인 세계이해"는, 이미 지적되었듯이, 철학상담치료사의 모든 염려와는 반대로, 아무런 조작적 영향들에 제한받지 않는다(참조: 2.1장):

> 자신을 위한 삶의 철학을 다루는 이 작업에서, 나의 관심사는 단지 그것을 해설하기 위한 서술에만 집중되지 않고, 동시에 개인적 관념들의 검증에도 마찬가지로 집중된다. 계획이나 구상들은 어느 정도까지는 적절하며, 여기에서 집단상담의 인도자는 개인적인 세계관의 불리한 측면들을 검사하고 조정하며, 또는 구체적 개념화가 실제 경험들을 더 이상 적절하게 대변해 주지 못하는 경우에는, 그 개념화 작업들을 '포기하는' 그런 과정들을 거치면서, 그것들을 더 적절한 새로운 상징화를 통해서 대체하도록 (참가자들의 반응과 견해들을 배려하는 조건하에) 도움을 줄 수 있다.(상게서 289)

그와 같은 상황에서 루쉬만이 철학상담치료사에게 권고하는 것은 역사상의 어느 특정 철학체계를 그의 상담 활동을 위한 정보 제공의 배경으로서 선택할 것이 아니라, 오히려 철학의 여러 가지 학설로부터 최대한으로 다양한 세계관적이고 인간학적인 가설들을 찾아 그 전체적 개관을 확보해 놓으라는 것이다. 오늘날 철학 실천가는 다양한 입장과 대면하는 상황에 처하게 되기 때문에, 루쉬만에 의하면, "역사적으로 나타난 사상적 기획과 초안들을 파악해 놓음은 자문상담을 위한 좋은 토대가 될 것이며, 여러 가지 다양한 세계해석의 관점에 대한 원칙적인 개방성에 기여할 것이다."(상게서 45) 고객이 상담사의 도움을 통해서 자신의 경험을 정리하고, 수평적으로 주변 사람들과 또는 수직적으로 초월자와 연결 지음으로써 체계적 맥락 안으로 통합시킴에 성공한다면, 이것은 또한 의미의 물음에 대해서도 자동적으로 만족스러운 해답을 준다는 것이 루쉬만의 입장이다(참조: 상게서 338 이하). 하지만 그와 같은 구체적인 초개인적 또는 초인격적 의미연관성이 확보되지 못하거나, 그것이 만족스럽지 못한 것으로 체험되는 경우에는, 공동의 노력을 통해서 다른 대안적 의미구조가 새롭게 고안되어야 할 것이다.

철학적 실천과 상담치료를 위한 이론적 배경에 관련해서 볼 때, 철학 교수인 한스 크래머는 사물들이나 행위들의 해석과 평가에 대한 이질적인 기준에 대해서 원칙적으로 개방적 태도를 옹호한다는 점에서는 루쉬만에 동의하지만, 동시에 많은 실천가가 "모든 학파 중심의 교설들과 도식화 경향"으로부터 해방되려는 행동들에 직면해서는 다른 모든 응용 윤리학 영역에서와 같은 정형화(Typologisierung)의 필연성을 고집한다:

> 경험 많은 실천가는 유추를 위한 주제어(analoge Topik)를 마련하지 않을 수 없을 것이며, 이것은 이론과의 연결점을 유지하기 위해서뿐만 아니라, 서로 다른 여러 가지 사례 유형에 조속히, 효과적으로, 그리고 각각의 특성에 적합하게 대처하기 위한 실용적 필요성 때문에도 마찬가지로 그렇다. 이것이 결코 교조적 독단주의를 끌어들인다고 볼 필요는 없다. 왜냐하면 모든 종류의 분류열람표와 주제어는 그들 자체로서 이미 판단력을 통한 적용에 의존하며, 더 나아가서 변경과 확장이 가능하고 또 필요하기 때문이다 … 철학 실천은 다수의 이론적 원칙에 개방적이고 유연하게 적용될 수 있으며, 그래서 더 넓고 더 효과적인 상담과 중계 영역들에 포괄적으로 적용될 수 있다.(Krämer 1992, 339)

크래머에 의하면, 그와 같은 사례 유형의 분류와 도식화 시도는, 실천
가의 세련된 판단력이 이것들을 오직 개별 사례를 더 잘 이해하기 위한
도구로서만 사용하며, 그가 모순을 발견하는 경우에는 즉시 수정할 수
있으므로, 고객의 자율성과 개인적 인격성에게 아무런 위협이 되지 않
는다는 것이며, 이 점에서 크래머의 입장은 앞의 b)에서 인용된 정신치
료사 융과 아들러와도 일치한다. 다수의 철학 실천가는 대학을 통해 전
승된 철학 이론들로부터의 분리 경향성을 보이고, 매 차례의 상담 대화
에서 항상 새롭게 시작하며, 표면적으로는 아무 전제 없이 출발하는
"과정상의 이론형성"(quasi-voraussetzungslose "prozessuale Theorie-
bildung") 또는 "실천된 초이론"(praktizierte Metatheorie, 참조:
Achenbach 1984, 59) 등은 어리석은 순진함으로 비난받을 수 있는 반
면에, 그것이 이론에 끼치게 될 실천의 반작용 효과는 결코 막을 수 없
는 것이다. 그것은 결국 얼마든지 "상담 현장의 경험이 어느 정도까지
는 다양한 방식으로 역동적인 귀납법의 의미에서 이론의 차원에도 소
급적으로 효과를 일으킬 수 있으며", 그래서 "이론과 (이론의) 적용 사
이의 관계는 결코 비대칭적이 아니라, 오히려 원칙적으로 대칭적이
다."(Krämer 1992, 334) 그러나 고객의 문제에 대해서 예민하게 내려
진 도식적 분류, 그리고 이 분류의 바탕을 이루는 세계와 인간과 삶에
대한 개념들이 그들 자체의 세밀함의 정도와 현실에 부합함의 정도에
따라서 그 자체로서 이미 고객들에게 도움을 주는 것일까? 어떤 특정
의 (세계관적, 가치관적) 입장들 자체가 "최상의 세계이해"(optimales
Welterfassen)를 보증해 주는 것일까? 그와 같은 기본 방향정위들도 역
시, 그리고 더군다나 특별히 주의를 기울여야 할 사회적 세계와 관련해
서 행위를 이끌어 갈 가치 개념들과 지침들을 포함해야 하지 않을까?

철학 실천에 대한 '정의 내리기' 방식의 안내에 따라 철학상담치료를 "응용 윤리학"의 한 분야로서 이해한다면, 우리는 고객의 세계관과 인생관의 명료화와 분류 단계에서 멈추어서는 안 되고, 오히려 우리는 실천가로서 그에 대해서 평가하는 입장표명까지도 요구받으며, 여기에는 앞의 b)에서 드러난 프롬의 "생산적인 방향정위 방식들"이 모범적 유비 대상이 된다. 그러나 인본주의 심리학자들에서처럼 개인윤리학적 자기실현을 규범적 기준으로서 선택하지 않는 경우에는 규범적-지시적인 윤리학의 틀 안에서 허용되는 인간적 공동생활의 사회윤리적 원칙들에 집중하는 쪽으로 기울게 된다.

식별 가능한 모든 범위 내에서 볼 때, 그 어느 철학상담치료사에게서도 부족함 없이 널리 갖추어진 철학적 방향들에 대한 일반적인 설명만으로는 (그것은 주로 프랑크푸르트학파, 그리고 실존주의 철학, 그리고 또한 칸트, 헤겔, 또는 비트겐슈타인 등이다.) 부족하다. 오히려 실천가는 무엇보다도 규범윤리학(die Präskriptive Ethik)에 관한 실질적 토론들을 받아들이고 그 의미를 살리면서 상담의 과정 안으로 끌어들일 의무를 져야 한다(상게서 335).

내재적 모순이나 고객, 상담사, 또는 제3의 인물에게서 나타나는 상충하는 경험들을 지적함으로써 특정의 구조들이 "오류"임을 폭로하는 것이 인간적 세계이해 방식의 논리학-인식론적 차원이라면, 이와는 대조적으로, 가치의 영역에서는 그와 같은 논박의 가능성은 존재하지 않는다. "충분히 기능을 발휘하는 철학적 자문상담이 윤리학 이론을 요구하며, 상담의 해명하고 조정하는 기능을 감지하는 과정에서 이 윤리학 이론을 소급해서 활용할 수 있을지라도"(상게서), 여기에서 사람들

은 우리 시대의 일반적인 가치불안 외에도, 오히려 다수의 상호 불일치
와 상호 다툼으로 갈라진 규범적-윤리적 이론들이 안고 있는 근본적인
고민에 부딪친다. 시류에 적합하고, 철학 실천의 토대로서 적당한 윤리
학적 이론이 아직까지는 찾아지지 못했다지만, 크래머가 보기에는 "철
학적 실천이 상담 활동을 해서는 안 된다는 주장을 뒷받침할 체계적인
논거는 아무것도 존재하지 않으며," 타동사적-규범적 의미에서도 마찬
가지로 그렇다(상게서 337). 현대 세계의 다양성과 복잡성의 한가운데
에서 일반적이고 보편적으로 유효한 원칙들에 대한 전통 윤리학 개념
은 어차피 무용지물이 되어 버렸으며, 행위조정을 위해서 각 영역의 특
성에 적합한 규범들도 포기할 수 없을 만큼 중요해졌다는 지적과 함께
(참조: 상게서 261 이하), 크래머는 철학상담치료사에게 생태윤리학으
로부터 의료윤리학에 이르는 응용 윤리학의 전문 영역들을 재수용함으
로써 업무 부담도 줄일 것을 충고한다. 왜냐하면 "쌍방의 대화에서 함
께 모든 것을 끝없이 묻고 문제 삼는 대신에, 적어도 부분적이고 장기
적으로는 특수 윤리학의 뒷받침과 상담사의 상담 숙련도의 성장을 통
해서 해결책을 찾을 수 있기 때문이며"(상게서 338), 거기에는 필연적
으로 윤리학 이론들 외에도 "상담사나 다른 제3자의 인생경험과 일상
체험, 그리고 현재 유효한 규범과 규칙체계, 상식적 숙고와 판단, 그리
고 학문과 기술 발달의 결과와 처방과 기법들"도 개입되어야 할 것이
다(상게서 340).

2003년 이래로 독일 칼스루에 대학교에서 응용 윤리학 분야 정교수
로 재직 중이며 철학 실천가인 우르스 투른헤르는 이상형의 응용-윤리
학적 사상운동(die idealtypische angewandt-ethische Denkbewegung)
을 "구체적 문제들로부터 시작해서 규범-윤리학적으로 기초 지워진 도

덕 원칙의 재수용을 거쳐서 특정 규범들의 공식화로 나아가며, 이 규범들이 이제 이 모든 문제에 적용되도록 하려는 운동"으로서 묘사한다 (2000, 37). 그도 역시 "거기에 해당되는 도덕적 문제들을 고찰함으로써 해답이 찾아지도록 하는 그러한 객관적으로 유효한 규범–윤리학적 이론"이 아직은 결핍되어 있음을 확인하지만, 그럼에도 크래머와는 달리, 응용 윤리학의 실제 상황에 관련되는 특수 영역들의 구체적 행동규범에 대한 경솔하고 조급한 재수용은 주의할 것을 그는 경고한다. 예를 들면, 정신치료사들도 즐겨 적용하는 보샹과 차일드레스의 의료윤리학의 네 가지 원칙에 관련해서(참조: 앞의 b), 그가 올바르게 지적하는 비판에 의하면, 이 윤리학적 방향정위–도구들은 그것들을 중재하는 이론적 배경도, 그리고 근거 있는 통일된 "도덕 법칙"이나 "최고선" 개념도 갖추지 못한 채, 필연적으로 갈등과 충돌을 초래한다는 것이다(참조: 상게서 42). 그 외에도 전혀 분명치 못한 것은, 이 실질적 원칙들이 현행의 도덕적 관점들과 광범위하게 일치함에도 불구하고, 왜 우리가 이 원칙들을 고수해야 하는가다. 왜냐하면 내용이 분명한 인생관과 세계관의 근거 위에 세워진 윤리학적 이론이어야만 비로소 우리가 인간다움의 가치관에 입각해서 개인만의 특별한 성향과 특혜에 기울지 않고 무조건적으로 실현되어 마땅한 것으로서, 임의의 인간 누구에게도 무엇이 선과 정의인지를 입증해 보일 수 있을 것이기 때문이다(참조: 상게서 43). 투른헤르에 의하면, 생태윤리 또는 의료윤리와 같은 전문화된 응용 윤리학의 특수 영역들과는 달리, 철학상담치료사는 자문을 구하는 내담자에게 그 어떤 규범적–윤리적(präskriptiv-ethische) 행동규칙을 구체적으로 처방하거나 심지어 완벽한 윤리학적 이론을 권면해서는 안 될 것인데, 왜냐하면 그와 같은 온정주의(또는 후견주의)는 대화 상대자 자신의 자율성과 책임감 행사의 기반을 불법적으로 허물어

버릴 것이라는 염려 때문이다(참조: 상게서 27). 철학적 자문상담의 목
표는 오히려 "공동으로 수행하는 자기숙고적 협의의 판단력을 키움으
로써, 그 판단력에 힘입어 문제의 해결책들을 발전시키는 것이며", 이
것은 불가피하게도 라이터-타일이 그 개요를 제시한 가족요법의 모델
을 상기시킨다(참조: 위 b):

> 그러나 이제 철학의 과제는 결코 철학자가 윤리학적 개념을 제시해 주는
> 것이 아니다. 이것은 오해일 뿐이다. 철학적 상담사가 유일하게 자신의 목
> 표로 삼아야 할 것은 내담자의 도덕적 신념들의 배후에 감추어져 있는 윤
> 리적 개념들을 찾아서 시야 안으로 끌어들이고 비판적으로 조명하는 것이
> 다. 여러 가지 어려움 중의 하나는 상담사가—개인상담 이외의 경우에—
> 자주 여러 가지의 윤리적 관점을 동시에 한꺼번에 다루어야 한다는 것이
> 다. 그런 경우 응용 윤리학적 상담의 과제는 여러 관점과 견해 상호 간의
> 확실한 이해를 도모하는 일이다.(상게서 27)

비권위주의적이고 규범적(-윤리적-)이며 타동적인 상담은 내담자를
미성년자로 격하시키고(참조: 3.1장) 그의 반성적 숙고 능력을 약화한
다는 주장은 이미 오류로서 그 정체가 드러나 버렸으니, 그 이유는 근
거 제시와 설명을 요구하며 이해와 통찰을 촉진하기 위한 상담사의 이
론 제공이 도리어 고객의 자율성과 사고력을 비로소 촉진하기 때문이
다. 따라서 철학 실천가들의 그와 같은 과도한 조심성보다는 오히려
응용 윤리학의 주제와 논변들의 토대 위에 수립된 유형심리학을 인용
하라는 크래머의 옹호가 나에게는 더 설득력이 있어 보인다. 그 외에
도 "철학적 토론 모임"의 규모가 작아질수록, 사회적 현실에 상응하는
관점도 배려해야만 하는 철학적 상담치료가 실현되기 위해서라면, 실

천가는 더 광범위한 공동체의 윤리적 원칙들과 신념들을 대변함과 동시에, 그것을 이상적인 실천적 담론의 주제로 끌어들임은 더더욱 포기할 수 없다.

투른헤르와 비슷하게, 루쉬만도 역시 대화에서 명시적으로 드러나는 고객의 가치판단과 윤리적 관념들만을 분석 대상으로 제한한다:

> 여기에서 철학적 상담치료사의 임무는 '규범주의 윤리학자'의 경우에서처럼 광범위한 유효성 요구(Geltungsanspruch)를 확보한 윤리적 개념이나 이론들을 대변하고, 그래서 '유효한' 도덕적 판단을 내릴 자격을 갖추고 행사하는 그런 것이 아니라, 그의 전문가적 자격은 오히려 가치에 대한 세분화된 내용적이고 구조적인 지식을 가지고 행위에 대한 검증 절차를 윤리적 관념들과 '이론들'의 배경 앞에서 (여기서는 상담 의뢰인의 가치체계의 배경 앞에서) 출발시키고 함께 동반하는 것이다.(Ruschmann 1999, 344 이하)

우리의 행동과 결정을 이끌어 가는 가치들은, 첫째로, 우리의 개인적 세계관이나 인생철학의 전체적인 범위 안에서 검토됨이 마땅하다. 왜냐하면 과거로부터 전수된 가치들이 반성적 숙고를 거치지 않은 채, 단지 표면적으로만 받아들여지며, 그로 인해서 비록 오랜 시간 동안 별 문제 없이 행동을 이끌어 갈 수 있겠지만, 행동을 동반하는 불편함이 점점 더 심화됨으로써 그에 대한 숙고가 불가피해지고 불편한 갈등 상황이 분명하게 인지되기 이전까지만 가능할 것이기 때문이다(참조: 상게서 345 이하). 둘째로, 실천가는 자신의 주의력을 고객이 부여하는 가치관의 등급 서열화, 그리고 고객이 자신의 가치들에 대해서 상황에 따라 부여하는 중요도 결정 방식에 집중해야 한다고 보며, 더 나아가서 고객과 함께 "가치들에 대해서 유연성을 가지고 대응하고, 각 경우에 따라서 가치에 대한 적절한 중요도 판정과 선호 대상의 선택을 훈련해야" 한다고 본다(상게서 348). 특히 자기중심적 가치들과 타자지향적 가치들 사이에는, 루쉬만에 의하면, 변증법적 긴장 관계가 존재하며, 그들 중 한쪽으로만 치우쳐진 중요도 결정은 대부분 생활 현실의 붕괴를 야기한다. 왜냐하면 이기주의와 이타주의는 인간 행동의 방향정위 방식의 두 가지 불완전한 양극단의 대표적인 모습이기 때문이다. 비록 당면 현실에서 이러지도 저러지도 못하는 (가치-)딜레마의 해결 대신에, 윤리학적 근본 입장들을 주제로 다루는 상담 방식에 동의는 해야겠지만, 고객 한 사람의 개인윤리적 관점과 "이론"에만 국한되는 그러한 개인상담의 범위 안에서는, 투른헤르가 규범들의 증명을 위해서는 불가결의 조건이라고 판단했음에도 불구하고, 임의의 인간 모두를 위한 선(善), 또는 정당함에 대한 인간학적-윤리학적 숙고는 시야에서 사라지게 된다. 고객 한 사람의 개인적 관심과 가치관에 대한 비판적 검증을 위해서도, 그리고 분쟁 상황에서 서로 다른 윤리적 관점들에 대한 간주관적 상호 이해를 도모하기 위해서도 마찬가지로 요구되는 것은, 한편으로는, 다수의 가족요법가가 요구하듯, "정의 원칙"(Prinzip Gerechtigkeit)을 인정하는 것이며(참조: 앞 b), 또 한편으로는 무엇이 정의의 영향하에 중립적이고 공평하게 보호되고 규제되는 것이 마땅한지에 대한 공통된 규정, 다시 말해서 "모든 인간을 위한 선(善)" 또는 높은 "삶의 질"의 관념에 대한 의미규정이다. 부부상담을 자신의 전문 영역으로 선택한 여류 철학상담치료사 아네테 프린스-바커는 헤겔의 변증법 논리를 기반으로 하여 가족요법적 행동 절차를 상기시키는 "방법"(Methode)을— "만약 그것을 이렇게 불러도 좋다면" 그녀는 이 개념을 조심스럽게 괄호 안에 넣어서 — 기획한다(1995, 137). 먼저 양쪽 파트너를 각각 따로따로, 그리고 나서는 양쪽 모두와 함께 대화 방식으로 동반자 관계의 상황 점검, 그들의 자화상, 그들의 생활상, 그리고 그들의 삶의 단계들 등 다섯 단계를 거치면서 분석되고 난 다음에는, 그들 각자는 자신을 상대의 입장으로 바꾸어서 생각해 보도록 하고, 그들의 상황에 대해서 서로 동의하고 공감하거나 또는 서로 반대하는 측면들을 부각하도록 한다. "다음 단계는 종합이다. 나는 내담자들에게 종합의 의미를 설명하고, 다음의 세 가지를 강조한다:

1) 정립과 반정립 모두 종합에 의해서 폐지되고 지양된다.

2) 종합은 정립과 반정립 모두를 통합해야(incorporate) 한다; 그것은 절충 또는 타협(compromise)이 아니다.

3) 정립과 반정립 사이의 종합은 더 높고, 더 깊은, 또는 더 일반적인 차원에서 실현되려는 것이다."(상게서 147)

프린스-바커의 진술에 따르면, 이 다섯 가지의 준비 단계의 도움에 힘입어서 대부분의 고객은, 심지어는 그들의 자녀들도 함께 관련시키면서, 스스로의 힘을 발휘하여 독립적으로 종합의 가능성을, 즉 당면 갈등에 대해서 모든 관련자가 수용하는 해결책을 찾아냄에 성공한다(참조: 상게서).

4

철학상담치료와 심리치료 또는
심리상담 사이의 연결점들

새롭게 접근해 오고 있는 철학상담치료사의 진술과 의도들, 그리고 부분적으로는 새롭게 방향을 잡아가는 응용 심리학자들의 진술과 의도들 사이를 오가는 사행천의 굽이치는 흐름을 따라온 우리의 지금까지의 발자취를 다시 돌이켜보면, 그토록 다양한 친족성에도 불구하고, 어째서 양 진영 사이의 학제적 협력은 단지 망설이는 출발 단계로서만 시도되고 있을 뿐인지 놀라울 따름이다. 왜냐하면 우리는 이제 끝으로 라하브와 함께 이렇게 확인해야만 하기 때문이다: "많은 심리치료사가 실제로 수행하는 것과 '철학상담치료'의 이름을 내걸고 행해지는 것들 사이의 차이는 별로 크지 않다." (1/94, 32) 특히 주로 유럽 대학의 울타리 밖에서 진행되고 있는 새로운 철학적 직업 분야의 발전은 인본주의적 또는 인지주의 심리치료의 방향들로부터도, 그리고 상담심리학으로부터도 아무런 유익한 도움과 자극을 받지 않았을 뿐만 아니라, 오히려 이 영역들에 대해서 무지하고 오만하기까지도 한 태도로 광범위하

게 접근을 차단해 버렸다. 그런 까닭에 사람들은 『독일어 권역의 철학
실천』(*Philosophische Praxen im deutschsprachigen Raum*)에서 멜라니
베르크(Melanie Berg)의 현황 조사의 간명한 결론을 힘주어 지지하는
쪽으로 기운다:

> 축적된 철학적 비판을 염두에 두고 볼 때, 철학자들이 제기하는 문제와 비
> 판점들이 심리학자들이 보기에는 모두 얼마나 분명한 것인가 하는 것은
> 놀라운 일이다. 철학자들의 입장에서는 심리학자들의 상담과 치료 경험들
> 을 더 솔직하게 파고드는 것이 현명했을 것이다. 거기에서는 이미 많은 것
> 이 체계화되고 있으며, 실천 단계의 철학자들에게는 아직 상당히 불투명
> 하게 서술된 채로 나타나 보이는 것들에 대해서도 설명이 주어지고 있
> 다.(1992, 150)

아헨바흐 같은 실천가가 응용 심리학자들의 풍부하게 축적된 경험들에
직면하여, 그에 대응하기 위한 반론으로서, 역사가 훨씬 더 오래된 철
학 분야가 젊은 심리학 영역보다 경험이 더 많다는 점에서 더 우월하다
고 한 주장은 옳지만, 그것이 결코 *개업의로서의 실천* 경험이 더 많음
을 의미하지는 않는다는 점에서는 심리학의 응답이 옳다(상게서 58).
단지 양적이고, 숙고되지 않았으며, 체계화되지 않은 경험은 상담과 치
료의 질적 개선에는 별 도움을 주지 못한다는 사정은 물론 심리학자들
과 마찬가지로 철학자들에게도 해당된다. 철학 실천가들이 그들의 새
로운 직업 활동을 합법화하기 위한 수단으로서, 우리 사회에 널리 정착
된 심리치료에서 쉽게 표적이 될 속죄양을 만들어 내려 한다면, 철학상
담치료는 일반 공중으로부터 별 신뢰를 얻지 못할 것이다. 또한 그에
대한 대안 전략으로서, 철학상담치료사는 전혀 새롭고, 그 어떤 방식으

로도 심리치료와 상관관계가 없는 길을 개척해 나가기 때문에, 철학상
담치료도 번창하는 상담 활동의 무대에서 반드시 한 자리를 차지할 권
리를 받아 마땅하다는 주장은 의문의 여지가 있는 것 이상일 것으로 보
인다:

'당신들은 구두 제작자이고, 우리는 모자 제작자이므로, 우리 사이에는 아
무런 직접적인 경쟁은 없다. 당신들의 관념, 관찰, 그리고 수년간의 경험
은 우리와는 상관이 없다.' 이러한 태도는 심리치료사들과 경쟁하려는 의
도는 아니지만, 이것은 그 어느 심리치료사도 발을 들여놓지 않은, 너무나
거리가 먼 전혀 다른 길을 가려는 것이다. 바로 여기가 또한 이 태도의 오
만함을 나타내는 지점이다. 왜냐하면, 그것은 마치 철학상담치료가 가는
길이 그토록 새롭고, 이국적이며, 특이해서, 그 어떤 심리치료사도 가 본
적이 없었다는 듯이 가장하기 때문이다. 천진난만하게도 철학상담치료는
자신의 관념들이 — 비판적 자기반성, 내담자의 선입견과 필요에 대한 검
증, 내담자의 자율성과 개성에 대한 존중, 기타 등등 — 너무나 특별해서
그 어느 심리치료사도 그것들을 사용하지 않는다고 믿는다; 그러나 물론
이것은 틀린 말이다.(1/94)

그러니까 철학상담치료사들은 라하브가 힘차게 강조하는 다음과 같은
호소를 제일 먼저 참조해야 했었다: "우리 모두 심리학에서 오류를 찾
아내려는 강박적인 시도를 멈추자. 이런 시도들은 불합리할 뿐만 아니
라, 우리의 관심을 별로 중요치도 않은 주변 문제로 몰아간다. 이제는
그만하자! 이제는 심리학자가 하지 않는 것이 무엇인지보다, 우리 철
학자들이 할 일이 무엇인지에 집중하자!"(1/95, 45) 그와 마찬가지로
우리가 깊이 생각해야만 하는 것은, 오늘날 철학상담치료사는 직업적

으로 수행되는 심리학적 상담, (사회)-교육학적 상담, 그리고 신학적
상담 분야들의 넓은 활동 영역의 한가운데에서, 원칙적으로 다른 상담
학문들이 자체적으로 이미 탐구해 온 일련의 복합적인 주제 영역들을
집중적으로 다루고 나서야, 인간의 모든 생활 영역의 요구를 충족시킬
수 있게 될 것이라는 점이다. "이것의 의미는 철학상담치료가 철학만
의 고유한 특효 치료제와 처방전에만, 예를 들면 철학적 윤리학에만 제
한적으로 집중할 것이 아니라, 다른 학문 영역들과 연계되는 공통의 주
제들에 대해서도 관심과 노력을 기울여야만 할 것이다."(1992, 338) 크
래머는 철학상담치료가 이미 정착된 기존의 상담과 치료체계를 상대로
"정면으로 마주 경쟁하면서가 아니고, 말하자면 오히려 간접적으로 진
보적인 보완의 방법을 통해서" 자신의 목표를 이루어 내야 할 것임을
설득력 있게 설명한다(상게서 363). "철학적 상담치료는, 그 자신이 다
른 여타의 상담 방법들을 이미 잘 알고 있음을, 그리고 아마도 상담의
실제 경험을 통해서 익숙해졌음을, 그러나 그럼에도 새로운 것과 다른
것을 제공해 줄 수 있음을 설명해 보임에 능숙하면 할수록, 그만큼 더
철학상담치료를 설득력 있게 보여 줄 것이다."(상게서 364) 마지막으
로 노력을 기울여 시도해 볼 만한 것은 "상담의 실제 과정을 개별 학문
분야의 경계를 초월하는 일반적인 방식으로 서술하고 개념화하며"(상
게서 342), 개별 학문 간의, 예를 들면 철학적 상담과 심리학적 상담 사
이의 학제적 협력 관계를 규명해 보이는 일반적이고 통합적인 상담 이
론을 수립하는 것이다. 여기에서 나는 그와 같은 학제적이고 통합적인
상담 이론의 수립에 착수하거나, 철학적 상담치료 특유의 "새로운 것
과 다른 것"을 간명하게 요약하는 대신에, 이 논변의 종결부로서, 응용
철학이 추구하는 새로운 목표들과 심리학의 몇 가지 공통점을 지적해
보이고, 이들이 앞으로 더 강화될 양 진영 사이의 협동작업의 출발점

역할을 수행할 수 있음을 부각할 것이다. 여기서의 구체적인 추구 과제는 개선된 대화문화(4.1), 최적의 세계이해(4.2), 그리고 통합적인 인본주의적 인간관(4.3) 등 세 가지다.

4.1 개선된 대화문화

앞의 제2장 시작 부분에서 개진된 '설명하기-이해하기-논쟁'에 대한 논의의 틀 안에서, 우리는 프로이트가 어떻게 자신의 정신분석학을 가지고 전통적인 정신의학-신경학적 치료 모델을 와해시켰으며, 정신과학적-이해하기 방법론에 기초하는 인간이해와 질병이해로의 접근로를 열어 주었는지를 규명했다: 치유 과정이 오직 "대화요법"의 방식으로만 진행됨으로써, 의사와 의뢰인 사이의 인격적 관계가 치료의 중심에 들어섰으며, 여기에서는 병든 환자를 관찰 대상으로 바라보는 정신과 의사의 냉정하게 거리를 두는 시선 대신에, 한 자율적 주체의 개인적 삶의 역사에 대한 공감적 참여가 자리 잡는다. 프로이트의 정신분석학뿐만 아니라 자주 그것과 동일시되는 정신치료도 함께 철학자들에 의해서 거의 총체적으로 배척되었음에 반하여, 평생 동안 그와 가까이 지냈던 카를 구스타프 융에 대해서는 사람들은 이상하게도 그의 업적을 높이 평가한다. 그 이유는 다른 심리학자 그 누구도 "모든 치료사적 진료의욕과는 달리, 철학적-생활실천적(philosophisch-lebenspraktischer) 대화가 보이는 결정적 차이를 그토록 분명하게 지적한 전례가 없었기 때문"이라는 것이다(Driever 1992, 382). 정신치료학의 근본 원칙들에 대한 숙고에서 융은 "정신치료학이 사람들이 초기에 생각했던 것처럼 그렇게 단순하고 내용이 명백한 치료법은 아니고, 오히려 그것이

어떤 의미에서는 *변증법적 절차(dialektisches Verfahren)*라는 것이 점
차로 밝혀지게 되었으며, 다시 말하면 그것은 두 사람 사이의 친근한
대화, 또는 어떤 문제를 놓고 두 사람이 함께 분석하고 해결책을 모색
하는 탐구적 담론(Auseinandersetzung)을 의미하고"(1995, 15), 여기
에서 치료사는 "그의 모든 전제와 기법을 포기함"이 마땅하다는 것이
다(상게서 19). 그러나 융은 정신치료사를 철학자와 동일시함으로써
(참조: 2.2.2장, 125쪽), 그리고 정신치료학적 절차의 핵심을 한 개인
의 근본적인 실존적 태도 결정의 문제에 초점을 맞춤으로써, 정신치료
로부터 단절시키기보다는 오히려 그것의 의미를 살리고 이미 진행되고
있는 발전적 변화를 촉진하려 하는데, 왜냐하면 그가 보기에는 "변증
법적 절차"라는 표현은 단지 "아마도 의사와 환자 사이의 치료적 관계
에 대한 가장 현대적인 표현 방식"을 보여 주기 때문이다(상게서 16).
"의사"와 "환자"에 대한 그의 견해를 두고, 그것을 "융의 정신치료적
자기오해"라고 비난하는 것은 — 이것은 사실은 그가 "철학적 인생상
담"을 수행했다는 말이며(참조: Driever 1992, 85), — 단지 우리가 치
료와 상담 사이의 유동적인 경계 구분을 도외시할 경우에만 가능하다
(참조: 3.2장). 정신과학적-해석학적 방법을 적용하는 "대화치료", 그
리고 철학에서 자극받은 "변증법적 치료법" 등을 촉구하는 초기의 정
신치료적 요구들이 제기된 이후, 칼 로저스는 그토록 집중적이고 많은
성과를 거두면서 치료적 대화의 질적 향상에 헌신함으로써 심지어는
현대 심리치료의 "담론적 전환"을 확인하는 계기를 만들었다(참조: 3.1
장 b). 치료사와 고객이 상호 대칭적 관계 안에서 대등한 권리를 누리
는 대화 상황이 확보되도록, 치료사는 온정과 수용, 공감과 진정성 또
는 동조하는 태도를 통한 노력을 기울여야 한다는 것이다. 여기에 단지
또 하나의 명칭을 추가로 참조해 본다면, 루트 콘(Ruth Cohn)도 인본

주의 정신치료학과 사회교육학을 연계시켜서 발전시킨 그녀의 "주제 중심 상호작용"(themenzentrierte Interaktion ; TZI)의 방법론을 가지고 치료를 위해서뿐만 아니라 일반적인 인간 상호 간의 대화문화(Gesprächskultur)의 개선도 도모할 수 있기를 희망한다 : "신뢰가 싹트는 것은 그 누군가가 진정으로 당신을 경청하고, 존중하며, 응답하고, 진지하게 받아들이며, 앞으로 나아가도록 인도하면서도, 그러나 꼭 자기가 옳다고 고집하지 않을 때다. 이것이 상호작용을 실현하는 집단의 형성 조건이며, 그 집단을 이루는 각 구성원과 공동체, 그리고 그 공동체 활동의 중요성과 가치를 유지시키는 조건이다. 이러한 상호작용의 집단은 어떻게 각 개인이 인간다운 공동체 안에서 살아갈 수 있는지를 보여 주는 모델의 상징이 된다."(Cohn 2000, 214) 그와 같은 이상적 타입의 상호작용 집단의 본질적 특성을 실현함에 필요한 근본규칙들은 다음과 같다 :

"너 자신을 의식적으로 이끌고 인도하라." "너의 앞을 막는 것이 무엇인지 관찰하고 현실적으로 대처하라." "너 자신을 분명히 표현하고 알려라. ― 너 외에 그 누구도 너의 감정, 생각, 동기 등 네 마음속에서 일어나는 일들을 알지 못한다." "감정들은 타고난 재능으로서, 키워질 수도 있고, 왜곡될 수도 있다. 놀이와 훈련은 공감력(공명하기)과 용기(자기 스스로 나서기)와 직관력(이해와 결정에 도달하는 지름길)을 키움에 도움이 된다." "도움을 부탁하고 또 도와주어라. ― 단 더도 말고 덜도 말고 꼭 필요한 만큼만." "자기와 타인을 실망시키거나 좌절시키더라도 꼭 불가피한 정도를 넘지 말라."(상게서 214 이하)

철학상담치료에서는 그 자격 취득을 위해서도, 또 대화의 진행 절차를

위해서도 아무런 정해진 규정이나 규제도 없음이 특별히 힘주어 강조
되곤 하지만, 그럼에도 적지 않은 철학 실천가의 경우 상담사와 고객
사이의 관계를 위한 감추어진 질적 표준으로서 정직함 또는 진실성의
요구에 직면한다(참조: 3.1장, c). 철학상담사이며 심리상담사이기도
한 에카르트 루쉬만은 로저스가 지적하는 치료사의 세 가지 변형, 그리
고 아리스토텔레스의 저서 『수사학』(Rhetorik)이 설득력 있는 연설가와
상담사가 필수적으로 갖추어야만 하는 자질로 지적한 다음의 세 가지
품성에 주목한다: "호의"("온정과 수용"에 상응함), "이해"("공감적 이
해"의 의미에서), 그리고 "덕성"(일명 "진정성 또는 동조")(참조:
1991, 69 이하). 콘의 주제중심 상호작용의 규칙들을 직접적으로 염두
에 두면서, 루츠 폰 베르더는 베를린 타입의 철학 카페식 탐구 과정을
위한 규칙들을 아래와 같이 주문한다:

> 철학 카페에서는 탐구 목표가 분명한지 확인하라. 각 참가자는, 남성이건
> 여성이건 불문하고 모두 독립된 철학자다. 철학 카페에서 탐구에 방해가
> 되는 요소들도 모두 철학적 주제로 다루어져야 한다. 당신의 철학적 입장
> 을 문서로 그리고 구두 발표로 가능한 최대한으로 명확히 표현하라. 다른
> 사람에게 질문할 때에는 당신 자신의 철학적 입장에서 출발하라. 당신의
> 진술과 문서 내용을 증명하거나 근거를 제시하라.(2000, 87)

귄터 비짜니는 위르겐 하버마스와 카를-오토 아펠이 발전시킨 담론윤
리학적 의사소통 모델(diskursethische Kommunikationsmodell)을 소
급하여 적용하며, 아래의 대화 규칙들을 적용함으로써 (이상적) 대화
상황이 왜곡되거나 훼손되는 것을 막으려 한다: 모든 진술은 이해 가
능해야 하고, 올바르고 참이어야 하며, 대화의 모든 참여자는 그러한

대화에 동등한 참여 기회를 누려야 하고, 담론 내적이건 또는 외적이건 불문하고 그 어떤 강제에 의해서도 방해받지 않아야 한다. 이상적이고 유익한 담론에서는 결국 오직 더 나은 논증의 강제(der Zwang des besseren Arguments)만이 지배하며, 참가자 모두가 공유하는 합의된 대화 목표 밑에서, 각자는 자기의 확신과 관심사를 논증적으로 정당화하려고 노력한다. 다분히 추상적인 이 철학적 대화 실천의 기본 구도는 가족요법의 목표 실현에도 적합할 것으로 생각된다. 왜냐하면 가족요법에서는 모든 구성원 각자의 이질적인 인생관과 요구와 의무 부담들을 "불편부당한 평등공정성 원칙"(Prinzip der Allparteilichkeit)에 따라 검증하고 숙고적 동의를 위해서 상호 간에 신중히 검토할 것이 요구되기 때문이다(참조: 3.3장 b).

다수의 인본주의 정신치료사들은 "소크라테스식 대화"를 그들의 대화 진행 방식의 가장 본질적인 방법론으로서 부각하며, 다시 말하면 이것은 전형적인 "변증법적 처리 방식"으로서, 앞서 말한 담론윤리학의 "논증적 담론"(argumentativer Diskurs)의 초기 형태로 인정될 수 있다(참조: Apel 1989, 60). 널리 알려진 바와 같이, 예부터 전해져 온 플라톤의 소크라테스식 대화편에서는 대부분의 경우 비록 대칭적 대화 조건들이 보장되지는 않았었지만, 그래도 소크라테스는, 소피스트들의 성과지향적이고 논쟁적인 논박술(eristische Disputierkunst)과는 반대의 입장에서, 최초로 "논증적 논변(Argument)으로서의 로고스를 대화적 합의 도출에 유일하게 허용되는 동기로서 격상시키기 원했던 바로 그러한 철학적 담론 형식을 차별화하여 드러내 보였다."(상게서 62 이하) 의심의 여지없이 소크라테스에게는, 그의 방법론을 오늘날에 재건하려는 레오나르드 넬슨, 구스타브 헤크만, 데틀레프 호르스터(Detlef

Horster) 등과 마찬가지로, 모든 대화 참여자의 도덕적 자세를 정확히 규명해 냄으로써 의사소통 문화를 개선시킴이, 다시 말해서 모든 참여자의 상호동등원칙(Gleichwertigkeit)과 상호존중원칙(Ernstnehmen)이 인정되도록 함이 그의 중심적 관심사였다(참조: Horster 1994, 9). 소크라테스적 대화 방법론의 본질이 무엇인가에 대해서 치료사마다 극도로 모순적이고, 부분적으로는 의심스러운 견해를 대변한다는 것은, "소크라테스 자신이 문자로 쓴 그 무엇도 남기지 않았음을" 우리가 깊이 고려한다면 더 이상 놀랄 것이 아님을 숄츠는 지적한다(2001, 78). 비록 대부분의 철학 실천가가 "소크라테스의 방법적 원칙"을 철학 실천의 직접적인 선구자 모델로서 칭송하지만, 그들은 소크라테스식 대화의 부활에 대한 최근의 철학적 연구에는 거의 주의를 기울이지 않는다. 아마도 이것은 신소크라테스적 대화가 어떤 사태의 진리나 윤리적 판단의 정당성에 관해서 모든 대화 참여자가 받아들일 수 있는 합의에 초점을 두지만, 철학 실천가는 자유와 대칭성의 영향하에, 대화 참여자들의 개인적 특성과 불일치하는 견해들에 대한 존경심을 지나치게 강조함에 기인할 것이다(참조: Ruschmann 1999, 285). 오늘날 특히 북독일과 성인교육에서 실시되며, 소크라테스식 대화로부터 철학적으로 훈련된 인도자와 함께하는 소크라테스식 집단대화, 그리고 참가자 수가 열 명으로 확대되기도 하는 이 대화 방식은 비록 "철학 실천"이라는 꼬리표를 달고 하지는 않지만, 내가 보기에는 바로 그 철학 실천의 이상형으로 간주될 수 있는 것이다. 그것이 추구하는 야심 찬 목표는, 외부 사정들의 강제에 지배되는 오늘날 우리의 학문적-기술적 세계 안에서의 대화문화를 개선하고, 이성에 의한 사회적 자동 조정체계(sozialer Regelkreis der Vernunft)를 제도화하는 것이다. "인간은 마땅히 다른 사람들과 소통할 줄 알고, 자신의 의견을 수정할 수 있는 능력을 키워

야 한다. 요약해서 말하면: 의사소통의 문화는 개선되어야 한다. 대화
원칙(Dialogprinzip)은 상호동등원칙을, 그리고 모든 대화 상대의 상
호존중원칙을 인정하는 것이다."(Horster 1994, 7)

인지심리치료사 하를리히 스테이브만(Harlich Stavemann)은 그의
최근 연구인 『치료와 상담에서의 소크라테스식 대화』(Sokratische
Gesprächsführung in Therapie und Beratung)에서, 오늘날 다수의 (인
지주의) 심리치료사가 — 다수의 철학 실천가와 마찬가지로 — 그들의
치료 방법론 또는 토론 방식을 결정함에서 짤막하게 "소크라테스식 대
화의 적용"을 말할 뿐, 이 기법을 정확히 서술하거나 설명하지는 않는
폐단을 정면으로 파고드는 업적을 제시한다(참조: 2002, 2). 소크라테
스식 대화 방식을 정신치료나 상담의 활동 범위 안에서 체계적으로 적
용하기 위한 그 자신의 방법적 원칙으로서 그가 직접 채택하는 것은 소
크라테스식 집단대화의 인도자를 위해서 헤크만이 서술한 여섯 가지
계명이다:

1) 대화와 토론의 사회자로서 당신은 자신의 진술과 견해 발언을 삼
   가라.
2) 항상 구체적 사례에서 출발하라.
3) 대화를 생각하기의 보조 수단으로서 최대한으로 활용하고, 설명
   들 사이의 상호 이해를 도모함에 유념하라.
4) 주제에서 벗어나지 말며, 선택된 질문을 놓치지 말라.
5) 합의 도달을 목표로 작업을 진행하라.
6) 추상화에서 벗어나기 위한 최적의 조건들이 조성되도록 대화를
   이끌어 가라.(상게서 47, 참조: Heckmann 1993, 85 이하)

　　그렇지만 "치료사들은 벌써 인도자로서의 그들의 기능과 (대개의 경우 유일한) 대화 상대자로서의 기능을 수행해야 한다는 이유 때문에만도, 첫째 계명, 즉 자신의 의견 진술을 자제하라는 계명을 지킬 수 없을" 수도 있으며(상게서 85), 그리고 — 이것 역시 철학 실천가들의 경우와 유사하게 — 다섯째 계명도 포기해야 할 것인즉, 왜냐하면 아무 합의도 추구되지 못할 것이라는 이유 때문이다(참조: 상게서). 하지만 내 생각에는 단순한 겉치레 수준을 넘어서는 이 수정들을 통해서 신소크라테스적 대화 개념을 치료적 대화 상황으로 전용시킴은 문제의 소지가 많다고 보는데, 왜냐하면 두 사람 사이의 치료적 관계에서는 고객이 "사회적 부작용"을 고려하지 않은 채(상게서 219) "혼자 결정을 내려야" 하기 때문이다. 이 때문에 대화 과정 안에서 찾아지는 문제 해결을 위한 "이상적 의사소통 공동체"의 합법성 기준은 탈락된다. 그리고 로저스의 '의뢰인중심(내담자중심) 대화치료'나 콘의 '주제중심 상호작용'도 마찬가지로 인격 계발의 관점에서 참여자의 감정과 즉흥적 진술의 의미를 더 강조하고, 인지주의 심리치료사와 의미치료사(로고테라피스트) 또는 철학자들이 주도하는 소크라테스식 대화는 오히려 진리 발견이나 규범적 요구에 합당한 결정에 도달하기 위한 대화 참여자들의 자립적이고 개념적 사고를 강조하지만, 나이서의 비교 연구에 따르면, 대다수의 대화 규칙은 서로 일치한다: "그래서 예를 들면 주관적 경험 관점들을 연결시키기에 대한 요구, 진정성에 대한 요구, 주제를 벗어난 대화의 금지, 그리고 또한 상이한 의견이나 반대 의견도 인정하고 진지하게 받아들임에 대한 요구 등이 대표적이다."(1998, 140) 철학적 논증이론과 (사회-)심리학적 의사소통연구의 관점들을 통합시킬 수 있을 만큼 포괄적이고 완성도 높은 "최적의 상담 상황 실현을 위한 방법 세칙"이(참조: Groeben/Scheele 1977, 177 이하) 아직까지는 마런되지 못한 상태임을 감안한다면, 그토록 다양한 집합점(Konvergen-zen)을 염두에 두면서 더 강화된 간학문적 협력과 공동작업을 추진하는 것이 미래의 효과를 약속하는 대안일 것으로 내게는 생각된다.

4.2 최적의 세계이해

앞의 2.2.2장에서 밝혀졌듯이, 심층심리학의 입장에서 출발하는 다수의 심리치료 경향은 인간의 모든 지각과 사고와 행동이 그 본질에 있어서 인지적이지만, 대부분이 무의식적 구조들에 (삶의 계획, 모범형 또는 대본 등) 의해 결정된다는 관점에서 출발한다. 그래서 예를 들어 알프레트 아들러는 그의 저서『삶의 이해』(*Lebenskenntnis*)에서 이렇게 말한다:

> 미래의 이상형, 즉 이른 아동기에 자신의 미래상으로서 구현하고자 하는 목표로서의 인격적 모범형이 만들어지고 나면, 앞으로의 추진 방향과 행동 지침이 정해지며, 그 개인은 자신의 최종적 지향목표(endgültige Orientierung)를 찾게 된다. 바로 이 사실에 근거해서 우리는 이후의 미래 삶의 여정에서 무엇이 일어날 것인지를 예측할 수 있게 된다. 그 시점 이후부터는 개인의 지각(Wahrnehmung)은 그 삶의 추진원칙(Lebenslinie)이 정하는 궤도를 따르게 됨이 불가피하다. 그 이후로, 아동은 주어진 상황을 그것이 실제로 나타나는 대로 지각하지 않고, 오히려 자신의 개인적인 지각도식을 따라서, 다시 말하면, 상황들을 선입견을 따라서 자신의 관심에 비례하여 지각한다.(1978, 16)

우리의 세계이해를 각인시키는 그와 같은 개인적 이상형, 그리고 그와
같은 "가정(假定)의 철학"(알스-오프의 철학; Vaihinger)은, 아들러가
보기에는, 오직 그것이 과도한 열등감에 기인하여 형성될 때에만 허구
적 자기고양(fiktive Selbsterhöhung)을 동반하면서 환상의 세계로의
보상적 도피를 부추기며, 그와 함께 점점 더 강하게 실제 현실과 모순
에 빠지게 된다는 것이다. 현실이 더 이상 한 개인의 경직되고 부적절
한 지각틀(Wahrnehmungsmuster)을 통해서 체계적으로 왜곡되지 않
도록 하기 위해서, 그 개인심리학자는 이 열등감에 대해서 보완적 기능
을 발휘할 공동체적 연대감을 강화해 줌으로써, 고객으로 하여금 열등
감을 극복할 수 있을 만큼 용기와 자신감을 충분히 강화해 주고, 실제
현실을 생산적인 자세로 직시하면서 사회적으로도 인정받을 만한 현실
적 목표들을 추구해 나가도록 지원해 주려 한다. 아들러나 에릭 번의
견해에 따르면, 일반적으로 현실곡해(Realitätsverfälschung)를 일으키
거나 또는 정신장애의 원인이 되는 지각도식(Wahrnehmungsschema)
과 행위도식(Verhaltensschemata)들이 개인적으로 중요한 관련 인물의
모방을 통해서, 또는 아동기 초기에 부모에 의해서 구두로 (자기 탓으
로) 책임 지워짐을 통해서 고착되는 것인 반면에, 행동주의 치료사들
의 견해에 따르면, 부적절한 반응 방식들은 어느 연령대인가를 불문하
고 어느 시기에든지 외부 세계의 자극에 의해서 "조건화된다"(참조:
2.2.1장): 그래서 예를 들면, 파블로프의 고전적 조건형성의 도식에 상
응하여, 어떤 중성적 자극이 (예를 들어서 사회적으로 우월한 지위에
속한 사람으로부터) 어쩔 수 없이 열등감을 불러일으킬 수밖에 없는
무조건적인 자극과 함께 (예를 들면, 가장 가까운 동료에 의해 구두로
쏘아붙여진 굴욕과) 반복적인 만남에서마다 그토록 짝지어서 되풀이
됨으로써, 그 굴욕을 당한 당사자가 사회적으로 더 높은 지위의 사람들

과 만날 때마다 항상 부정적으로 왜곡된 자기평가를 동반하는 우울한 불쾌감에 빠져들 수 있다. 초기의 행동주의 치료법을 계승한 인지주의적 개선 방안들은 이와 같은 장애를 다룸에서 더 이상 순수한 행동 수정 차원에서의 "반대(역)−조건화"(Gegen-Konditionieren)만으로 만족하지 않고, 도리어 그 "암흑 상자" 속에 감추어져 있으면서 우리의 상황 판단을, 그리고 이 판단과 함께 상황에 대처하는 행동 선택을 왜곡하는 잘못된 사고틀 자체에로 주의를 집중시킨다. ─즉 예를 들어 다음과 같이 기만에 빠트리는 추론 과정이다: "사회적으로 더 높은 지위의 사람들이 존재하는 한, 나는 무가치하고 쓸모없다." 생각들의 그와 같은 잘못된 추론 과정으로 인해서 최적의 세계이해와 자기이해뿐만 아니라 현실에 적합한 행동도 마찬가지로 좌절되기 때문에, 인지주의 심리치료사들은, 심층심리학적 경향의 치료사들과도 유사하게, 그 대부분이 우리의 세계관과 자기관의 형성 과정에서 무의식적으로 작용하는 이 인지틀(인지 패턴)을 찾아내고, 공동의 대화 속에서 더 현실적이고 목적에 더 잘 부합하는 인지틀로 대체시키려 한다(참조: 2.2.3장).

만약 겉보기에는 목표도 없고 개념도 없는 듯한 철학상담치료사들의 활동 프로그램 때문에 우리가 신경에 거슬려 하지만 않는다면, 그들의 진영 안에서는 얼마든지 상호 합의하는 (잠재적인) 다음의 목표들이 확인된다:

a) 스스로 생각하도록 도와주기 또는 사고력을 함양시키기,

b) 상황에 대한 평가와 문제 관련 가치판단의 명료화,

c) 자기인식(Selbsterkenntnis)으로 인도하기.(참조: 2.1장)

인지주의 심리학자들에게서와 마찬가지로, 여기에서도 인간은 "세계구성적 존재"로서, 그리고 "이성적 동물"로서 정의되며, 인간은 세계

에 대한 숙고적 위치에서 스스로 타당한 세계관과 자기관을 형성해 내
야 할 의무가 부과될 뿐만 아니라, 또한 위기 상황에 처해서는 자신의
사고에 대해서도 숙고하도록 요구받는다. 반면에 인지주의 심리치료사
들의 경우와는 달리, 정확히 무엇에 대해서 고객이 '스스로 생각하도
록 도와주어야 하며, 상담대화에서 고객의 의식적 및 반성적 활동 과정
을 어떤 방식으로 "어떻게 수정함으로써 고객으로 하여금 적절한 자기
이해와 세계이해의 방향으로 한 단계 전진해 가도록"(Ruschmann
1999, 42) 도와야 하는지에 대한 구체적 지침은 주어져 있지 않다. 일
반적으로 철학상담치료사는 전적으로 다음의 영역에서 전문가적 능력
을 갖춘 것으로 보인다: 한 가지에 고착되고 경직된 사고틀과 세계개
념을 개방하기, 소크라테스식 대화를 통해서 고객의 독립적이고 창의
적인 사고력을 활성화하기, 복합적인 상황적 맥락들 또는 문제들의 연
관성들을 일반적인 시각에서 체계적으로 정리하고 개별적 개념들을 그
근저에 자리 잡고 있는 세계관적, 인간학적 또는 윤리적 전제들로 환원
하여 재해석하기:

철학적 상담은 전문적인 상담 분야에서도 중요한 자리를 차지할 수 있으
며, 그 자체의 특징적 토대 위에서 전적으로 독자적인 능력과 특성을 확보
할 수 있다. 내 생각에 의하면, 이것은 구상, 개념, 사고 과정 등에 대한 검
증과 체계화를 비롯하여 — 지속적으로 삶의 체험연관성도 함께 배려하면
서 — 인간 존재의 근본유형과 방향정위, 그리고 '고유한 가치들'과 개인
적인 삶의 의미지향성의 문제들까지도 그 대상에 포함된다.(상게서 43)

결국 철학상담치료사들의 경우에는 "이상적인" 또는 "최적의 세계이
해"에 관해서 어떤 일반적인 목표가 방법론적 관점에서 더 이상 세부

적으로 상술되지 않는 반면에, 인지심리학자들은 풍부한 경험 자료를 근거로 해서, 사람들의 세계이해 또는 정보처리 단계에서 일어나는 구체적인 오류들에 대한 매우 세분화된 분류와 체계화로 이미 작업을 진전시켜 나아갔다. 철학자들의 호기심과 학제 간의 협력에 대한 관심을 일깨우려는 의도에서, 여기에서는 세계와 자신에 대한 지각 활동과 가치평가에서 가장 빈번히 일어나는 잘못된 사고모형들을 몇 가지 소수의 범주에 포함시켜서 분류하는 두 가지 시도를 본보기로서 인용한다:

1. *임의적인 추론*이 (반응 방식) 자행되는 것은, 그 추론을 정당화할 아무 증거가 없음에도, 또는 현존하는 증거들이 그 추론을 거부함에도 불구하고, 특정 추론이 시도되는 경우다.

2. *선택적 일반화*는 (자극성 유발 방식) 전체적 연관성에서 따로 분리된 특정의 세부 사항에만 집중하는 것이며, 다른 더 중요한 상황적 특성들은 무시되고, 전체적 경험이 이 하나의 단편만으로 개념화되는 것이다.

3. *과도한 일반화*는 (반응 방식) 일종의 가공 처리 방식으로서, 먼저 하나의 사건이나 개별적으로 고찰된 다수의 사건을 토대로 하여 일반적 규칙이나 논리적 추론이 형성되고 난 후에, 이렇게 얻어진 그 개념을 비슷하거나 비슷하지 않은 다른 상황들에도 적용하는 경우를 가리킨다.

4. *극대화하기와 극소화하기*는 (반응 방식) 한 사건의 의미나 중대함이 너무 부정확하게 평가됨으로써 왜곡되어 버리는 그러한 오류에서 나타난다.

5. *인물에 초점 맞추기*는 (반응 방식) 아무 객관적 근거가 없음에도, 외부적 사건들을 자신의 탓으로 돌리거나, 또는 그러한 연관성을 지어내는 환자의 성향을 가리킨다.

6. *절대화된 이분법적 사고*는 (반응 방식) 모든 경험을 서로 배타적인 두 가지 범주 중 어느 하나에 귀속시켜 버리는 경향에서 나타난다; 예를 들

면, 홈 없이 완전하거나 아니면 결점투성이거나, 깨끗하거나 아니면 더럽거나, 거룩하거나 아니면 죄에 빠지거나.(Beck 1999, 44 이하)

그에 반하여 스테이브만은 그의 범주표를 다음과 같이 분류하여 열거한다: "지나치게 부정적으로 과장하기와 대재난의 예감만을 일깨우기; 실망이 두려워서 '신중을 기하기 위해' 미리부터 불필요하게 부정적으로만 생각하기; 현실이 제발 우리가 옳다고 생각하는 그대로 되어야만 한다고 요구하기; 세상의 일들이 모두 '정의롭게' 되어 가야만 한다고 요구하기; 지나치게 일반화하면서 오직 극단적인 판단만을 허용하기; 불합리하게 모든 것을 싸잡아서 판단해 버리기; 희망적 사고와 비현실적 목표 설정에 사로잡혀서 오직 이로운 결과만이 일어날 것으로 기대하기; 우리의 가치판단을 검증 불가능한 규범들이나 결과가 불확실한 투기 또는 선입견에 내맡기면서도 그것이 사실인 듯이 행동하기; 매우 황당무계하고 현실성이 전혀 없는 내용의 결론들을 임의적이고 비논리적인 방식으로 도출해 내기"(1995, 85)

4.3 인본주의적 인간관

철학자들과 심리학자들은 고객의 문제 해결을 지원함에 있어서, 자신의 특정한 삶의 역사 안에서 일어나는 구체적이고 개인적인 문제에 빠져든 고객으로 하여금 상황에 적합한 행동 목표와 효과적인 수단에 대한 대화적 본질 해명에 힘입어서 문제를 해결함에 그치지 않고, 더 나아가서 필연적으로 구조적인 상담 목표들에 주목해야 하며, 이 목표들에서는— 암시적으로든 또는 명시적으로든—특정의 인간관이 표출된다: 그것은 대부분의 경우 한 인간의 "성숙 목표들"이고, 여기에는 "성공적인 삶", "좋은 성품" 또는 "삶의 지혜"에 대한 조망이 포함되며(참조: Ruschmann 1999, 355); "건강하고 성공적인 발전", "자기실현", 또는 "충족된 삶"(참조: Bühler 1975, 98) 등이 그 목표다. 한 인간으로서 자신을 온전히 발전시키고, 성공적이며 좋은 삶을 영위할 수 있기 위해서는 특정의 인지적이고 정서적인 성질들과 행위 능력, 그리고 어느 정도의 인격적 자율성이 절대적으로 필요하다고 생각된다. 비록 다수의 철학 실천가는 전혀 사전에 확정된 어떤 규격화된 고정형 인간상을 전제하지 않은 채 그들의 상담을 수행할 수 있다고 잘못 판단할지라도, 그들은 바로 이 포기를 통해서 도리어 인간의 자율성이 확보될 것임을 그들의 상담 활동을 위한 인간학의 첫째 전제로 명백히 내세운다. 왜냐하면 그들은 모든 심리치료적 상담 활동에 비해서 철학상담이 가지는 가장 큰 장점을, 철학상담에서는 성인이며 자율적인 인간들 사이의 대칭적 상호작용이 보장됨에 반하여, 모든 심리치료는 환자에 대한 후견하기와 환자의 타율성에 기초하는 것으로 파악하기 때문이다(참조: 3.1장 a/c).

첫째로, 특히 인본주의와 인지주의 심리치료사들은, 주로 증상 치료에 중점을 두는 행동주의적 치료기법, 그리고 프로이트의 "정신적 기관의 무의식적 자동성 행위(자동증, Automatie)" 등과는 대조적으로, 인간의 "정신적 실존의 자율성"을 단호히 주장하지만, 이것은 사실상 받아들일 수 없는 비방으로서, 앞의 3.1장 b에서 입증된 바다. 둘째로, 건강하고 독립적인 내담자를 위한 철학 "상담"과 병들고 타율적인 환자를 위한 정신치료적 "진료"를 즐겨 상호 대비시킴은 백이 6번으로서 열거한 "절대화된 이분법적 사고"(참조: 4.2장)로서 비난받아 마땅한 것인즉, 왜냐하면—물리적으로나 정신적으로—병든 사람이라고 해서 결코 자신의 자율성 자체를 완전히 상실하지는 않기 때문이다. 심리학 영역에서 올바르게 인식된 바와 같이, 자유로운 상태와 부자유한 상태 사이에는 오히려 하나의 연속성이 존재하며, 더욱이 그 자유는 변화하는 사회적, 성격적, 상황적 조건들, 그리고 또한 불변적이고 사실적인 조건들에 대한 체계적인 숙고의 증가에 힘입어서, 즉 심화된 세계인식과 자기인식에 힘입어서 극대화될 수 있다. 철학상담치료는 자율적이고 스스로 생각하는 인간을 찾아가지만, 그런 인간은 본래 그 어느 상담사도 찾을 필요가 없으며, 그와는 달리 철학자들은 조언을 구하는 미성숙자를 더 이상 도와줄 수도 없을 것이라는(참조: 3.1장 c) 모순을 가지고 때때로 아양 떠는 철학자들과 달리, 그렇기 때문에 인지주의 심리치료사들은 지식의 확장을 통한 인간 자율성의 극대화를 의미 있는 상담 목표로 삼는다. 아무튼 철학자들과 철학적으로 고무된 현대 심리치료의 최근 경향들에서는 모든 개별 상담에 기초가 되고 있는 인간상에 대해서 다음의 합의가 이루어진 듯이 보이며, 그 내용을 보면, 자유의 가능성의 조건으로서, 그리고 스스로 선택하는 "좋은 삶"의 조건으로서의 인간 정신(der mensche Geist)이 인간의 본래적인 차원을 형성하며, 사실에 대한 지식과 또한 삶의 과정에 대한 지식으로서의 지혜를 인간 최고의 덕성으로 묘사한다(참조: 22.1장 c).

대부분의 철학상담치료사는 그 어떤 이론적 핸디캡을 고객에게 덮어씌우지 않을까 하는 두려움 때문에, 고객은 알아채지 못한 채 그 어떤 내용적인 인간학적 전제들로부터 놀라 물러서는 반면, 일차적으로 인본주의-실존주의적 심리학자들은 정신과학적-이해하기 심리치료를 위한 하나의 포괄적인 인간상을 찾으려고 투쟁한다. 보스와 빈스방거를 위시한 주변의 현존재분석가들은 『존재와 시간』에서 펼쳐진 하이데거의 현존재분석에서 출발하면서, 인간적 실존의 근본존재론이 지적하

는 구조적 특징들인 "염려", "불안", 또는 "역사성"등을 인간학적 범주
들로 기능을 변경시키며, 이것들이 고객의 삶의 상황을 더 잘 이해하도
록 이끌어 줄 정신치료적 지도원리의 역할을 담당해야 한다고 본다(참
조: 2.2.2장 b). 지혜 탐구의 명목하에 철학자 비짜니도 역시 하이데거
의 불안분석을 수용하여 과학–기술적 시대에 점점 더 심화되어 가는
불안 극복의 문제를 실천적 관점에서 숙고하는 계기로 삼기는 하지만,
나머지의 다른 인간적 실존범주들은 고찰 대상에 포함시키지 않는다
(참조: 2.1장 d). 비록 철학 실천가들이 이분법적으로 절대화하는 태도
로 심리치료사들에게 "실질적인 목표토론의 부재"를 비난하며, "바로
그 대표적인 고전적 방향정위학문"인 철학에 비하면, 심리학은 그 전
체가 통틀어서 순전한 "처리처분학"(Verfügungswissenschaft)일 뿐이
라고 격하시키겠지만(참조: Thurnherr 1998, 364 이하), 제1의 인간
학적 전제들인 자유와 이성 외에도, 목표와 가치 또는 의미를 제2의 진
정한 인간적인 실천 목표로서 찾아내 보여 준 것이 바로 인본주의 심리
학자들이다(참조: 3.1장 b): 즉 본질적으로 인간은 어린 시절에 겪은
갈등의 역사에 의해서, 또는 어떤 자동적 학습 기제를 통해서 미리 결
정되지 않으며, 오히려 필연적으로 자기 인격의 발달을 위해서, 그리고
그와 함께 자기실현을 위해 도움이 될 목표들과 가치들을 추구한다는
것이다. 비록 "자기실현" 개념이 자신의 삶의 역사에서 "아직–실현되
지–않은–것의 실현"이라고 상당히 불분명한 표현으로 바꾼다 하더라
도, 앞의 1.1장 c에서 밝혀진 바와 같이, 자기인식, 적절한 자기평가,
그리고 자기실현은, 철학상담치료사들도 단연코 고객의 정당한 욕구로
서 받아들일 것이다. '성공적인 인간적 자기실현'의 목표 추구를 상담
실천이 추구할 "선(善)의 예비개념"과 동일시함에 대한 의심은 인본주
의 심리학자들에게서도 마찬가지로 제기되었으며, 여기에서는 그러한

욕구에 적합한 목표와 가치들의 선택에 있어서 사람들은 단지 우연적
이고, 그 자체로서 가치중립적인 고객의 인간적 잠재 능력, 성격구조,
또는 성향들에 맞추어서 결정할 수 있으리라고 추정한다(참조: 3.3장
b). 그러나 인간의 발전은, 마치 씨앗처럼 자신에 내재하는 본유의 성
장 원칙만을 그대로 따라서가 아니라, 오히려 주위의 사회적 환경과 함
께하는 다양하고 다변적인 상호작용의 과정 안에서 일어나며, 그의 모
든 필요와 능력과 관심들은 모두 사회적으로 합법화되어야 한다. 그래
서 만약 우리가 "자유" 다음으로, "최상의 자기실현" 또는 "성공적인
좋은 삶"을 상담 활동을 위한 제2의 인간학적 근본 지주(支柱)로서 정
립시켜야 한다면, 우리는 모든 인간을 위한 "무조건적인 선", 그리고
모든 인간에게 고유한 "인간성"에 대한 응용 윤리학적 근본 원칙의 논
쟁에도 참여해야 할 것이며, 여기에서는 "인간 존재"(Wesen Mensch)
자체의 규범적, 사회문화적 해석을 다루어야 할 것이다(참조: 3.3장,
c). 그래서 여기에서는 고객의 (제멋대로의 자의적인-) 자유를 극대화
하는 것은 윤리적 관점에서도 또 치료적 관점에서도 충분하지 않음이
동시에 명백히 드러나는데, 왜냐하면 인간에게는 오직 간주관적으로
매개되고 책임을 동반하는 자율과 자립만이 정당한 자율이기 때문이
다. 실용적-윤리적 의미에서 볼 때, 인간들 각자는 자기해석(Selbst-
deutung)에 대한 타인과의 간주관적 이해와 타협을 통해서, 그리고 최
적의 인간적 자아개발(Selbstentfaltung)에 필수적인 물자와 가치들을
이용해서만이 비로소 인간이 될 수 있으므로, 철학자들과 심리학자들
은 그들의 다양한 상담 경험의 바탕 위에서 그들이 함께 공유하는 인간
상을 찾아 나서야 할, 아직은 완결되지 않은 이 과제에 본질적으로 기
여할 수 있을 것이다.

Achenbach, Gerd B.: Die Eröffnung, in: Zeitschrift für Didaktik der Philosophie, Jg. 1983, S. 44-47.

Achenbach, Gerd B.: Vorträge und Aufsätze zur Philosophischen Praxis, in: ders. (Hrsg.): Philosophische Praxis, Köln 1984, S. 3-130.

Achenbach, Gerd B.: Die ,Grundregeln' philosophischer Praxis, in: Kühn, Rolf und Pezold, Hilarion (Hrsg.): Psychotherapie und Philosophie. Philosophie als Psychotherapie?, Paderborn 1992, S. 345-362.

Achenbach, Gerd B.: Philosophy, Philosophical Practice, and Psychotherapy, in: Lahav, Ran and Tillmanns, Maria da Venza (Hrsg.): Essays on Philosophical Counceling, Lanham 1995, S. 61-74.

Achenbach, Gerd B.: Lebenskönnerschaft, Freiburg i. B. 2001.

Adler, Alfred: Menschenkenntnis, Frankfurt a. M. 1966.

Adler, Alfred: Der Sinn des Lebens, Frankfurt a. M. 1973.

Adler, Alfred: Lebenskenntnis, Frankfurt a. M. 1978.

Adorno, Theodor W.: Wozu noch Philosophie, in: Salamun, Kurt (Hrsg.):

Was ist Philosophie?, 4. verb. und erg. Auflage, Tübingen 2001, S. 172-184.

Apel, Karl-Otto: Das Sokratische Gespräch und die gegenwärtige Transformation der Philosophie, in: Krohn, Dieter, Horster, Detlev u.a. (Hrsg.): Das Sokratische Gespräch—Ein Symposion, Hamburg 1989, S. 55-78.

Aristoteles: Die Nikomachische Ethik, 2. Auflage, München 1995.

Aristoteles: Rhetorik, Stuttgart 1999.

Arlt, Gerhard und Zenka, Tadeusz: Liebe und Erkenntnis, in: Kühn, Rolf und Petzold, Hilarion (Hrsg.): Psychotherapie und Philosophie. Philosophie als Psychotherapie?, Paderborn 1992, S. 257-282.

Baumgartner, Hans-Michael/ Höffe, Otfried: Zur Funktion der Philosophie in Wissenschaft und Gesellschaft, in: Salamun, Kurt (Hrsg.): Was ist Philosophie?, 4. verb. und erg. Auflage, Tübingen 2001, S. 301-312.

Beck, Aaron T.: Wahrnehmung der Wirklichkeit und Neurose, München 1979.

Beck, Aaron T., Freeman, Arthur u.a.: Kognitive Therapie der Persönlichkeitsstörungen, Weinheim 1993.

Beck, Aaron T. et al.: Kognitive Therapie der Depression, 2. Auflage, Weinheim und Basel 1999.

Becker, Gregor: Philosophische Prebleme der Daseinsanalyse von Medard Boss und ihre praktische Anwendung, Marburg 1997.

Berne, Eric: Was sagen Sie, nachdem Sie ‚Guten Tag‛ gesagt haben? Psychologie des menschlichen Verhaltens, Frankfurt a. M. 1991.

Barryman, Julia u.a.: Psychologie. Eine Einführung, Bern/Stuttgart/Toronto

1991.

Bierbrauer, Günter: Sozialpsychologie, Stuttgart/Berlin/Köln 1996.

Binswanger, Ludwig: Ausgewählte Werke, hrsg. von Herzog, Max und Braun, Hans-Jürgen, Bd. 1: Formen missglückten Daseins, Heidelberg 1992, Bd. 2: Grundformen und Erkenntnis menschlichen Daseins, Heidelberg 1993.

Blankenburg, Wolfgang: Psychiatrie und Philosophie, in: Kühn, Rolf und Petzold, Hilarion (Hrsg.): Psychotherapie und Philosophie. Philosophie als Psychotherapie?, Paderborn 1992, S. 317-344.

Blasche, Siegfried: Praxis der Philosophie und philosophische Praxis, in: Witzany, Günther (Hrsg.): Zur Theorie der Philosophischen Praxis, Essen 1991, S. 11-22.

Boele, Dries: The Training of a Philosophical Councelor, in: Lahav, Ran and Tillmanns, Maria da Venza (Hrsg.): Essays on Philosophical Counceling, Lanham 1995, S. 35-48.

Böhme, Gernot: Sinn und Gegensinn — über die Dekonstruktion von Geschichten, in: Kühn, Rolf und Petzolt, Hilarion (Hrsg.): Psychotherapie und Philosophie. Philosophie als Psychotherapie?, Paderborn 1992, S. 423-444.

Boss, Medard: Grundriss der Medizin und Psychologie, 3. Auflage, Bern/ Göttingen/Toronto/Seattle 1999.

Bühler, Charlotte: Die Rolle der Werte in der Entwicklung der Persönlichkeit und in der Psychotherapie, Stuttgart 1975.

Bühler, Karl: Die Krise der Psychologie, Jena 1927.

Camus, Albert: Der Mythos von Sisyphos. Ein Versuch über das Absurde,
    Hamburg 1971.

Cho-Engeli, Annemarie: Aktivität und Passivität des Therapeuten bei ver-
    schiedenen Therapieformen, Zürich, Diss. 1981.

Cohn, Ruth C.: Von der Psychoanalyse zur themenzentrierten Interaktion,
    14. Auflage, Stuttgart 2000.

Condrau, Gion: Einführung in die Psychotherapie. Geschichte, Schule,
    Methoden, Praxis, Frankfurt a. M. 1989.

Condrau, Gion: Daseinsanalyse. Philosophisch-anthropologische Grundla-
    gen, Bern/Stuttgart/Toronto 1989.

Dielent, Karl: Von der Psychoanalyse zur Logotherapie, München 1973.

Dietrich, Georg: Allgemeine Beratungspsychologie, Göttingen/Toronto/
    Zürich 1991.

Dill, Alexander: Philosophische Praxis. Eine Einführung. Frankfurt a. M.
    1990.

Dilthey, Wilhelm: Der Aufbau der geschichtlichen Welt in den Geisteswis-
    senschaften, Frankfurt a. M. 1981.

Driever, Ralph: Heilung, Glück und Heil, in: Kühn, Rolf und Petzolt, Hilari-
    on (Hrsg.): Psychotherapie und Philosophie. Philosophie als Psychothera-
    pie?, Paderborn 1992, S. 363-394.

Elhardt, Siegfried: Tiefenpsychologie, 15. Auflage, Stuttgart/Berlin/Köln
    2001.

Ellis, Albert: Grundlagen und Methoden der Rational-Emotiven Verhaltenstherapie, München 1997.

Ellis, Albert und Hoellen, Burkhard: Die rational-emotive Verhaltensthera-
pie—Reflexionen und Neubestimmungen, München 1997.

Engelhard, Dietrich von: Therapie als Kultur—Kultur als Therapie, in: Kick,
Hermes A. (Hrsg.): Ethisches Handeln in den Grenzbereichen von Med-
izin und Psychologie, Münster 2002, S. 10-23.

Epiktet: Handbüchlein der Moral, Stuttgart 1992.

Epstein, Seymour: Entwurf einer integrativen Persönlichkeitstheorie, in:
Filipp, Sigrun-Heide (Hrsg.): Selbstkonzept-Forschung, 3. Auflage, Stutt-
gart 1993, S. 15-46.

Erikson, Erik H.: Einsicht und Verantwortung. Die Rolle des Ethischen in
der Psychoanalyse, Frankfurt a. M. 1992.

Erikson, Erik H.: Der vollständige Lebenszyklus, 4. Auflage, Stuttgart 1998.

Erikson, Erik H.: Identität und Lebenszyklus, 18. Auflage, Frankfurt a. M.
2000.

Fabry, Joseph B.: Das Ringen um Sinn. Eine Einführung in die Logothera-
pie, Stuttgart 1973.

Frankl, Viktor E.: Die Begegnung der Individualpsychologie mit der Logo-
therapie, in: Beiträge zur Individualpsychologie 3, München/Basel 1982,
S. 118-126.

Frankl, Viktor E.: Logotherapie und Existenzanalyse. Texte aus sechs Jah-
rzehnten, neue erw. Ausgabe, Berlin/München 1994.

Frankl, Viktor E.: Der Leidendufle Mensch. Anthropologische Grundlagen
der Psychotherapie, 2. unf. Ausflage, Bern/Göttingen u.a. 1996.

Frankl, Viktor E.: Die Sinnfrage in der Psychotherapie, 7. Auflage, München 1997.

Freud, Sigmund: Vorlesungen zur Einführung in die Psychoanalyse, Frankfurt a. M. 1991.

Freud, Sigmund: Das Ich und das Es, Frankfurt a. M. 1992.

Freud, Sigmund: Abriss der Psychoanalyse, Frankfurt a. M. 1994.

Freud, Sigmund: Das Unbehagen in der Kultur, Frankfurt a. M. 1994.

Fromm, Erich: Psychoanalyse und Ethik. Bausteine zu einer humanistischen Charakterologie, 5. Auflage, München 1995.

Fromm, Erich: Haben oder Sein. Die seelischen Grundlagen einer neuer Gesellschaft, 16. Auflage, Stuttgart 1997.

Geiset, Seeve: Menschliche Bedürfnisse. Eine theoretische Synthese. Frankfurt a.M./New York 1981.

Gerl, Wilhelm: Klientzentrierte Gesprächspsychotherapie, in: Kraiker, Christoph und Peter, Burkhard (Hrsg.): Psychotherapieführer, 5. vollst. überarb. Auflage, München 1998, S. 168–183.

Graefe, Steffen: Philosophische Selbstverwirklichung—Vom Ethos einer philosophischen Praxis, in: Witzany, Günther (Hrsg.): Zur Theorie der Philosophischen Praxis, Essen 1991, S. 41–66.

Groeben, Norbert und Scheele, Brigitte: Argumente für eine Psychologie des reflexiven Subjekts, Darmstadt 1977.

Hartkamp, Norbert: Ethische Aspekte in der Psychotherapieforschung, in: Tress, Wolfgang und Langenbach, Michael (Hrsg.): Ethik in der Psychotherapie, Göttingen 1999, S. 217-230.

Hautzinger, Martin: Kognitive Psychotherapie, in: Kraiker, Christoph und Peter, Burkhard (Hrsg.): Psychotherapieführer, 5. vollst. überarb. Auflage, München 1998, S. 141-148.

Hautzinger, Martin: Kognitive Verhaltenstherapie bei Depression, Weinheim 2000.

Heckmann, Gustav: Das sokratische Gespräch, Frankfurt a. M. 1993.

Heidegger, Martin: Sein und Zeit, 16. unv. Auflage, Tübingen 1986.

Heidegger, Martin (hrsg. von Medard Boss): Zollikoner Seminare, Frankfurt a. M. 1987.

Heintel, Peter und Macho, Thomas H.: Praxis, Philosophische, in: Witzany, Günther (Hrsg.): Zur Theorie der Philosophischen Praxis, Essen 1991, S. 67-82.

Heise, Jens: Traumdiskurse. Die Träume der Philosophie und die Psychologie des Traums, Frankfurt a. M. 1989.

Heisterkamp, Günter: „Kriegskosten" der Finalität, in: Beiträge zur Individualpsychologie 3, München/Basel 1982, S. 142-149.

Held, Klaus: Einleitung zu Husserl, Edmund: Die phänomenologische Methode, Stuttgart 1990, S. 5-51.

Hockel, Curd Michael: Das Versorgungssystem für psychisch Kranke und Behinderte, in: Kraiker, Christoph und Peter, Burkhard (Hrsg.): Psychotherapieführer, 5. vollst. überarb. Auflage, München 1998, S. 34-47.

Hoellen, Burkhard und Laux, Josef: Antike Seelenführung und Kognitive Verhaltenstherapie im Vergleich, in: Zeitschrift für Klinische Psychologie, Psychopathologie und Psychotherapie, 36. Jahrgang 1988, Heft 3, S. 255-

267.

Höffe, Otfried: Personale Bedingungen eines sinnerfüllten Lebens, in: Kühn,
Rolf und Pezold, Hilarion (Hrsg.): Psychotherapie und Philosophie. Phi-
losophie als Psychotherapie?, Paderborn 1992, S. 395-422.

Höffe, Otfried (Hrsg.): Lexikon der Ethik, 5. erw. Auflage, München 1997.

Hoffman, Kay: Bei Liebeskummer Sokrates. Praktische Philosophie für den
Alltag, Frankfurt a. M. 2003.

Hofstätter, Peter R.: Der Primat des Handelns in der Philosophie nach Sene-
ca, in: Kühn, Rolf und Pezold, Hilarion (Hrsg.): Psychotherapie und Phi-
losophie. Philosophie als Psychotherapie?, Paderborn 1992, S. 29-58.

Hoogendijk, Ad: The Philosophers in the Business World as a Vision Devel-
oper, in: Lahav, Ran and Tillmanns, Maria da Venza (Hrsg.): Essays on
Philosophical Counceling, Lanham 1995, S. 159-170.

Horney, Karen: Neue Wege in der Psychoanalyse, Frankfurt a. M. 1992.

Horney, Karen: Neurose und menschliches Wachstum, 6. Auflage, Frankfurt
a. M. 2000.

Horster, Detlef: Das Sokratische Gespräch in Theorie und Praxis, Opladen
1994.

Husserl, Edmund: Fünfte Logische Untersuchungen, 2. durchges. Auflage,
Hamburg 1988.

Husserl, Edmund: Die phänomenologische Methode, Stuttgart 1990.

Jaspers, Karl: Allgemeine Psychopathologie, 4. überarb. Auflage, Berlin/Hei-
delberg 1946.

Jaspers, Karl: Psychologische Weltanschauungen, Berlin/Göttingen/Heidelberg 1954.

Jongsma, Ida: Philosophical Counseling in Holland: History and Open Is-
sues, in: Lahav, Ran and Tillmanns, Maria da Venza (Hrsg.): Essays on
Philosophical Counceling, Lanham 1995, S. 25-34.

Jung, Karl G.: Die Beziehung zwischen dem Ich und dem Unbewusstem,
München 1990.

Jung, Karl G.: Seelenprobleme der Gegenwart, München 1991.

Jung, Karl G.: Praxis der Psychotherapie, Sonderausgabe, Düsseldorf 1995.

Kaiser-El-Safti, Margret: Der Nachdenker. Die Entstehung der Metapsychol-
ogie Freids in ihrer Abhängigkeit von Schopenhauer und Nietzsche, Bonn
1987.

Kaminski, Katharina und Mackenthun, Gerald (Hrsg.): Individualpsycholo-
gie auf neuen Wegen, Würzburg 1997, Einleitung S. 1-6.

Kanfer, Frederik H./Reinecker, Hans und Schmelzer, Dieter: Selbstmanage-
ment Therapie, 3. Aufl., Berlin/Heidelberg 2000.

Kelly, George A.: Die Psychologie der persönlichen Konstrukte, Paderborn
1986.

Kierkegaard, Sören: Die Krankheit zum Tode, Hamburg 1991.

Koppel, Glenn T.: Basiswissen Psychotherapie, Göttingen/Zürich 1994.

Kraiker, Christoph: Formen der Psychotherapie-Ein Überblick, in: Kraiker,
Christoph und Peter, Burkhard (Hrsg.): Psychotherapieführer, 5. vollst.
überarb. Auflage, München 1998, S. 15-19.

Kraiker, Christoph: Systematische Desensibilisierung, in: Kraiker, Christoph
und Peter, Burkhard (Hrsg.): Psychotherapieführer, 5. vollst. überarb.

Auflage, München 1998, S. 100-105.

Kraiker, Christoph und Overkamp, Christine: Was wird psychotherapeutisch behandelt?, in: Kraiker, Christoph und Peter, Burkhard (Hrsg.): Psycho-therapieführer, 5. vollst. überarb. Auflage, München 1998, S. 48-55.

Krämer, Hans: Integrative Ethik, Frankfurt a. M. 1992.

Krohn, Dieter u. a. (Hrsg.): Das Sokratische Gespräch. Ein Symposion, Hambrug 1989.

Kuhn, Helmut: Ist 'praktische Philosophie' eine Tautologie?, in: Riedel, Manfred (Hrsg.): Rehabilitierung der praktischen Philosophie, Freiburg i. Br. 1972, S. 57-78.

Kuhn, Thomas S.: Die Strukture wissenschaftlicher Revolutionen, 12. erg. Auflage, Frankfurt a. M. 1993.

Kühn, Rolf und Petzold, Hilarion (Hrsg.): Psychotherapie und Philosophie. Philosophie als Psychotherapie?, Paderborn 1992, Vorwort S. 7-14.

Lahav, Ran: Is Philosophical Practice that different from Psychotherapy?, in: Zeitschrift für Philosophische Praxis, 1/1994, S. 32-36.

Lahav, Ran: A Conceptual Framework for Philosophical Counseling: World-view Interpretation, in: Lahav, Ran and Tillmanns, Maria da Venza (Hrsg.): Essays on Philosophical Counceling, Lanham 1995, S. 3-24.

Lahav, Ran: Introduction, in: ebd., VII-XIV.

Lahav, Ran: Leserbrief, in: Zeitschrift für Philosophische Praxis, 1/1994, S. 45.

Lasch, Christopher: Das Zeitalter des Narzissmus, Hamburg 1995.

Lauer, Gernot und Mundt, Christoph: Ethische Probleme der Psychotherapie im Rahmen psychiatrischer Behandlung, in: Tress, Wolfgang und Langen-bach, Michael (Hrsg.): Ethik in der Psychotherapie, Göttingen 1999, S. 164-180.

Lazarus, Arnold A.: Praxis der Multimodalen Therapie, Tübingen 1995.

Leibniz, Gottfried W.: Monadologie, erw. Ausgabe, Stuttgart 1979.

Lenk, Hans: Einführung in die angewandte Ethik, Stuttgart/Berlin/Köln 1997.

Lenk, Hans: Praxisnahes Philosophieren. Eine Einführung, Stuttgart 1999.

Lenk, Hans: Perspektiven pragmatischen Philosophierens, in: Salamun, Kurt (Hrsg.): Was ist Philosophie?, 4. verb. und erg. Auflage, Tübingen 2001, S. 313-334.

Liebling, Friedrich (Hrsg.): Psychologie und Weltanschauung, 18. Kongress der Züricher Schule für Psychotherapie, Zürich 1980.

Lindenmeyer, Johannes: Ethische Fragen in der Verhaltenstherapie, in: Tress, Wolfgang und Langenbach, Michael (Hrsg.): Ethik in der Psycho-therapie, Göttingen 1999, S. 181-199.

Lorenzer, Alfred: Über die gemeinsame Wurzel aller interpretierenden Psy-chotherapien, in: Beiträge zur Individualpsychologie 3, München/Basel 1982, S. 51-59.

Lübbe, Hermann: Vorwort und: Wozu Philosophie? Aspekte einer ärgerli-chen Frage, in ders.: (Hrsg.): Wozu Philosophie?, Berlin/New York 1978, 127-147.

Lübbe, Hermann und Achenbach, Gerd: Über das Interesse an Philosophie und Philosophischer Praxis, in: Zeitschrift für Philosophische Praxis, 2/1994, S. 4-5.

Lück, Helmut E.: Geschichte der Psychologie, 2. verb. und erw. Auflage,

Stuttgart/Berlin/Köln 1996.

Luckner, Andreas: Fundamentalontologie als Anti-Anthropologie, in:

Wieland, René (Hrsg.): Philosophische Anthropologie der Moderne,

Weinheim 1995, S. 86-98.

Ludewig, Kurt: Systemische Therapie, 4. Auflage, Stuttgart 1997.

Lukas, Elisabeth: Logotherapie, in: Kraiker, Christoph und Peter, Burkhard

(Hrsg.): Psychotherapieführer, 5. vollst. überarb. Auflage, München

1998, S. 191-199.

Lütkehaus, Ludger (Hrsg.): "Dieses wahre innere Afrika". Texte zur Entdeck-

ung des Unbewussten vor Freud, Frankfurt a. M. 1989.

Macho, Thomas H.: Gedankenorganisation, in: Achenbach, Gerd B.

(Hrsg.): Philosophische Praxis, Köln 1984, S. 161-176.

Macho, Thomas H.: Das Prinzip Heilung. Überlegungen zu einer fraglichen

Kategorie in Medizin, Psychoanalyse und Philosophischer Praxis, in:

Achenbach, Gerd und Macho, Thomas: Das Prinzip Heilung, Köln 1985,

S. 11-47.

Mackenthun, Gerald: "Der Sinn des Lebens" — Individualpsychologie als an-

gewandte Ethik, in: Kamiski, Katharina und Mackenthun, Gerald

(Hrsg.): Individualpsychologie auf neuen Wegen, Würzburg 1997, S. 121-

134.

Marinoff, Lou: Bei Sokrates auf der Couch. Philosophie als Medizin für die

Seele, München 2002.

Marquard, Odo: Zur Diätetik der Sinnerwartung, in: Achenbach, Gerd B.

(Hrsg.): Philosophische Praxis, Köln 1984, S. 145-160.

Marquard, Odo: Praxis, philosophische, in: Ritter, Joachim (Hrsg.): Historisches Wörterbuch der Philosophie, Darmstadt 1989, Bd. 7, Spalte 1307f.

Marquard, Odo: Abschied vom Prinzipiellen, Stuttgart 1991.

Martens, Ekkehard: Sokrates als philosophischer Praktiker, in: Achenbach, Gerd B. (Hrsg.): Philosophische Praxis, Köln 1984, S. 131-144.

Maslow, Abraham H.: Motivation und Persönlichkeit, Olten 1977.

Mertens, Wolfgang: Psychoanalyse, 5. überarb. Auflage, Stuttgart/Berlin/Köln 1996.

Neisser, Barbara: Leonard Nelsons Sokratische Methode im Vergleich mit der The menzentrierten Interaktion, in: Krohn, Dieter, Horster, Detlev u.a. (Hrsg.): Das Sokratische Gespräch — Ein Symposion, Hamburg 1989, S. 125-146.

Neisser, Ulric: Kognition und Wirklichkeit, Stuttgart 1996.

Nietzsche, Friedrich: Über die Zukunft unserer Bildungsanstalten, in: Colli, Giorgio und Montinari, Mazzino (Hrsg.): KSA, Bd. 1, München 1988, S. 641-764.

Oellmüller, Willi (Hrsg.): Philosophie und Weisheit, Münster/Wien/Zürich 1989.

Paulat, Urte: Medard Boss und die Daseinsanalyse — ein Dialog zwischen Medizin und Philosophie im 20. Jahrhundert, Marburg 2001.

Perls, Frederik S., Hefferline, Ralph F. u.a.: Gestalttherapie. Grundlagen, 5.

Auflage, München 2000.

Petzold, Hilarion G.: Integrative Therapie. Modelle, Theorien und Methoden für eine schulenübergreifende Psychotherapie, Bd. 1: Klinische Philosophie, Paderborn 1993.

Pfrenger, James K.: Selbst und Existenz. Eine Untersuchung des Konzepts der Themenkonzentrierten Interaktion Ruth C. Cohns, Tübingen 1999.

Platon: Protagoras. Apologie, in: Hülser, Karlheinz (Hrsg.): Sämtliche Werke in 10 Bänden, Bd. 1, Frankfurt a.M. und Leipzig 1991.

Polak, Paul: Frankls Existenzanalyse in ihrer Bedeutung für Anthropologie und Psychotherapie, Innsbruck/Wien 1949.

Prins-Bakker, Annette: Philosophy in Marriage Counseling, in: Lahav, Ran and Tillmanns, Maria da Venza (Hrsg.): Essays on Philosophical Counceling, Lanham 1995, S. 135-152.

Raditschnig, Heinz: GPPP — Gemeine "Plazierungsprobleme" Praktischer Philosophen, in: Witzany, Günther (Hrsg.): Zur Theorie der Philosophischen Praxis, Essen 1991, S. 89-106.

Reinelt, Toni, Otalora, Zora u.a. (Hrsg.): Die Begegnung der Individualpsychologie mit anderen Therapieformen, München/Basel 1984.

Reiter-Theil, Stella: Autonomie und Gerechtigkeit. Das Beispiel der Familientherapie für eine therapeutische Ethik, Heidelberg 1988.

Revenstorf, Dirk: Psychotherapeutische Verfahren — Bd. 2. Verhaltenstherapie, 3. überarb. Auflage, Stuttgart/Berlin/Köln 1996.

Revenstorf, Dirk: Psychotherapeutische Verfahren — Bd. 3. Humanistische Therapien, 2. überarb. Auflage, Stuttgart/Berlin/Köln 1993.

Rickert, Heinrich: Kulturwissenschaften und Naturwissenschaften, Stuttgart 1986.

Riedel, Manfred (Hrsg.): Rehabilitierung der praktischen Philosophie, Bd. 1 und 2, Freiburg i. Br. 1972.

Ringel, Erwin: Die Begegnung der Individualpsychologie mit der Psychoanalyse, in: Beiträge zur Individualpsychologie 3, München/Basel 1982, S. 22–29.

Rogers, Carl R.: Entwicklung der Persönlichkeit, 12. Auflage, Stuttgart 1998.

Rorty, Richard: Der Spiegel der Natur. Eine Kritik der Philosophie, 3. Auflage, Frankfurt a. M. 1994.

Ruschmann, Eckart: Philosophische Beratung, Stuttgart 1989.

Ryle, Gilbert: Der Begriff des Geistes, Stuttgart 1969.

Salamun, Kurt: Über konstruktive und kritische Aufgaben der Philosophie, in: Salamun, Kurt (Hrsg.): Was ist Philosophie?, 4. verb. und erg. Auflage, Tübingen 2001, S. 353–352.

Saner, Hans: Die Grenzen des Ertragbaren — zur Phänomenologie chronischer Schmerzen, in: Kühn, Rolf und Petzolt, Hilarion (Hrsg.): Psychotherapie und Philosophie. Philosophie als Psychotherapie?, Paderborn 1992, 15–28.

Sartre, Jean-Paul: Ist der Existentialismus ein Humanismus? Materialismus und Revolution. Betrachtungen zur Judenfrage. Drei Essays, neue überarb. Auflage, Frankfurt a. M./Berlin 1989.

Sass, Hans-Martin: Ethik zwischen Medizin und Philosophie, in: Payk, Theo R. (Hrsg.): Perspektiven psychiatrischer Ethik, Stuttgart/New York 1996.

S. 1-9.

Sauvage, Dagmar de: Krise der Philosophie im Zeitalter wissenschaftlich-technischer Rationalität, Reinbek bei Hamburg 2002.

Scheele, Brigitte: Emotionen als bedürfnisrelevante Bewertungszustände, Tübingen 1990.

Scheurer, Heinz: Ethische Probleme der Psychotherapie im Rahmen des Massregelvollzug, in: Kick, Hermes A. (Hrsg.): Ethisches Handeln in den Grenzbereichen von Medizin und Psychologie, Münster 2002, S. 116-137.

Schipperges, Heinrich: Motivation und Legitimation des ärztlichen Handelns, in: ders. (Hrsg.): Krankheit, Heilkunst, Heilung, Freiburg/München 1987, S. 447-490.

Schlegel, Leonhard: Grundriss der Tiefenpsychologie, Bd. 3-5, München 1978 (Bd. 3), 1973 (Bd. 4), 1979 (Bd 5).

Schmid, Wilhelm: Philosophie der Lebenskunst. Eine Grundlegung, 2. Auflage, Frankfurt a. M. 1998.

Schmidt, Nicole D.: Philosophie und Psychologie. Trennungsgeschichte, Dogmen und Perspektiven, Reinbeck bei Hamburg 1995.

Schnädelbach, Herbert: Philosophie, in: ders. und Martens, Ekkehard (Hrsg.): Philosophie. Ein Grundkurs, Bd. 1, Reinbeck bei Hamburg 1991, S. 37-76.

Schneider, Norbert: Erkenntnistheorie im 20. Jahrhundert, Stuttgart 1998.

Scholz, Wolf-Ulrich: Weiterentwicklungen in der Kognitiven Verhaltenstherapie. Konzepte-Methoden-Beispiele, Stuttgart 2001.

Scholz, Wolf-Ulrich: Neuere Strömungen und Ansätze in der Kognitiven Verhaltenstherapie. Konzepte-Methoden-Beispiele, Stuttgart 2002.

Schönflug, Wolfgang: Geschichte und Systematik der Psychologie, Weinheim 2000.

Schulz-Hencke, Harald: Lehrbuch der analytischen Psychotherapie, Stuttgart/New York 1985.

Schwaberger, Günther, Pessenhofen, Herfried u.a. (Hrsg.): Aktuelle Probleme der Angewandten und Experimentellen Stressforschung, Frankfurt a.M./Bern u.a. 1989.

Schwemmer, Oswald: Die Philosophie und die Wissenschaften, Frankfurt a.M. 1999.

Seidler, Eduard u. a. (Hrsg.): Krankheit, Heilkunde, Heilung, Freiburg/München 1978, S. 447-490.

Seneca, Lucius A.: Epistulae morales ad Lucilium, Stuttgart 1971 ff.

Spiel, Walter: Die Begegnung der Individualpsychologie mit der Verhaltenstherapie, in: Beiträge zur Individualpsychologie 3, München/Basel 1982, S. 83-91.

Spranger, Eduard: Lebensformen, Halle 1914.

Stastny, Roland: Philosophische Praxis, Wien 1995.

Stavemann, Harlich H.: Emotionale Turbulenzen. Kognitive Verhaltenstherapie von Angst, Aggression, Depression und Verzweiflung, Weinheim 1995.

Stavemann, Harlich H.: Sokratische Gespräsführung in Therapie und Beratung, Weinheim/Basel/Berlin 2002.

Steiner, Claude: Wie man Lebenspläne verändert. Die Arbeit mit Skripts in der Transaktionsanalyse, Paderborn 2000.

Strotzka, Hans: Psychotherapie und Tiefenpsychologie, 3. unv. Auflage,

Wien/New York 1994.

Szlezynger, Jehuda: Zur Philosophie der Psychologie, Bonn 1992.

Teischel, Otto: "Notwendigkeit und Paradox Philosophischer Praxis: Zeitgemässe Betrachtungen über einen unzeitgemässen Beruf", in: Witzany, Günther (Hrsg.): Zur Theorie der Philosophischen Praxis, Essen 1991, S. 107-114.

Thurnherr, Urs: Philosphische Praxis, in: Pieper, Annemarie und Thurnherr, Urs: Angewahdte Ethik. Eine Einführung, München 1998, S. 60-382.

Thurnherr, Urs: Angewandte Ethik zur Einführung, Hamburg 2000.

Topitsch, Ernst: Philosophie zwischen Mythos und Wissenschaft, in: Salamun, Kurt (Hrsg.): Was ist Philosophie?, 4. verb. und erg. Auflage, Tübingen 2001, S. 286-300.

Tress, Wolfgang und Langenbach, Michael (Hrsg.): Ethik in der Psychotherapie, Göttingen 1999, Vorwort S. 7-18.

Ulich, Dieter: Einführung in die Psychologie, 2. verb. Auflage, Stuttgart/Berlin/Köln 1993.

Vetter, Helmuth: Heideggers Denken und die Psychotherapie, in: Kühn, Rolf und Petzold, Hilarion (Hrsg.): Psychotherapie und Philosophie. Philosophie als Psychotherapie?, Paderborn 1992, S. 225-256.

Waldenfels, Bernhard: Krankheit als mangelnde Responsivität, in: Tress,

Wolfgang und Langenbach, Michael (Hrsg.): Ethik in der Psychotherapie, Göttingen 1999, S. 19-35.

Warsitz, Rolf Peter: Zwischen Verstehen und Erklären, Würzburg 1990.

Wehner, Ernst Georg (Hrsg.): Geschichte der Psychologie, eine Einführung, Darmstadt 1990.

Weinholz, Gerhard: Zur humanistischen Ethik in der Psychiatrie und Psychologie, München 1990.

Weismüller, Christoph: Philosophie oder Therapie. Texte der Philosophischen Praxis und der Pathognostik, Essen 1991.

Werder, Lutz von: Lehrbuch der philosophischen Lebenskunst für das 21. Jahrhundert, Berlin/Milow 2000.

Wiesenhütter, Eckart: Die Begegnung zwischen Philosophie und Tiefenpsychologie, Darmstadt 1979.

Witzany, Günther: Grund und Ziel der Philosophischen Praxis, in: ders. (Hrsg.): Zur Theorie der Philosophischen Praxis, Essen 1991, S. 115-147, und Vorwort S. 7-10.

Wolf, Ursula: Die Philosophie und die Frage nach dem guten Leben, Reinbek bei Hamburg 1999.

Wyss, Dieter: Die tiefenpsychologischen Schulen von den Anfängen bis zur Gegenwart, 6. erg. Auflage, Göttingen 1991.

Zdrenka, Michael: Konzeptionen und Probleme der Philosophischen Praxis, Köln 1997.